U0130326

甲 午 战 争 外 交 秘 录

蹇蹇录

［日］陆奥宗光 —————— 著

［日］中塚明 —————— 校注

赵戈非 王宗瑜 —————— 译

SHINTEI, KENKEN ROKU: NISSHIN SENSO GAIKO HIROKU
by Munemitsu Mutsu
with annotation by Akira Nakatsuka
Annotation copyright © 1983 by Akira Nakatsuka
First published 1983 by Iwanami Shoten, Publishers, Tokyo.
This simplified Chinese edition published 2018
by SDX Joint Publishing Company, Beijing
by arrangement with the proprietor c/o Iwanami Shoten, Publishers, Tokyo

图书在版编目（CIP）数据

蹇蹇录：甲午战争外交秘录／（日）陆奥宗光著；中塚明校注；
赵戈非，王宗瑜译．—北京：生活·读书·新知三联书店，2018.1 （2024.1 重印）
（世界）
ISBN 978 – 7 – 108 – 06105 – 8

Ⅰ．①蹇… Ⅱ．①陆… ②中… ③赵… ④王… Ⅲ．①中日关系－
国际关系史－史料 Ⅳ．① D829.313

中国版本图书馆 CIP 数据核字（2017）第 214044 号

责任编辑　叶　彤
文字编辑　周玖龄
装帧设计　薛　宇　朴　实　张　红
责任印制　董　欢
出版发行　**生活·讀書·新知** 三联书店
　　　　　（北京市东城区美术馆东街 22 号 100010）
网　　址　www.sdxjpc.com
图　　字　01-2015-5808
经　　销　新华书店
印　　刷　北京隆昌伟业印刷有限公司
版　　次　2018 年 1 月北京第 1 版
　　　　　2024 年 1 月北京第 2 次印刷
开　　本　635 毫米 × 965 毫米　1/16　印张 16
字　　数　206 千字
印　　数　08,001 – 10,000 册
定　　价　49.00 元
（印装查询：01064002715；邮购查询：01084010542）

目　录

绪言　001

第一章

　　东学党之乱 · 003

第二章

　　日清两国对朝出兵 · 009

第三章

　　大鸟特命全权公使的归任和就任后朝鲜的形势 · 015

第四章

　　关于为改革朝鲜内政派遣日清两国共同委员的提案 · 019

第五章

　　关于朝鲜改革与清、朝宗属关系问题的概述 · 024

第六章

　　朝鲜内政改革的第一期 · 028

第七章

　　欧美各国的干涉 · 035

第八章

　　六月二十二日以后至开战期间李鸿章的地位 · 050

第九章

朝鲜事件与《日英条约》的修订 · o58

第十章

牙山及丰岛之战 · o67

第十一章

朝鲜内政改革第二期 · o78

第十二章

平壤及黄海战役胜利的结果 · o90

第十三章

领事裁判制度与战争的关系 · o96

第十四章

媾和谈判开始前清国及欧洲列强之举动 · Io5

第十五章

日清媾和之发端 · II5

第十六章

广岛谈判 · I26

第十七章

下关谈判（上）· I35

第十八章

下关谈判（下）· 147

第十九章

俄、德、法三国之干涉（上）· 164

第二十章

俄、德、法三国之干涉（中）· 178

第二十一章

俄、德、法三国之干涉（下）· 198

校注· 204

解说——《蹇蹇录》刊行情况 · 229

绪言

一、自明治二十七年 (1894) 四、五月之交，朝鲜东学党动乱以来，征清之举大显奇功，其间，虽有俄、德、法的干涉，但终以翌年（1895）五月八日，进行了《日清媾和条约》的批准换文。本书之主要目的乃是记述此阶段的外交策略梗概。

二、余自今年六月以来，得暇养疴，居住于大矶。十月中旬，因要务不得不暂返东京，然病情加重，医嘱甚严，遂再回大矶，静养至今。本书即是返回之后抱病起草，直至今日傍晚勉强脱稿，其中的记述多为余胸臆所存，未能一一加以引证，因此存在谬误在所难免。至于重要问题的记述，因余当时鞠躬尽瘁，苦心经营，深深印入脑海之中萦绕不去，身为局中之人，叙述所见所为，虽未得旁人首肯，但自信绝非道听途说、人云亦云。

三、本书原本以叙述为主，而非议论，但因要明了叙述事实出自何因，间或多少穿插了些许议论，故可将本书中的议论视为记叙的注释。

四、毋庸置疑，本书所记叙之事大抵基于外务省的公文记录，然

＊ 阿拉伯数字标注的是中塚明所做的校注，具体内容请见书末"校注"部分。

所有外交公文皆表现含蓄，其真意不表露于外，因此泛泛读来，往往有如同嚼蜡之感。故在本书中解剖所有的事实真相，并对其中奥秘毫不掩饰。比喻说来，公文记录如同地形的实测图纸，唯要求其山川的高低深浅不失尺度，但若要进一步探究其山容水态之真实面貌，那就得另有绘画写生。本书的目的，乃创作当时的外交写生画卷，各位看官若将公文记录与本书彼此对照，便可兼顾山水之尺度与自然之风光，感知当时外交之全貌。

明治二十八年（1895）除夕之夜于大矶别墅

陆奥宗光 追记

第一章

东学党之乱

东学党之乱

对于朝鲜的东学党，国内外人士有种种诠释，有人说它是一种儒道混合的宗教性集团，也有人说是朝鲜国内的某一派希望政治变革者的团体，还有人认为只是一群喜好闹事的恶徒。在此探究其性质尚无必要，姑且略之。总之，有此种称谓的乱民于明治二十七年（1894）四、五月之交，在朝鲜全罗、忠清两道各地蜂起，抢劫民宅，驱逐官吏，其先头部队进而向京畿道方向推进，全罗道首府全州府曾一度失陷，其来势甚为猖獗。另一方面，因日清两国各自主张的权利与观点相左，导致他们分别向朝鲜出兵，后形势几经变化，发展为日清两国的海陆战争。在我军连战告捷之后，清国政府甚至两次遣使向我求和，最终签订了《下关条约》*，从而改变了日清两国一贯以来的外交格局，在世界上确立起了日本乃东洋优等国之认识。究其原委，皆在于清、朝两国政府在内政、外交上应对东学党之乱上的失误，他日若要书写日清两国当时的外交史，

---

* 即《马关条约》。——本书脚注为译者所加

必定会将东学党之乱放在开卷的第一章。

其时，东学党势头日盛，所到之处，朝鲜官军落荒而逃，当乱民最终攻陷全罗道首府的消息传到我国时，本邦报纸竞相报道，各界议论纷纷。有人说朝鲜政府若不具备镇压能力，看在友好邻邦的情分上，我国理应派兵平定动乱；也有人说如若东学党是欲将在朝鲜朝廷暴政下受苦受难的人民从涂炭中解放出来的真正的改革党，就应施以援手，以达到改革弊政之目的。特别是平常反政府的政党流亡者，以此窬蹙政府之机为己政略，不断蛊惑舆论，大力营造战争氛围。而当时正值驻朝鲜公使大鸟圭介[*]离任回国休假，临时代理公使[2]杉村濬在朝鲜前后数年，通晓彼国国情，政府当然采信其报告。杉村五月左右的多个报告认为，东学党之乱为近来朝鲜少有之事件，但尚无法确认乱民是否真具有颠覆政府之能力；另外，根据乱民的进攻方向，尚难预测为了保护我国公使馆、领事馆以及侨民而出兵的必要性。就目前而言，京城[**]自不待言，即便是釜山、仁川也并无忧虑，因此，我政府此时讨论出兵问题未免为时过早。但余以为对于总是混乱不堪的朝鲜内政以及动辄越轨的清国外交，必须有所预见。余曾私下指令杉村在注视东学党一举一动的同时，密切观察朝鲜朝廷对此的处理方式和朝鲜朝廷与清国使臣间的关系状况。

此时正值我国议会开会期间，众议院照例由占多数的反政府议员把控，引发各种纷争，而政府则试图以尽可能的宽容来避免冲突。[3]六月一日，众议院通过了谴责内阁行为的上奏案，政府不得不采取最后的手段，奏请诏敕，解散议会。翌日，政府在总理大臣官邸召开内阁会议，碰巧接到杉村来电，称朝鲜政府已请求清国派兵。此事实不容小觑。若

---

[*] 大鸟圭介（1833—1911），日本的西洋军事学者、幕臣、军人、官僚、外交官。正二位勋一等男爵。1873 年进陆军省任职。1886 年兼学习院院长。1889 年出任驻中国特命全权公使。1893 年转任驻朝鲜特命全权公使。是日本政府发动甲午中日战争的重要人物之一。

[**] 即汉城，现称"首尔"。

默认此事，会使日清两国在朝鲜已经倾斜的权利关系更加难堪，今后我国在朝鲜只能听任清国作为，日朝条约精神恐被蹂躏。在同日[4]赴会之初，余便向内阁公布了杉村的电文，并表达余见：无论清国以何种名义向朝鲜派兵，事若属实，我国亦应向该国派遣同等数量的军队，以防不测，日清两国应当维持对朝鲜的权利平衡。阁僚对余见一致赞同，伊藤[*]内阁总理大臣随即派人邀参谋总长炽仁亲王[**]殿下和参谋本部次长川上陆军中将莅临会议，各位到会后立刻协商日后向朝鲜的派兵事宜，内阁总理大臣随后携议案和内阁解散议会的决议赶往皇宫，依照程序祈请圣裁，准奏之后便可实施。

对朝出兵的朝政决定

对朝鲜出兵议决之后，余立即命大鸟特命全权公使做好随时赴任的准备，又与海军大臣商定，让公使搭乘"八重山号"军舰，并向舰艇增派水兵若干，又命令该舰和舰艇官兵必须听从公使的指挥。与此同时，参谋本部密命第五师团长，从该师团中抽调部分军队派往朝鲜，立刻做好紧急出征准备。另外，暗中命令邮船公司等，等候运输和军需征用。在如此短促的时间之内，迅速安排好了各种事情。朝政议决属外交和军事机密，世人不可得知，而那些政府反对者，不明朝政就里，或频于报端，或通过游说委员痛陈向朝鲜派兵实为当前之要务，强烈谴责政府的懈怠行为，以此宣泄议会遭解散之余愤。

[*] 伊藤博文（1841—1909），日本近代政治家，长州五杰之一，明治九元老中的一人，日本第一任内阁首相，第一任枢密院议长，第一任贵族院院长，首任朝鲜总监，明治宪法之父，立宪政友会的创始人，四次组阁，任期长达七年，任内发动了中日甲午战争，使日本登上了东亚头号强国的地位。1909年10月26日9时，伊藤博文在哈尔滨被朝鲜爱国者安重根刺杀。

[**] 炽仁亲王（1835—1895），第九代有栖川宫，八代帜仁长子，幼名欢宫。1849年亲王宣下，以炽仁为名。1868年戊辰战争时任征东大总督。他因身份崇高，历任元老院议长、左大臣、征讨大总督、陆军参谋本部长、参谋总长、陆军大将。是明治天皇最信任的人。

政府虽已做出如此决定，但付诸实施之时，当须见机行事，以防贻误国家大略，故政府又慎重商议，进而确定了方针。既然日清两国各自出兵，难料何时会发生军事冲突，如遇不测，毋庸置疑，我国当全力以赴，以确保实现初衷，但应在尽量不破坏和平的前提下保全国家荣誉，维持日清两国之权利平衡。且我国应尽可能充当被动一方，随时让清国主动，一旦发生重大事件，依外交常例，恐与处于第三者位置的欧美各国的意愿相悖，因而万一有事不得不面对外部之时，当严格将局势限于日清两国之间，尽力避免与第三国发生纠葛。此朝政方针最初由伊藤总理与余熟议而成，特别是伊藤总理提出了许多意见，当时的阁僚尽皆赞同，若蒙赐圣断，我政府在日清交战中将始终努力奉行如上宗旨。

日清两国在朝鲜的权利之争

[5] 我政府虽做出如此决定，但作为对手的清国政府是否与我同下决心，令人疑惑。其实日清两国在朝鲜的权利之争由来已久，在此无须赘述。而在日清两国如何维持各自在朝鲜的权利这一点上，几乎是水火不容。日本一贯认为朝鲜为一独立之国，应断绝清、朝两国间一直以来所存在的模糊的宗属关系。与此相反，清国依据其历史关系，公开表示朝鲜为己属邦，而实际上清、朝关系在普通公法里缺乏可认定的宗主国与属国关系的必要依据。尽管如此，（清国）希望朝鲜的属国地位至少在名义上能够得到承认。特别是在明治十七年（1884）京城动乱之后，清国在朝势力无疑得到明显提升，而通常一个人或者一个国家，一旦获取权力，便会得陇望蜀，希望自己越发强大。即使已称清国与朝鲜有宗属关系，但朝鲜尚未成为一个彻头彻尾的藩属国，故清国政府仍心有不甘，常视日本为阻碍自己的东邻强国之一，欲设法清除隐患而后快则实属当然。当年驻守京城、年轻气盛的袁世凯之徒热望于此，也是在情理之中。

袁世凯、汪凤藻等人的谬见

袁世凯自明治十七年（1884）以来，见日本在朝势力日渐式微，并且在明治二十三年（1890）明治宪法实施之后，日本政府与议会之间常呈内讧之态，故谅我政府不会做出向他国派兵这样的宏大之举，遂决意趁机扩大清国在朝势力。而驻我邦的清国公使汪凤藻*也见我官民争执日渐加剧，妄断日本无余力处理与他国间事端，于是各自向清国政府通报，两者报告内容不谋而合，这应为清国政府从一开始就误判彼此形势的一大原因。

朝鲜国王向清国乞求援兵

回顾当时的朝鲜朝廷，虽王妃闵氏一族当道，但也掩盖不了其中的朋党相争。闵泳骏**作为皇室外戚得势，虽权力炙手可热，然东学党之乱的爆发，官军镇压的屡战屡败，又使其成为内外众矢之的。在此艰难困苦之际，为求一方活路，只好采取与清国使臣袁世凯串通一气请求清国出兵的弥缝之策。据说当时朝鲜政府大臣，甚至国王都极力反对闵泳骏的决定，认为清国出兵朝鲜必然导致日本出兵，向清国乞援实乃危途。

---

* 汪凤藻 (1851—1918)，字芝房、云章。江苏元和人，同文馆英文班毕业生。曾为译书纂修官，撰有英文语法书《文法举隅》一册，并译《万国公法》《英文文法》《政治经济学》等书。1883 年授翰林院庶吉士；1891 年 7 月 29 日以翰林院编修赏二品顶戴署理驻日钦使。1892 年 7 月 9 日正式任为驻日钦使。

** 闵泳骏（1852—1935），朝鲜王朝后期的外戚权臣，朝鲜高宗李熙之王妃——闵妃（明成皇后）的远房侄子。早年以外戚身份参与朝政，并成为闵妃集团执政后期的首脑。1894 年东学党起义爆发后，他建议借兵中国，因而引发了中日甲午战争，他也因此下台，一度流亡中国。归国后主要投身经济领域，并逐渐亲日。朝鲜被日本吞并后，他接受了日本的子爵爵位，完全投靠日本，被后世韩国政府定为亲日反民族行为者。

虽说如此，却未出现自告奋勇、力挽狂澜之士，闵泳骏终以国王之名义，向清国称臣，乞求出兵。

以上实情乃东学党之乱问题上清廷外交的误判和朝鲜朝廷的内治无方之第一阶段。总而言之，日本政府尽管开初处于被动境地，但已决意在万不得已之时断然采取最后手段。而清国对日、朝先以声势夺人，后得实惠为满足，在日清两国之间发生无法解决的纠纷时，却欠缺不得不诉诸武力之决断。朝鲜朝廷在此重大观念上，则一味指靠清国，抱大树底下好乘凉之态度，万万未曾料到日本会战胜清国。清、朝两廷陷入如此误境，直至平壤、黄海之战结束，仍毫无醒悟，实在令人无以评说。

第二章

日清两国对朝出兵

六月四日，政府根据杉村临时代理公使发自京城的电文，得知公使已面见袁世凯，证实清国政府已应朝鲜政府请求，答应派兵若干赴朝。而自六月五日左右起，驻天津的荒川领事、驻北京公使馆副武官神尾陆军少佐，分别电告外务省以及参谋本部，清国政府似已在天津做好出师准备，军队将于某日由大沽直航仁川，装载军需物资的清国货船现已驶离大沽云云。此类电报日达数次，尤其是据驻北京临时代理公使小村寿太郎的电文称，清国政府似已决计对朝出兵，朝鲜政府无力镇压其内乱而请求清国支援，清国政府不失时机准备出师，或已派兵若干入朝，此事已毋庸置疑。因此，对此采取外交与军事上的行动已是刻不容缓。首先，要确认清国政府是否依照《天津条约》[*]就出兵朝鲜事宜照会我国，或者本次出兵完全是以朝鲜国王之请求为借口，不遵守条约而恣意出兵。当然，无论清国政府是否遵照《天津条约》就出兵朝鲜之事向我国发出照会，若核实对朝出兵属实，日本理应为保持在朝鲜的日清权利平衡，向该国

---

* 《天津条约》：清咸丰八年（1858）第二次鸦片战争中英国、法国、俄国、美国强迫清政府在天津分别签订的不平等条约。第二次鸦片战争（1856.10—1860.10）是英、法两国为了进一步扩大侵略特权而对中国发动的侵略战争，英法舰队在美、俄两国支持下，袭击大沽口。大沽炮台失陷，英法联军进犯天津。清政府派钦差大臣桂良、花沙纳与俄、美、英、法各国代表分别签订《天津条约》。

派遣同等数量的军队，是为朝政之既定方针，但同时我方需保持被动位置，并弄清清国政府对于《天津条约》究竟会采取何种方针，时刻关注清国的一举一动。

《天津条约》

我国之所以怀疑清国政府向朝鲜派兵是否遵循《天津条约》，这是基于日清两国原本在朝鲜关系问题上冰炭不洽的主张。明治六年（1873）左右，当时的外务大臣副岛种臣作为特派全权大使被派往清国，在北京逗留期间，就清、朝宗属关系也曾与总理事务王大臣[*]等有过一两次会谈，但在公文明约中没有一条对日清两国政府具有效力。明治九年（1876），我国派遣黑田全权处理大臣、井上副大臣到朝鲜，在缔结现今的《日朝修好条约》之际，表明我国政府立即承认朝鲜为一个独立国家，朝鲜据此也随之以独立国地位签订了该条约。日本政府觉得必须厘清清国与朝鲜之间存在的模糊宗属关系，此前特命全权公使森有礼亲临北京时，曾奉命在就任后要与清国政府总理王大臣商议此事，其间双方往来公函堆叠成堆，而清国政府一方面表示朝鲜内政外交独立自主，对在朝鲜所发生的事件不直接负责，另一方面仍然认为朝鲜是中国的属邦，绝不承认它是一个独立的王国，坚持前后矛盾的邦属论。当时我国政府为了避免与清国发生龃龉，只是依照国际公约的通常解释，对宗主国与属国的关系做了说明。清国虽称朝鲜为属邦，但不可干预其内政外交，使朝鲜徒有属邦空名，意在逃避宗主国的职责。我国则认为朝鲜国为一个独立之国，主张一切责任应由朝鲜国政府负责。原来我国和清国政府所商定的有关事宜，如同前英国公使萨哈里帕库思所比喻的那样，

---

[*] 总理事务王大臣：清朝世宗雍正皇帝即位初至成立军机处之前设立的办事机构。全称：大清国总理事务王大臣。

纯属竹篮打水，无果而终，成为永无休止的争论，徒有双方往来公文空留存。明治十七年（1884）京城之乱的翌年，现今的伊藤内阁总理大臣曾受当时的参谋兼宫内卿派遣，作为特派全权大使前往清国，因在《天津条约》签订之前，日清两国在关于在朝鲜权利的问题上，彼此间没有任何约定，故我国依照明治九年（1876）签订的《日朝修好条约》，主张朝鲜是一个独立国家，而清国却固执地认为朝鲜是中国的属邦，双方互不相让。《天津条约》无疑是为日清两国军队在朝鲜发生武装冲突善后而制定的，里面尚无界定清、朝宗属关系的明确条款，条约中规定日清两国应同时撤回在朝鲜驻军，将来朝鲜一旦有事，日清两国任何一方向朝鲜派兵之时，应该相互行文照会，这是表示两国对朝均等权利的唯一明文规定。除此以外，对于在朝鲜的权利平衡，日清两国间不存任何保障。对于《天津条约》，我国虽一直持有异议，然清国政府依照条约，不得已从自己一贯称为属邦的朝鲜撤回驻军，且此后无论何时，若欲向该国出兵，首先必须向日本政府发出照会。签署了具有此种条款的条约，对清国政府乃一大打击。毫无疑问，这大大降低了清国一直以来所主张的属邦论的威力，乃至于在本次朝鲜事件发生后英国政府最初尝试居中调停时，一再提出日后若日清两国谈判破裂，可重建共同委员会之说；而我国政府表示，将来如何姑且不论，迄今为止日本都是独自向朝鲜政府做出劝告，朝鲜政府也对此表示同意并回复称，关于改革事项，无须与清国签订某种协议。英国政府似乎也认为，《天津条约》的精神就是，在朝鲜问题上，一切以保持日清两国间之平衡为要。英国政府后来痛斥帝国政府的回答，认为是将《天津条约》的精神置诸脑后，其后又劝说在朝鲜的日清两国军队共同占领朝鲜南北部，日后再谋求日清两国的调和，其出发点皆同出一辙，完全误解了《天津条约》的正确内容。但也由此可知，诸外国政府是如何地重视该条约所体现的关于日清两国在朝鲜问题上的权利平衡。余以为，对于本次事件，双方除应就派兵问题行文照知外，还需要详细阐述的是，该条约缔结之后，日清两国政府以后若向朝鲜出兵，应以此次事件为基准来处理。然要确定清国政府究竟是否会依照《天津条约》行文知照我国政府，此乃今后我国对清国外交上[6]最为紧要之事。

清国政府就对朝出兵向我政府发出的照会以及帝国政府对清国政府公文中"保护属邦"一词的抗议

如上所述，我政府一方面正急于做好随时向朝鲜派兵的准备，另一方面也在观察清国政府如何履行《天津条约》。明治二十七年（1894）六月七日，在东京的清国特命全权公使汪凤藻以公文照会日本政府，称接清政府训令，为了镇压东学党，该国政府应朝鲜国王请求向朝鲜派出若干军队。作为出兵的照会，文中多有赘述，其中虽有些言辞语气傲慢，但除"我朝保护属邦旧例"的表述，进行其他言辞上的争论现在尚不是时候。因此我政府立刻照复，称清国政府依照《天津条约》第三条向朝鲜派兵事宜，我帝国政府业已知晓，但在后面加上了表示抗议的附言，指出文中虽有"保护属邦"字样，而帝国政府从未承认过朝鲜是清国的属邦。

帝国政府就向朝鲜国出兵向清国政府提出照会

见清国政府遵行《天津条约》，我方也当刻不容缓。余随即在当晚电令驻北京临时代理公使小村寿太郎[*]，称朝鲜国现在发生重大动乱，我

---

[*] 小村寿太郎（1855—1911），日本杰出的外交官。1893 年 10 月，因得外务大臣陆奥宗光的赏识，以驻华使馆参事身份担任临时大事代理公使。1896 年任外务次官。曾参与策划对朝兼并，完成了日本与西方列强不平等条约的修订。

国应向该国派遣若干军队，依照《天津条约》，照会清国。我政府的照会内容仅限于依照《天津条约》之规定知照出兵，与清国政府向我政府的照会相比更为简明扼要。清国总理事务王大臣根据上述照会，要求日本代理公使电告本国政府，表示清国是应朝鲜之请求派遣援兵，平定内乱，即是依照保护属邦之旧例行事，内乱一旦平定，会即刻撤兵。他认为，日本政府出兵的理由若是保护公使馆、领事馆以及商民，尚无派遣大量军队之必要；若未应朝鲜政府请求便派日本军队进入朝鲜内地，会惊骇人民；若万一遭遇清国军队，因语言不通，恐有不测之事发生。他要求小村立即将此内容禀告本国政府，小村也随即照此办理。我政府认为，除依照《天津条约》之规定将对朝出兵行文照会之外，无理由答应清国提出的任何要求，又命小村前往清国总理衙门*，回复清国政府：第一，虽清国认为对朝出兵是为了保护属邦，但我政府从未承认朝鲜是清国的属邦，此次我政府向朝鲜派兵，是行使《济物浦条约》**的权利，除就派兵事宜依照《天津条约》行文照知以外，我政府的所欲所行，派遣军队的多少以及进退休止丝毫不应受清国政府的制约；第二，即便日清两国军队在朝鲜国内相遇，虽语言不通，但我国军队一贯纪律严明，遵令行事，绝无贸然发生冲突之虞，对此我政府深信不疑，故清国政府理应训告其军队，严防发生事端。

这只是日清两国依从既定条约就对朝出兵作出的照会。但是，对彼方照会中所存在的"保护属邦"的文字，我方不能够默然处之。而对于我方提出的照会，彼方亦多有诘问。尽管只是在一篇简牍之中发现彼此

---

* 总理衙门：全称"总理各国事务衙门"，简称"总署""译署"，是清政府为办洋务及外交事务而特设的中央机构，于 1861 年 1 月 20 日由咸丰帝批准成立。总理衙门存在了 40 年，直到光绪二十七年（1901），据清政府与列强签订的《辛丑条约》第 12 款规定，改为外务部，仍位列六部之上。

**《济物浦条约》：1882 年 8 月 30 日朝鲜与日本在朝鲜济物浦（今韩国仁川）签订的不平等条约。日本以朝鲜"壬午兵变"为契机，以日本人在朝鲜被杀为借口，强迫朝鲜政府签订《济物浦条约》，同时附录《修好条规续约》。该条约不仅使日本获得了朝鲜的巨额赔款，更规定了日本在朝鲜的驻军权，进一步扩大了日本的侵略势力，加剧了朝鲜半岛的危机。

不同见解,尚不会破坏和平,兵戎相见,但已显现了甲争乙抗的对峙状态,其形势如同带有不同电荷的云层相遇,可能转瞬变为电闪雷鸣。在这千钧一发的危急时刻,我国政府也是在专注于尽力[7]不打破现今的和平状态,以寻求保全国家名誉之道。

第三章

大鸟特命全权公使的归任和就任后朝鲜的形势

大鸟特命全权公使的归任

我国政府尽管倾向于在外交上居于被动位置，但若哪天一旦发生何种事件，则一定要在军事上占以先机。既然清国向朝鲜派兵之事已明白无误，等待对方在形式上依从《天津条约》发来照会，则在实际处置上颇为困难。反之，清国在其军队的进退上比我方更加便利，单说在对朝距离上，若从山海关或者大沽乘坐具有相当速度的汽轮直航仁川，只需十二三个小时便可抵达；而我方若要从位于广岛的下宇品港直航仁川，就不得不花费四十多个小时。就当时朝鲜的形势而言，大鸟公使的归任已刻不容缓。余在收到清国政府公然出兵通知之日前两天，即六月五日，就已命大鸟公使搭乘"八重山号"军舰从横须贺出发了。这次除该舰新增水兵近百名外，恰好先前在支那海和南洋巡航的几艘军舰也于数日前返回了釜山港。余与海军大臣商议，速让上述军舰中的几艘转航至仁川，用于担任该港警备，同时大鸟公使抵达仁川后，在进入京城之时，若有必要带兵，可根据大鸟公使的请求，以"八重山号"水兵为基础，抽调其他各舰水兵增援，以应公使之需。故此至少有三百乃至四百水兵可随时与大鸟公使随行，以便于该公使归任京城。我政府期望在大鸟公使莅任之际，对于已进驻该国的清兵，不至于失去对等之势。若无损国家名誉，我国政府希望尽量以和平手段平息事态。余在大鸟公使自东京出发之时，在面授的几项内容详尽的训令中提到，有关今后朝鲜的局势，政府虽应当派遣相当数量的军队赴朝，但除非迫不得已，解决争端仍应以和平手段为要。然当时形势已趋于紧迫，故在上述训令中 [8] 又补充了一条：如若时局紧迫而又无暇请示本国政府训令，该公使可以采取适当的应变措施。此训令中确有并不一致之处，但在此种形势之下，对于派往国外的使臣赋予异常之权力，实属无奈。

大鸟公使于六月九日抵达仁川，随即调集各舰水兵三百余名，一同归任京城。其时，由第五师团派出的一户少佐率领的一个大队的陆军已到达京城。我政府已决定将预定的混合旅团逐次派往朝鲜，而大鸟公使归任时，清国军队已进驻朝鲜国忠清道的牙山。另外，朝鲜官军现今也似乎稍微恢复了元气，因此东学党的势头受到挫败，几乎完全停止了推进，京城、仁川比往日更为平静。大鸟公使率兵归任，大大出乎清、朝两国政府之预料，使其愕然不已，他们试图以种种借口阻挠大鸟公使领兵入城，然日清两国之间已依照《天津条约》相互照会，而在日朝两国间，我方也是依照《济物浦条约》第五条所赋予的可向朝鲜国派遣军队之权利，故他们最终在表面上无法提出抗议，但仍使用各种阴谋诡计力使我军队尽早撤出朝鲜。清国政府指令袁世凯，在与大鸟公使的会谈中要讨论日清两国军队各自从朝鲜撤出军队的问题，其真实用意无法预测。

欧美各国官民在朝鲜国的情况

纵观驻朝鲜的外国官吏和侨民的情况，他们的表面态度姑且不论，但在内心却默认朝鲜为清国之属邦，并相信此次清国出兵是应朝鲜国王的请求。同时，却少有人知道日朝两国间的《济物浦条约》。另外，他们相信，万一日清两国发生交战，无论最初一两仗谁胜谁负，最后的胜利总会属于清国。虽我军在朝鲜遵纪守法、秋毫无犯之美德让外国人惊叹，然无论举止如何平和，军人毕竟是军人，在他们看来，在京城、仁川一带驻扎七千余名军人实在是奇怪和危险的事情。他们只看到许多日本军队在仁川和京城一带活动往来，而对驻扎在牙山的清兵之举动却毫无察觉。概言之，他们不管我政府出兵的名义和真正意图如何，只是臆断日本政府于平地起波澜，有蓄意乘机侵略朝鲜之意图。因此，他们对于清国比对日本抱有更多的同情，各驻朝鲜的欧美外交使节以及领事官等皆将其臆想报告给本国政府，而那些商人之辈更是妄自揣测，无疑也向本国各报纸散布了各种信息，这在日清事件开初，应当起到了煽动欧美各强国感情的作用。

大鸟公使归任后立即对实情进行考察，发现上述情况准确无误。他在进入京城之时就已察觉，实际状况与从本国出发时的预想不甚相同，朝鲜国内令人意外地平静，清国派出的军队也只是驻扎在牙山，并未向内地推进。作为第三者的外国人的情况亦如上述。鉴于此，大鸟公使频频电告我政府，劝告若在此期间派遣大量军队到朝鲜，无疑会使朝鲜政府和人民对第三者的外国人产生无谓的怀疑，这绝非外交上策。而反观我国实情，业已成骑墙之势，不仅中途无法改变派兵的既定人数，而且再观清国政府的外交，难说在此期间会施展何种奸诈计谋来欺瞒我国。另据最近发自天津和北京的电文，知悉清国为派更多军队入朝，正忙于做出征准备。在此情况下，我政府一方面认为大鸟公使的建议甚为适当，而另一方面观察现今时局，因何时发生不测难以预料，危机爆发之际，成败全在兵力优劣，故仍旧依照当初政府设想，以速派混合旅团赴朝为万全之策。余电令大鸟公使，即使在外交上有所非议，大岛少将亦应立刻率混合旅团进驻京城。另外，要说服朝鲜政府以立即镇压内乱为上策，为此可请求我出兵救援。

如同上述，我政府的方针是在外交上主动取被动姿态，在军事上抢占先机，以便能够在千钧一发之际保持外交上、军事上协同一致。现在想来，当时的各位当政者莫不是殚精竭虑，煞费苦心，令人不禁栗然。当年日清两国军队虽同驻朝鲜国内，但其驻地相距甚远，尚无即刻发生冲突之虞。而东学党表面故作镇静，暗地里却在指望[9]日清两国军队睥睨对峙，相互猜疑。然两国于樽俎之间彼此释然，最终各自从朝鲜国撤回军队则纯属无望，所以若无急迫的原因或现成的适当借口作为交火的理由，则只有对此内外时局尽力采取措施，并施以某种外交策略，使局势发生转变，除此之外别无良策。

第四章
关于为改革朝鲜内政派遣日清两国共同委员的提案

　　日清两国政府就派兵入朝之事相互照会后不过旬日，在朝鲜问题上两国关系已经变得非常紧张，伴随事态而来的自然结果是各执己见，互不相让，相互间的猜疑和妒忌日益增多，流言蜚语百出，犹如凹凸镜面之折光，数道光线交叉屈曲反射，呈现出千差万别之状。不仅相互对峙的双方如此，无直接关系的第三方的评论，也都褒贬不一，或是或非，时常刺激当局者的神经，使时局愈加繁杂，更难预料欧美诸强国会在何时因何事以何种借口出来横加干涉。日清两国军队驻扎地之间有一定距离，故无骤然爆发冲突的迹象，只是清、朝政府背地相互勾结，企图以种种阴谋，暗地寻求欧美强国伸出援手，他们目前虽未露出马脚，但局势也如同山雨欲来风满楼之天候。

关于向朝鲜派遣日清两国共同委员的阁僚会议

　　余以为，在此时如不采取某种外交手段，便无法厘清这错综复杂的局势，于是多次与伊藤总理商议。总理亦深以为然，于某日的内阁会议上亲笔列出以下几条：朝鲜内乱应由日清两国军队齐心协力，火速镇压；平定乱民之后，为改革该国内政，由日清两国向朝鲜派出常设委员若干，调查该国财政基本情况，清理中央政府和地方政府官吏，设立必要的警备部队以保国内安宁；整顿该国财政，尽量募集公债，以用于发起国家公益之目的等，并指示将此作为我政府提案与清国政府商议。阁僚对此皆表赞同，余虽不敢对此提出异议但仍心存疑虑。首先，此事会将我国外交由被动转为主动；其次，就目前形势而言，清国政府未必会同意我方提议，倘若清国政府对此不表同意，我国未来的外交策略又将如何继续下去？伊藤总理在内阁会议上虽未明确表态，然可看出总理对于起草此提案心里似已另有重大决断，故余对此未置可否，只是请求给予[10]一天考虑时间。阁僚会议结束之后，余彻夜思量再三，认为帝国政府已经到了不得不在外交上采取灵活应变措施的时期。清国政府十之八九不会同意我方提案，当然即使清国政府不同意，我国也不能将提案弃之于废纸篓里，故除了大体依照总理提案之外，当另有良策。若清国政府不同意我方提案，我国应下定独自担任起改革朝鲜内政之决心，不然他日若彼此意见发生龃龉，恐会阻碍我外交上的发展。因而余在翌日的内阁会议上，便在伊藤总理提案的条款之外另添两条，即"无论是否与清国政府商议，在见到结果之前，绝不撤回派驻朝鲜的军队。另外，如果清国政府不赞同我方提案，帝国政府应独自担负起对朝鲜政府进行前述内容改革的责任"，并将此在内阁会议上提出，讨论决定之后由总理大臣上奏，后蒙获圣裁。

现今，我国外交百尺竿头更进一步，今后的一线希望，仅是清国政府是否赞同我提案，但无论清国政府做出何种决断，只要拒绝我方提案，我断然不能等闲视之，所以将来日清两国发生冲突或许已是在所难免。我方已到了不得不行使最后决心之阶段，然此决心在当初帝国政府向朝鲜派兵之时就已下定，已无丝毫可踌躇之理。

通过清国特命全权公使汪凤藻向清国提出对朝派遣日清两国共同委员的照会

六月十六日，余召见清国驻本邦特命全权公使汪凤藻，将前述内阁会议讨论决定的条件（除余在末尾所添加的两项外）如实口头说明，要求该公使向本国政府禀报，并促请该国政府尽快同意我方提案，在日清两国之间讨论朝鲜善后之策，共同致力于维护东洋全局之和平。听罢余的说明，汪颇感意外，面露难色，但又无法当面提出抗议，便列出种种细枝末节，竭力回避将我提案通报本国之事。他坚持主张在讨论朝鲜善后之策前，日清两国应各自从朝鲜撤兵，再议后事。据此，余确信，依朝鲜目前时局，祸乱根源潜藏甚深，现在若不彻底改革弊政，将来绝无长久之安宁，故若眼下施以姑息之策，也只能求得夹缝中短暂的和平。对此，作为近邻友邦，我政府一刻亦不能安然处之，帝国政府在不到完全安定和平之前，无论发生何种事情，绝不可能从朝鲜撤兵。当然，在清国政府是否理解我政府的真意，完全赞同我方之提案这个问题上，余之所云，无疑有助于让帝国政府放下心来。无论如何，若此提案要与日清两国从朝鲜撤兵的问题分别讨论，那就一定要请汪公使将此提案通报本国政府，真切希望能够知晓清国政府对此提案持何种意见。此谈判从晚上八点几乎持续到第二天凌晨一点，之后汪凤藻渐渐开始同意将帝国政府的提案通报本国政府。然余担心，汪是否充分理解了我方提案，即便他本人已充分理解，最终又是否会将其如实通报本国政府。故在翌日即十七日，余又以公文形式逐条列记昨日谈判时帝国政府的提案，并将其交予汪公使，同时，电令驻北京临时代理公使小村寿太郎，将上述提案提交总理衙门并请求从速回复。另又电令驻天津领事荒川巳次，将该提案递交直隶总督李鸿章，让李尽力促使政府同意此案。

清国政府对设立日清共同委员提案提出异议

[11]驻东京清国特命全权公使汪凤藻依照本国政府训令，于光绪二十年（1894）五月十八日，即明治二十七年六月二十一日，以公文形式回答了我方提案，提出了不能够同意我方提案的三条理由：第一，朝鲜内乱已经平定，现清军毋须替代朝鲜政府讨伐乱党，时下尚无日清两国齐心协力平定内乱之必要；第二，日本政府对朝鲜的善后之策用意虽善，但朝鲜的改革应由朝鲜自己进行，清国尚且不欲干涉，日本国原本就承认朝鲜是独立自主之国，亦无干涉其内政的权利；第三，事变平定之后各自撤兵本是《天津条约》之规定，今亦无再议必要。清国以此回绝了我方提案。[12]毫无疑问，回复主旨乃出自李鸿章的意见，再经由总理衙门训令汪凤藻。第一条中说朝鲜内乱已经平定，虽单从表面上看，朝鲜国内也并非没有恢复平静之状态，但难说清国是否以为这就是真实现状。既然他们认为朝鲜内乱已经平定，第三条依照《天津条约》之规定日清两国各自从朝鲜撤兵的意见，尽管理论上并无矛盾，但我政府认为不清除导致朝鲜内乱的祸根就无法安心，现只满足于眼下的和平假象而不能断定将来形势危殆之隐患，对此两国政府虽见解各异，但其中并无任何隔阂。而第二条中的所谓朝鲜改革应由朝鲜独自进行之说，不过是借此逃避自家责任的托词而已，说连清国都尚未干涉内政，更是以其"尚"字高调表示自己的姿态，并称日本承认朝鲜为自主国家，所以无权干涉其内政。此番极力压制我国权利之行为，难脱[13]清国政府中李鸿章平素倨傲之常套，事到如今还未领悟日本政府已下定最后决心，仍沉溺于当初的妄想迷梦之中，表现出在虚张声势中将这般大事草率了断之愚蠢。他们在处理朝鲜问题时，历来都奉行所谓属邦论，以老大自居来处理一切事情，其他各国不能与其比肩，而现在是日清两国军队联合起来平定

朝鲜内乱，还是由日清两国派出共同委员共商朝鲜善后之策的问题。简而言之，若将此看作日清两国在朝鲜国内拥有平等权利的提案，姑且不论提案如何，对他们而言都很难认同。余当初已料到清国政府十之八九不会赞同我方提案，而我政府对此种回复也不能保持缄默。

日本政府给清国政府的第一封绝交书

翌日（二十二日），余将逐一驳斥对方所列举条款的公文送达汪公使。公文的大意是：就朝鲜目前的局势而言，余对日清两国各持所见深感遗憾。然纵观往事，朝鲜半岛总是朋党争阋、内讧暴动之渊薮，我们确信，事端频发完全是由于缺乏一个健全独立国家责守之要素。而我国与朝鲜仅隔一苇之水，且疆土毗邻，彼此贸易上的重要性自不待言。日本帝国之于朝鲜的种种利害关系重大，今日彼国出现如此惨状而我却袖手旁观，不施以援手，不仅乖离邻邦友谊，也与我国的自卫之道背道而驰，因而日本政府在制定谋求朝鲜国的安宁祥和的计划上刻不容缓。因此，余相信日本政府在未确定出能够保证朝鲜未来的和平与安宁以及政治走上正轨的办法之前，就从朝鲜撤出帝国军队，并非良策。日本政府这样做，不但符合《天津条约》之精神，在朝鲜国善后之策上也是不得已而为之。在公文末尾有以下一段文字云："本大臣以如此胸襟坦诚相告，即便与贵国政府所见相违，帝国政府亦断不能发布撤走驻朝鲜国军队的命令。"这等于宣告了我政府无法与清国政府步调一致，将来不管清国采取何种步骤，我方也会按照自信之方向独自前行。我政府当初就未指望日清两国能够相互提携，这是日本政府对清国政府发出的第一封绝交书。

第五章

关于朝鲜改革与清、朝宗属
关系问题的概述

西欧新文明与东亚旧文明的冲突

无论是朝鲜内政的改革还是清、朝宗属问题，归根结底还是日清两国在朝鲜权利之争的结果，在探究此问题如何发展之前，有必要就日清两国一直以来的关系做一大致说明。日清两国原本作为友邻之邦互通往来，交往年代甚为久远，但凡政治、典例、文学、技艺、道义、宗教等文明元素几乎同根同源，并且我国受惠于彼国文明之引导良多，呈彼国占据先进之国地位，我国为后进之国之态势。然近来欧洲各国将其势力发展至东洋，所谓西方文明元素向远东地区涌入。特别是我国，自明治维新以来已二十七年有余，不管政府还是国民都努力汲取西方文明，由此完成各项改革，迅速取得长足进步，旧日本面目一新，展现出新日本之振兴，引来先进国家如欧美各国一片赞叹之声。然清国依旧墨守成规，丝毫未见顺应内外形势改变旧习之处。一衣带水之隔的两个国家，一个代表西方的文明，另一个则呈现固守东亚积习之异象。曾几何时，也有过我国的汉儒之辈常称彼国为中华或大国，不顾本国屈辱而崇慕彼国的时代，而今我蔑称彼国为顽迷愚昧的一大保守之邦；彼国则视我轻佻冒进，嘲讽我国为模仿欧洲文明之皮毛的蕞尔岛夷，两者感情冰炭不洽，日后势必又会引发一大争论。但是，争论无论以何种形式表现出来，争论之因必定是西方的新文明与东亚旧文明间的碰撞，这是尽人皆知的事实。在这疆土毗邻、国力基本相当的邻邦之间所存在的相互的功名心与猜忌心，日积月累就酝酿出相互的憎恶与嫉妒，彼此对不值得大惊小怪之事互感诧异，不值得轻蔑之事互相轻蔑，虽表面未露征兆，然祸端何时何处爆发尚不得知。有关琉球问题和台湾问题在此已无详述必要，而就在明治十五年（1882）后，日清两国的争论焦点已集中在朝鲜国内的问题上，而在朝鲜之事上双方从来都是以相互嫉妒的目光睨视。在本次事件中，当初也是以朝鲜内乱为契机，彼此欲在该国彰显本国之权利，以满足自己的功名之心，这是无须掩饰的事实。

由于帝国政府派遣共同委员的提案遭到清国的拒绝，我政府不得不独自担负起改革朝鲜之重任，这终究不可避免地会成为引发冲突的发端，对于此事我方虽已有心理准备，然目前已成骑虎之势，也无可奈何。日清两国争论的焦点，第一是实行朝鲜内政改革的手段方法，第二则是如何决定清、朝宗属问题。关于宗属关系问题，在牙山战捷之后，朝鲜政府遵从我政府之劝告，言明该国乃一独立国家，并同时宣布废除有碍于独立的清、朝通商章程等诸条约，清、朝宗属关系问题已归于灭亡。而且，在《下关条约》中，清国政府自己也承认朝鲜为独立之国。毫无疑问，在这点上我政府已完全达到最初目的。至于朝鲜的内政改革，因一直存在种种纷繁之事，迄今仍无法得到满意之结果。

我国朝野对朝鲜内政改革问题之议论

当向社会宣布我国将独自担负起改革朝鲜内政的决定时，我国朝野议论一致。听其议论，大都认为朝鲜乃我国邻邦，我国即使遭遇到一些艰难险阻，出于邻邦友谊予以扶助，乃我侠义之帝国义不容辞之举。其后当两国交战之时，我国抑强扶弱，大兴仁义之师，将成败置之度外，在外交方面，这与其说是一种政治需求，还不如说是出自道义上的需要。然在发表此番言论者中，推究其内心，也不乏[14]暗藏以朝鲜改革之名，企以扩张我版图，将整个朝鲜作为我保护国，使之屈服于我权威之心。也有人认为，应在朝鲜进行切实而适当的改革，使其虽然国土狭窄但能够保持一个独立国家的脸面，他日倘若我国与清国或俄国发生事端，能够在中间起到缓冲之作用。还有人认为，此刻我国应召开列国会议，将朝鲜列为像欧洲大陆的比利时、瑞士那样受列国保护的中立国。但凡这些，大抵皆为私下之议论，对外公开表白的不过都是些抑强扶弱的侠义论这类社会凡俗之言论。余以为，原本朝鲜内政的改革，除了政治上的需要以外，别无其他任何意义，也丝毫没有以侠义之心兴十字军之师的必要。因此，朝鲜内政的改革，首先要着眼我国利益，绝不牺牲我国利益。以本次事件而论，所谓的朝鲜内政改革，原是为了解决平素日清两国间纠缠不清的问题而想出来的一个策略，由于时局的骤变，转变为不得不由我国单独来承担此重任。其实，余开初对于朝鲜内政改革之事并未特别注重，怀疑朝鲜这样的国家能否完成令人满意的改革，然朝鲜内政的改革现今已成为外交上的一个具体问题，我政府不得不尝试进行此种改革。我国朝野之议论，已不再过问是怎样的事情，起因如何，其所表现出的协同一致，对外对内皆十分有利。余想借此好题目，看能否再次调和已有过一次破裂的日清两国关系，要是最终无法调和，倒不如或以此为促使破裂之契机，或作为将黑云压顶的阴霾之日索性化为一场疾风暴雨，迎来雨过天晴的爽朗之日的晴雨表。

我政府曾将朝鲜国作为一个独立之国家介绍给世界列国，即便是在此次事件之时，也曾向各国宣布绝不会伤害该国的独立，故今日劝告内政改革，表面上自然不能够采取粗暴的方法。在欧美诸强国瞪大眼睛密切注视我政府将对朝鲜采取何种行动之际，我国若稍有闪失，必将陷入四面受敌之窘境。因此，在劝告朝鲜政府开展内政改革的问题上，还需充分顾及内外形势，随时注意处理手法的宽严相济。我方手段虽难免缺乏灵活性，但像朝鲜这般对己国之积弊尚无觉悟，未感觉到有必要应由自己去矫正之国度，来自外部的劝告与鼓励犹如以脆弱之堤坝去防范滔天之洪水，刚修复一隅又闻他方坍塌、洪水泛滥，我政府特意建议的改革之方案也因此不得不时常更改内容。若此事只限于日朝之间，毋须顾及他国意向的话，任何困难之事都会迎刃而解。

朝鲜问题的主题与客题的关系

但凡朝鲜问题，最初尽管在其名义上皆以朝鲜为主题，然最终却出现凡事几乎都应顾及作为第三者的各强国意见如何的状况，此状况动辄成为事情的客题，而要调和主客间的关系则甚为困难，并且因主客间的重要程度相差悬殊，作为主题的朝鲜问题不得不中途搁置一边，垂成之功往往又功亏一篑。总而言之，自派遣共同委员提案搁浅，我政府表明单方面担任朝鲜之改革重任后，时至今日，其事业仍未见完结，其缘由与上述事实不无关联。而朝鲜改革的始末，事端纷繁，记述太长，仅此一章不能涵盖，待将其放到各章分别详述，即：日清两国间的共同委员说破裂之后到牙山战捷为朝鲜改革之第一期，牙山战捷后到井上伯作为特命全权公使取代大鸟公使派往朝鲜之时为第二期，井上公使赴任朝鲜后到《日清媾和条约》签订为第三期。

第六章

朝鲜内政改革的第一期

　　清国政府，尤其是李鸿章，渐渐察觉我政府之决心后，颇感慌乱，为了千方百计阻碍我政府对朝鲜内政的干预，置我政府所表明的朝鲜内乱已经平定之言而不顾，再表事情尚有不明之悬念，忽电告袁世凯，指责朝鲜政府尽管先前告知已经平定贼匪之乱，然无数乱民逃遁无踪，匪首至今仍未擒获，叛乱何以得到平定，令人难以置信，以致给他国驻军以借口，故此时应迅速整合清、朝兵力，积极剿伐残贼，肃清祸乱，以解除中国之忧虑，提防予他人口实。

清将领叶志超发给袁世凯的电报

　　驻扎牙山的清将领叶志超为讨伐残贼，向朝鲜内地派兵时，遭到该国地方官员的百般阻拦，颇感不满，在阵中给袁世凯发去电报，称朝鲜朝廷不忧虑国内匪贼，唯忌惮日本军队，与他们作任何协商皆无结果，由此下去，将会良莠不分，剿抚之功难以期待，应与朝鲜朝廷严正交涉。据说袁世凯立刻就此向朝鲜朝廷提出了照会，然朝鲜政府只是冷淡回复说，贼匪已经平定，故不需要清国的援军，拒绝了清的援助。这正如清将领所推测的那样，朝鲜朝廷现在所顾忌的不是内乱，而是日本军队，若清军深入朝鲜内地，日本军队也会加以仿效，朝鲜国内恐会成为杀戮之战场，他们定是首鼠两端，左右为难，是为弱国不可避免之常态。他们一开始就贻误国策，妄自乞求外援，对自己的谬误却未觉悟。[15] 其时，听闻在东京的汪公使给李鸿章发去电文，称日本欲干涉朝鲜内政，起因是该国无法自行实施改革，应由清国鼓动朝鲜国王迅速整顿好内政，使日本没有干预其内政之借口。若以此为参考，足以窥见清国内情之一斑。

关于朝鲜内政改革的密令

清国内情既然如此，当下我政府应如何采取对策？余已将日清两国派遣共同委员提案搁浅之后我政府将来所要采取的政策概要悉数训示大鸟公使，并草拟朝鲜内政改革方案，待内阁会议决定之后，于六月二十八日作为机密训令发给大鸟公使。其大意是：日本重视以往与朝鲜的睦邻友好，并顾及东亚大局，率先与之缔结修好条约，将其作为一个独立国家向列国表彰。然朝鲜一味墨守成规，至今宿弊未除，内乱频发，最终导致自主独立之根基瓦解，时时殃及邻邦，有扰乱东亚和平大局之虞。我国出于邻邦之情义、自卫之需要，绝不能袖手旁观。因此，我政府提出意见，劝告该国政府进行弊政改革，以迅速取得独立自主之成果，实现永远维持国王之荣光的长远大计。而作为其改革的要领，我国列举了以下数条，即："应明确官司职守，矫正地方官吏弊情"，"要重视对外交往事宜，选择尽责人选"，"司法必须公正"，"严格会计出纳职责"，"改良兵役制，设立警察制度"，"修改货币制度"，"改善交通"，等等，并为了便于大鸟公使的理解，对上述各条[16]逐一附加了详细注释。

大鸟公使对朝鲜内政改革的建议

以其地位，耳闻目睹朝鲜之形势日非的大鸟公使接到余发出的电训之时，业已大抵领会我政府将要采取的方针政策，故在余发送上述电令的同日（六月二十八日），以长文机密信的形式向我禀告了未来的实施方策，其大意是：朝鲜政府一味地希望日清两国撤兵，虽曾与袁世凯商议，但因察其力有不足，于是直接致电李鸿章，欲借其力，并请求驻京城的各国外交官从中斡旋。而就在这煞费苦心之际，那边厢袁世凯却又频放豪言壮语，称即便因此导致日清交战，最后的胜利也将属于清国，同时伪造电函，诬陷日本包藏侵略朝鲜之祸心，威吓朝鲜朝廷，欲使其更加顾忌日本而产生依赖清国之心，恶计奸策无所不用。由此看来，日清两国最终若不爆发一场冲突来打破局面，朝鲜改革应属无望。大鸟公使已在六月二十六日谒见朝鲜国王，亲自说明改革弊政之必要，为此建议朝鲜政府任命特别委员，调查改革之条款。另外，作为今后的实施方案，大鸟公使设了甲、乙两个方案。甲方案中，为了明确清、朝宗属关系，列举了汪公使公文中的"保护属邦"以及驻牙山清将领聂士成檄文中的"爱恤属国""保护藩属"等文字，诘问朝鲜政府是否认同，指出以如此名义派来的清军侵害了朝鲜的独立，并蔑视《日朝条约》之明文规定，理应速从朝鲜境内撤出；作为乙方案，可敦促朝鲜政府对我政府的劝告提案做出答复，若不做出积极回应，则在条款容许的范围内施以胁迫手段，责令其必须执行。这与余通过内阁会议决定送交大鸟公使的训令相比较，无精神上之差异，只是外表稍有过激，然处在形势朝夕变幻的非常时期，驻外使臣据其职责施以相应的处置，实无过失之虞。余决定只要大致精神与政府既定方针无异，则暂依大鸟公使之方案行事，以观日后情况发展，再定计策。

朝鲜国王发布罪己诏[*]

　　大鸟公使按照上述既定方针稳步推进。当时的朝鲜朝廷中事大党势力强盛，尽管他们对外惧怕清国旨意，但从来就不愿进行内政改革，不过，面对日本公使背后的强大兵力，以及其劝告中的正当理由无力峻拒，最终朝鲜国王只得发布罪己诏，对积年的弊政感到悔恨，对内乱频发深感痛心，表示这全归咎于国王自己的不德和有司[**]的失职。诏书的末尾甚至表示：但凡政府得失，有司应分别条陈，直言勿隐，当言而不言，罪在有司，言而不听，则朕之罪也。此外，朝鲜政府从其重臣中遴选出申正熙、金宗汉、曹寅承，任命其为改革委员，与日本公使协商共议改革事项等举，在表面上显示出热心改革的姿态，但事大党私底下却又与清使袁世凯协商如何采取暂避我国剑锋的敷衍之策。尔后大鸟公使继续与所任命的改革委员以及外务督办密切磋商，然彼等无任何决断之权，总以闪烁之词左右推诿，优柔寡断，白白浪费光阴。朝鲜政府对我政府的提案，在外表上仅有的稍微能站住脚的辩解是，数年来已自行觉察内政改革之必要性，对此不存异议，但今日本政府大兵屯集京城，并严限实施改革之期限，如此这般，似有干涉内政之嫌。另外，我政府提出根据条约之规定，朝鲜有承担修复京釜间电缆的义务，若因力量不足不能够迅速处理，可姑且由日本政府暂时代为承担。对此善言，朝鲜政府却表示，京釜间电缆因天灾阻断至今，修复之事属国家自主之权利，倘若允许他国代为修复，则有损害国家主权之嫌。最终朝鲜向大鸟公使提出看似有

---

[*] 罪己诏：古代帝王在朝廷出现问题、国家遭受天灾、政权处于危机中时，自省或检讨自己过失、过错发生的一种口谕或文书。

[**] 有司：古代设官分职，各有专司，故称有司。泛指官吏。

些强硬的回复，称日本政府此时应该首先撤走军队，撤销有关朝鲜内政改革的照会，朝鲜必定以自行实施改革来答谢日本政府之好意。

电令大鸟公使采取最终手段

京城事态如上所述。而在东京，作为清、朝两国依仗各国之结果，欧美各国已经以忠告、调停或者仲裁之名开始出面干预，其中不乏颇为严厉之措辞。余依照政府的既定方针，竭力不使事态超出日清两国之范围，剖析事理缘由，游走于樽俎之间，使欧美的干预不至于走向极端。有关始末待后章详述，本章只是参照彼此两地事态，来说明我政府在此期间的外交策略是如何煞费苦心。而恰在此时，清国政府拒绝了英国驻北京代表的调停，其他诸强国也表现出对未来时局发展暂且观望的态度。[17]余以为此种事态不能够长久持续下去，觉得此刻倒不如促使日清之间爆发一场冲突为上策，故于七月十二日电令大鸟公使：英国在北京的仲裁已经失败，现在有必要采取断然措施，只要不招致外界的强烈谴责，不妨采用任何借口，迅速开始实际行动。

大鸟公使向朝鲜政府发出的最后通牒

大鸟公使此刻正苦于朝鲜政府的优柔寡断，感到已有采取高压手段之必要，遂于七月十九日向朝鲜政府发出最后通牒，提出：[18]（1）应由日本政府自行着手架设京釜间的军用电缆；（2）朝鲜政府应当遵照《济物浦条约》，立即为日本国军队修建相应的兵营；（3）驻扎牙山的清兵本来就师出无名，应当迅速撤离；（4）清、朝之间的水陆贸易章程等其他与朝鲜独立相抵触的清、朝间诸条约当全部废除，并限于同月二十二日之前回复。朝鲜政府在如此重大的问题上当然不能轻易作答，各大臣连续商讨，宫中会议也彻夜举行，但最终也未能做出任何决定。

袁世凯的突然回国与驻扎龙山的帝国军队进入京城

此时的清使袁世凯似乎看到了时势的不顺，突然起程回国，据说此消息一传到朝鲜政府，满朝大臣莫不惊慌失措。大鸟公使虽在表面上仍对朝鲜采取行动，然也得知大院君[*]已是众望所归，而且其本人功名心甚旺，于是公使便利用开化党^{**}和亲日派的金嘉镇、安骃寿等朝鲜人，同时又私下指派日本人冈本柳之助等，暗地里劝说大院君。二十二日的期限很快就到了，朝鲜政府的回答照例漠然而不得要领，大鸟公使认为已经不能再有片刻迟疑，他一方面照会外务督办赵秉稷，表明朝鲜政府对于日本政府的劝告逾期没有给出满意之回复，日本政府当然最终只有自行其是，根据事态发展，为了伸张我方权利，也许会使用武力；另一方面，他与大岛旅团长反复商议，于次日即二十三日拂晓，调遣¹⁹驻龙山的若干士兵紧急开赴京城。当时王宫附近的朝鲜军队突然首先开枪，我军随即予以还击，撞开城门进入城内。

大院君的入关与朝鲜国王请求参见大鸟公使

朝鲜政府狼狈不堪，诸闵、事大党均不知逃逸何处，开化党却面露得意之色，大院君遵王敕入关，随后朝鲜国王遣敕使请求参见大鸟公使，大院君替代国王引见大鸟公使，宣布奉敕命总揽国政，约定内政改革之

---

* 大院君：朝鲜王朝时代，对于儿子即位成为国王，本人却没有得到王位的人的封号。

** 开化党：朝鲜王朝末期所产生的一个秉持开化思想，以在朝鲜实现近代化改革、建设独立富强国家为目标的政治团体。其核心人物为金玉均、朴泳孝等急进开化派分子，涵盖朝鲜社会各阶层及官吏、僧侣、军人、商人、下人等不同职业的人士。开化党对外以日本明治维新为楷模，表现出亲日态度，并且反感宗主国清朝的干涉，欲脱离中国而独立自主，故又被称为"日本党"或"独立党"。

事必与大鸟公使协商。至此，朝鲜改革之绪端总算由此拉开，同时也公开宣布废除清、朝条约。朝鲜国王更是请求大鸟公使协助朝鲜政府驱逐驻扎在牙山的清军。

宣战诏书

随后日本军队在牙山、成欢大败清军，清军溃逃。而在此之前，日清两国军舰在牙山海面不期而遇，清舰首先开战，但最后日本海军大获全胜。日清两国间的和平被打破。八月一日，吾皇发布宣战大诏，由此朝鲜的内政改革事业完全演变成了日朝两国间的事业。朝鲜内政改革的第一期就此结束，今后如何发展，当于另章详述。

第七章

欧美各国的干涉

　　朝鲜东学党刚起事之时，欧美各国政府对此并未予以特别关注。大鸟公使归任之际，驻东京的俄国公使希特罗渥曾向余打听：近来屡闻日本派出军队，可日本的敌人究竟在何方？这本是一句戏言，却意在暗中打探我政府的本意，但似乎也未将此事当作重大事项来考虑。其后，见日清两国出乎欧美各国的预想，陆续向朝鲜派遣众多军队，加之如前所述，当时在朝鲜的欧美官员和商民等已是十分惊慌。这些人开初对日本不大抱有同情，待各种真假虚实的信息流布于各国政府或民间，欧美各国政府这才渐渐将目光转到朝鲜的内乱，特别是日清两国的纷争上来。而此时又恰逢清、朝两国政府不断请求欧美各国施以援手，导致自六月中旬，欧美各国开始显露出对我国进行干预的苗头。

俄国的劝告

李鸿章与卡西尼伯爵的谈判及俄国政府的劝告

　　俄国首开列国对我国的干预，据说其时驻北京的俄国公使卡西尼伯爵获本国政府许可，在回国途中来到天津，李鸿章请求该公使转告俄国政府，希望能调停日清两国间当前的纷争。俄国公使当将此报告了本国政府并请求指示，而俄国政府亦欲趁机讨清国政府之欢心，于是一方面让卡西尼伯爵待在天津与李鸿章谈判，另一方面指令在东京的该国公使希特罗渥劝告我政府。

我政府对上述劝告的回复

六月二十五日，希特罗渥请求同余会面，称接到本国政府训令，清国政府已请求俄国出面调停日清纠纷，俄国政府也希望日清两国之纷争尽快得到和平解决，并询问若清国撤出派驻朝鲜的军队，日本政府是否也同样会撤走军队。

余对此的答复是：对其提议虽然大抵无异议，然而在如今两国对峙、彼此互抱怀疑之际，欲求冰释前嫌实属难事，这种情况不仅在日清两国之间如此，即便在欧洲强国之间也往往避免不了。况且清国从来都是以阴险手段干预朝鲜内政，施行表里不一之策略，平素欺瞒日朝两国之事例甚多，故我政府不会轻易相信清国之言行。这并非是毫无根据的猜疑。我国对于清国政府的要求是：（一）同意由日清两国共同担当其责，直至朝鲜内政改革结束；（二）清国无论以何种理由，若不愿与日本协同进行朝鲜的内政改革，在日本政府单独实施时，清国政府不直接或间接地加以阻碍。只要答应上述两项中的其中一项并撤走其军队，日本政府也可以撤军。继而余又毫不迟疑地对俄国公使做出以下两点保证：（甲）日本政府只是希望确保朝鲜的独立与和平，除此绝无他意；（乙）将来清国政府无论有何举动，日本政府都不会主动挑起战端，若今后日清两国间不幸不得已发生交战，日本也必保持防御地位。

俄国政府劝告日清两国应对等撤兵

时至同月三十日，俄国公使又称接到其政府的指令，并携公文前来交至余手中，其内容大意是："朝鲜政府已公开告知驻该国的各国使臣，国内内乱已经平定，另就日清两国同时撤兵事宜，请求各国使臣予以支持。因此，俄国政府劝告日本政府接受朝鲜的请求，并对日本政府提出忠告，如果拒绝与清国政府同时撤兵，日本政府将自行承担重大责任。"俄国政府发来口气如此严厉的公文，其本意如何，实难揣测。日本政府深知，不管有何种理由，让现今局势节外生枝绝非上策。反观国内情况，当时的事态已使时局发生了很大变化，假令清国从朝鲜撤兵，我军也难以无功而返。余为解决此两难之事费尽心思，终做出最后判断，但不知伊藤总理对此如何考量。故余在同俄国公使分别之后，随即去伊皿子[*]的私邸，拜访了伊藤总理。其间余一言未发，首先提交了俄国公使的公文，倾听总理意见。总理读完之后沉思良久，然后缓慢地说道，事到如今，如何能遵从俄国劝告将我军从朝鲜撤出？余听闻此言附和道：尊意正与鄙见相同，将来时局的难易，责任在于我辈二人。言多无用，余便匆匆告辞。当夜余急电驻俄国公使西德二郎，指示如何回复俄国的建议，现尚未提交内阁讨论，但依余与伊藤总理的意见，依照俄国的劝告从朝鲜撤军的时机还未成熟。同时，往后若想以英国来牵制俄国，则必须在俄国散布先入为主的观点之前，向英国政府私下透露我国意向，这一点甚为重要，因此余也向驻英国公使青木子爵发去了同样内容的电文。呜呼，余今日回想当时之情形，无法不使自己不寒而栗。当时伊藤总理与余之间的晤谈三言两语便已定夺，默诺间显示出彼此意见的契合。试想如果

---

[*] 伊皿子：即伊皿子坂，地名。位于东京都港区三田町四丁目与高轮二丁目之间的坡道。

当时余之意见与伊藤相左，或因意见各异，彼此做出相悖之判断，当时的时局该会如何变幻？[20] 也不知能否建立今日我国可夸耀于世界的丰功伟绩？

我国政府对俄劝告的回复

余与伊藤总理意见相互吻合，也已不失时机地向驻英、俄两国公使发出了相应的电文。翌日，即七月一日，余草拟出对俄国政府的复照，在与阁僚商议之后奏请天皇圣断，并于七月二日送交俄国公使，其概要是："俄国特命全权公使送来的公文因事关重大，帝国政府以诚挚之心熟阅，公文中称朝鲜政府已将该国动乱业已平定之事告诸驻该国的各国使节，然据帝国政府最近接到的报告，酿成此次朝鲜事变之因尚未根除，即便现已派驻日本军队，其内乱也未绝迹。帝国政府向该国派遣军队，其实也是据现实形势不得已而为之，绝无侵略疆土之意。我们可以向俄国特命全权公使明确表示，若该国时局完全恢复平稳，将来无祸乱再起之危险，我理应从该国撤出军队，这点毋庸置疑。帝国政府对俄国政府的友好规劝深表谢忱，同时也希望俄国政府对帝国政府基于两国间存在的信义与友谊而做出的明确表态予以充分的信任。"此回复在外表上虽全然不露圭角，但毕竟还是以外交的笔法婉拒了俄国政府的劝告，俄国政府对此是否满意，尚难预料。

俄国政府就日本政府的回复发来公函

时至七月十三日，俄国公使针对上述回复送来公函一封，其概要是："对日本天皇陛下的政府宣言中所提到的无意侵略朝鲜，一俟朝鲜时局完全恢复平稳，无祸乱再发之虞时，会迅速从该国撤出军队，俄国皇帝甚为满意，但切望在此基础上，立即开启日清两国政府间的协商，早日恢复和平。俄国皇帝陛下的政府因邻国之故，对于朝鲜国的事变自不能隔岸观火，今日之事完全是出自预防日清两国纠纷之愿望，万望理解。"俄国政府的公文也同样属于外交文书，乍一看甚为清稳平和，然文中言及，对日本政府宣言中无侵略朝鲜之意，以及在该国内乱平定、完全恢复平稳且无再发生动乱之虞时迅速撤军的表示予以认同，并感到十分满意，以此表明俄国不容许日本政府超越所言明范围的态度；同时表示俄国政府作为邻国，不能对朝鲜事变袖手旁观，以此暗示对朝鲜国内之事有随时干预之可能。其用意虽无从得知，但因为俄国政府暂时撤回了设置的障碍，使余有了些许宽心。

俄国政府提请注意，日本帝国对朝鲜的要求中若有违朝鲜国与列国间缔结的条约，俄国政府绝不承认其有效性

余推断俄国就日后日清两国的纠纷，特别是有关朝鲜内政之事绝不会一味保持沉默。果然，七月二十一日，俄公使又称接本国政府指令，给余送来一纸公文，其大意是："日本现今对朝鲜所要求的退让究竟为何？姑且不论其退让如何，若有悖于朝鲜作为一独立国与列国所签订的条约内容，俄国政府绝不能承认其有效性。为避免将来发生不必要的争端，在此出于友情，再次对日本政府提出忠告，切望三思而后行。"这其实就是前述"对朝鲜的事变不能袖手旁观"之说的注解，并对其意义严加明确。在俄国送交此公文后不久，日清两国和平破裂，相继发生海陆战事，作为第三者的列国未能获得介入之机，俄国也与其他列国一样，暂处于旁观者地位。然彼等都在以敏锐之目光，洞察日清交战状况，伺机寻找于己有利的可乘之机。在尔后驻俄公使西德二郎的报告中，以及在经常与余会面的俄国公使希特罗渥的种种质疑式的谈话中，可以看出

他们丝毫未改初衷，即在《下关条约》签订的那一刻，俄国就充当了干涉的罪魁祸首，引诱德法两国参与其中也绝非出于偶然。

英国的调停

朝鲜事件伊始，英国政府的举动似乎显示出对清国有所同情，故不免为我国国民所厌恶。然具体观之内情，英国将其视为现今远东两大国之间的交战，其结果势必对本国政略以及贸易方面的利害关系产生巨大影响。而在以往的历史关系中，英国自然会产生不得不重视清国的倾向，这亦属不得已，加之英国当初也同其他旁观者一样，臆断最后胜利属于清国无疑。所以，在日清开战前后，彼东亚舰队司令官弗里曼托尔的举动，往往多有令人甚感奇怪之处，即便到今日也完全无法辨明彼之行为是否纯属无意之举，但要说是对我抱有敌意和恶感，也不免有些为时过早。总而言之，英国是万万不希望出于任何理由去破坏东亚和平的。

英国驻北京特命全权公使欧格纳与总理衙门的商讨

英国驻北京特命全权公使欧格纳是一位精明的外交家，近年来屡受英国政府重任便足以证明这点。他窥知在天津的李鸿章与卡西尼伯爵的关系后，自然不能视其为过眼烟云，弃本国利益和名誉于不顾。于是，欧格纳立刻劝告总理衙门王大臣，日清两国间应速速进行和平协商，以避免最后的冲突为上策。然当时的总理衙门正值寄厚望于李鸿章与俄国公使谈判成功之时，对英国公使的忠告并未仔细倾听。不过，当时的清国政府内部又产生了主和论，一些人对李鸿章群起而攻之。总理衙门最终听从了英国公使的忠告，暂不采纳李鸿章继续向朝鲜派兵的建议，最终通过英国公使再次表示欲开启与我国和平协商的意向。

英国的调停

英国公使不失时机，在与英国驻日临时代理公使巴材特数次电报往返磋商之后，通过该临时代理公使向我政府提出，若清国政府对日本政府所提出的方案希望附加某些条件再重开谈判，英国希望知道日本政府觉得此提议可否。余与巴材特多次会晤之后，提出不能不怀疑清国政府的提案是否有诚意，但日本政府绝无成心破坏和平之意。倘若清国政府承诺为了朝鲜的内政改革，由日清两国派遣共同委员，并根据此精神，由清国先行拿出提案，我政府不会拒绝再开谈判。巴材特立即将余之答复电告欧格纳。

小村代理公使依照欧格纳的居中斡旋亲赴总理衙门，清国政府未提出任何新方案

欧格纳接到此电文后，一面游说总理衙门王大臣，一面又与小村临时代理商议。经过百般斡旋，总理衙门王大臣与欧格纳约定在某日于总理衙门同日本公使会晤，商议清国提案的基本内容。公使即刻将此事通报小村临时代理公使，小村按期赴总理衙门，欲听取清国想要提出的建议。然他们未提出任何新方案，只是说若日本不从朝鲜撤兵，清国政府不会提出任何方案，结果是一无所获。小村闻其意外言论，自觉与其辩论徒劳无益，于是在归途中会晤了欧格纳公使，指责总理衙门背信弃义。公使闻之颇感吃惊，表示既然如此，只有待他日再择时机。小村将内容向余禀告，余以为，虽从一开始就怀疑清国之诚意，但无任何理由就拒绝英国公使的调停，并非妥当之举，故这一段时间冷观时局进展，现英

国调停失败，反倒会使我国将来的行动逐渐获得自由，这不失为一件好事。

帝国政府电令小村代理公使，向清国提出第二封绝交书

近日朝鲜的时局[21]已到了不能因为日清两国的商议而一拖再拖的地步，余相信，趁此机会断绝与清国之关系乃为上策，于是在与阁僚协商之后立即电令小村，向清国政府宣告：“朝鲜内乱频发，起因乃内政未得到治理，故帝国政府相信，与该国利害关系紧密的日清两国有必要帮助其改革内政，并向清国政府提出过建议，不料清国政府断然拒绝。近日驻贵国的英国公使出于对日清两国之友谊，好意居中斡旋，竭力调停日清两国纠纷，而清国政府却除了依旧主张我国军队应从朝鲜撤出外，不做任何商议，这只能说明清国政府有意滋事。时局既已如此，将来若发生不测，日本政府概不负责。”这是日本政府给清国政府的第二封绝交书。当日，余向大鸟公使发出电令说，英国的调停已失败，现今必须采取断然措施云云。

清国政府倾向于俄国调停的缘由

如此表里不一、反复无常的总理衙门王大臣之辈，竟然把与英国公使的约定忘得一干二净，委实让人百思不得其解。观其内心，他们不计后果，贸然在北京与天津几乎同时分别同英俄两国代表举行会谈，而且一开始就寄希望于在天津的俄国公使会取得成功，故将其作为重点和期望所在。无论怎么说，比起英国公使就朝鲜内政改革日清两国应该再次磋商的意见，俄国劝告中的日清两国应该同时从朝鲜撤走军队的说法更加符合彼意。俄国驻东京公使希特罗渥于六月三十日向日本政府提出撤

兵劝告，七月二日被日本政府婉拒。尽管不知俄国政府的真实用意，但俄国政府七月十三日还是表示对日本政府的回答还算满意。然而七月九日小村临时代理公使与总理衙门王大臣会晤之时，李鸿章以及总理衙门不仅仍对俄国强有力的支援寄予厚望，甚至连驻天津的俄国公使卡西尼伯爵本人也不知本国政府将来会采取何种方针，以至于还在频频向李鸿章抛出诱饵，引其上钩。事到如今，总理衙门的王大臣们假意采纳英国公使意见，私底下却另有指望，也实属无奈之举。清国政府一向不知遵守外交上的信义，此次为解自家燃眉之急，采取一女二嫁之拙劣外交手段，最终使自己陷入孑然孤立之境地。其他碌碌平庸之辈姑且不论，以经验丰富、有胆有识著称的李鸿章也不能免于此，不禁令人深感惋惜。

英国政府的再次调停

清国在那之后，注意观察俄国的对日举动，对俄国的虎头蛇尾、无能为力无疑是失望至极。欧格纳趁此机会，暗地授意某翻译官并派遣其去天津与李鸿章密谈，故李鸿章又要求北京政府再次请求英国公使调停，英国临时代理公使巴材特进而要求同余会面。据驻北京的英国公使电文，清国政府接到小村公使于本月十四日递交的照会后颇为愤慨（小村十四日的照会即为余十二日发给小村的电令，小村将此递交总理衙门已是十四日。彼等颇为愤慨是指在上述电令的末尾写道：这实为清国政府有意滋事，时局既已到此，将来若发生不测，日本政府概不负责）。日本政府心存和平之意，清国也未必不希望谈判再开，但清国表示希望知道日本政府的决心如何。而余以为，目前朝鲜时局已经非常紧迫，大鸟公使已对朝鲜提交最后通牒，为达目的或许会使用武力。因此，[22] 在朝鲜的日清两军何时交战，颇难预料。在此形势之下，无暇与清国于悠游樽俎之间再开会谈，只是若对英国的调停加以拒绝，在外交上有失礼之虞，倒不如提出一个让清国无法做出承诺的条件而让其自然中止为好。

我政府对上述调停的回复

余当即面见巴材特，并做以下陈述：朝鲜问题现已大有进展，时局非同昔日，日本政府已不能遵从最先曾约定的与清国会商的条件，因为即便清国政府为朝鲜内政改革选派共同委员，然日本政府时至今日已经单独着手的事项，不容他人插手。朝鲜形势如此紧张，皆因清国政府以阴险的手段和因循之方法使诸事拖延，故对于我方此次提议，限清国政府从本日起五日之内，按照适当的途径做出准确的答复，否则日本政府将不再对此做出回应。如清国政府在此期间向朝鲜增派军队，日本政府会将此视为挑衅。若清国政府真的能够以本宗旨与日本会商，日本政府当不会予以拒绝。

对于如此迫切的要求，清国这个动作缓慢、疑窦丛生的政府断不会轻易允诺，事情最后还是以未能从清国政府获得任何答复而告终。

英国政府声明，日本政府此次对清政府的要求与曾表明的谈判基础相互矛盾并超出范围，宣告若固执其方针而导致日清两国开战，日本政府应对此负责

然而英国政府对上述日本政府给清国政府的回复不愿保持沉默，遂于七月二十一日由英国外交大臣向其驻日本临时代理公使发出电令，向日本政府提交了一份备忘录，其大意是：日本政府此次对清国政府所提出的要求，与日本政府曾明确表示过的谈判之基础甚为矛盾，并已超出范围。日本政府已经单独着手的事项不容清国政府协商，是将《天津条约》精神置之度外，因此，日本政府若固执己见并由此引发战端，须对后果

负责。

帝国政府对此的回复

备忘录虽表面严厉，然内容与六月三十日俄国政府的照会相差无几，当时的事态与俄国政府提交最后公文之时亦相同。而余开初就有理由相信英国政府的态度不如俄国政府那样强硬，于是翌日（二十二日）亲自向该国临时代理公使递交了一份备忘录，并要求将此备忘录内容电告其本国政府。备忘录的大意是：本政府对清国政府所提出的要求绝非英国外交大臣所诘问的那样，此次日本政府的要求也未超出曾表示过的谈判基础的范围，而清国政府的提议与日本政府曾经提出的条件相比却相去甚远。况且《天津条约》只是就日清两国对朝出兵的程序做出了规定，此外并无其他任何约束，因此对英国政府的所谓此次纠纷的后果要由日本单独承担责任的说法，日本政府不敢苟同。当初倘若清国政府接受日本的提案，或在驻清国的英国公使调停时与日本政府再开谈判，事态不至于发展到如此地步。对于此回复，英国政府哑口无言，只得忍气吞声，不了了之。

余在此只是简单地追忆当时之情形，但为何日本政府对英俄两国政府所提出的表面相同的照会，回复却轻重各异？因为余自始就意识到俄国政府的用意颇具危险性，他们采取一张一弛的外交策略，其最终目的是施以某种手段，在关乎自身利益的事情上有绝不放弃之决心；而英国政府只是有恐东亚和平破裂，才热心地加以调停，看不出若与己见相悖就会以武力干涉的决心。这并非单单为我辈之想象，当时的事实也充分证明了这点。

英国政府提出照会，希望日方承诺今后即便日清两国开战，亦不会在上海及其周边作战

七月二十二日，余针对堪称英国最后照会的措辞严厉的公文，提交了表明日本政府态度的备忘录。第二天，即七月二十三日，巴材特称接本国政府训令，表示今后若日清两国最终开战，上海乃英国利益之中心所在，希望得到日本政府不在上海以及周边地区作战的承诺，这与其说是英国政府决心不惜以任何手段来维持东亚的和平，[23] 不如说是印证了日清两国交战不可避免，英国政府对此也无能为力之观点。日本政府当然答应了英国的请求。

英国政府提议日清两国军队各自占领朝鲜然后再作商议

七月二十二日，我驻英国公使青木子爵发来电报，称英国外交大臣提议，由日清两国军队各自分别占领朝鲜，其后再逐步商议，对此提议清国政府已表同意，因此，劝告日本政府也按此主张考虑善后之策。（余电告小村临时代理公使，令其询问英国驻北京公使欧格纳，所谓共同占领究竟为何意？欧格纳答曰：例如日本军队撤离京城，临时占领南部，清军由牙山转移至平壤，以此避免眼下之冲突，其余待日后谈判解决。对于英国提出的共同占领之提案，余至今仍不解其意，而接到此提案之时，正值大鸟公使围困朝鲜王宫，要求该国接受我方要求之际，因而毫无考虑此提议之余地，故日本政府亦未做出任何明确答复。在此期间，日清战争爆发。）纵观英国政府在对我政府发出措辞严厉的最后公文前后，又是请求上海中立，又是提出含混不清的共同占领之劝告，以此看来，英国的主要目的在于，若不是在万不得已之时，绝不会断然出手。以之与居心叵测的俄国相比较，我国政府不能不自行做出孰轻孰重的判断。

简而言之，俄国的主张始终一成不变，而英国的做法却是随机应变。后来在英国发行的杂志《布莱克伍德》*中有评论道：清国衰败的势力、俄国潜在的势力和日本活跃的势力联合上演了一出光怪陆离的戏剧，乱舞之中，欧洲列强也被拉扯到了东亚的舞台上。此种评论也许是揭穿了事实的真相，然在余看来，在日清两国上演这出悲剧期间，俄国始终躲藏在舞台一隅，扮演着一个操纵剧情发展的角色，而英国却始终[24]只是一个待在舞台之外，尝试着对表演做出各种点评的热心观众而已。

无论是英国政府还是俄国政府，对东亚局势从来都是长目飞耳，密切注视局势的变化发展，丝毫未有懈怠。若要细说其内情，俄国是为了扩张本国利益，或是不惜采取任何积极手段防止自身利益受到损害。而英国却致力于其在东亚之商业利益不被破坏，故未显露出俄国那种推行强势政策之决心。但是在日清交战过程中，两国定是每时每刻都在窥探何时、何处有能够实现各自目的的机会。两国对我国干涉的表现虽有所不同，但在维护自身利益这点上如出一辙。在那以后，我国与俄英两国间产生的关系远不止上述内容，因为要产生此种关系，必然要同其他事情相关联，具体内容待以后各章详述。

美国的忠告

美国的忠告

美国也与其他国家一样，接到朝鲜政府的请求，称国内动乱已经平

---

*《布莱克伍德》杂志：由苏格兰出版家威廉·布莱克伍德（1776—1834）创办，杂志开始名曰《爱丁堡月刊》（*Edinburgh Monthly Magazine*），后来叫作《布莱克伍德爱丁堡杂志》（*Blackwood's Edinburgh Magazine*），曾以刊载耸人听闻的哥特式恐怖小说而著名。杂志的出版时间是1817—1980年。

息，希望美国帮助敦促日清两国撤走军队。七月九日，美国政府电令其驻日公使埃德温·坦恩，表示了对我国的忠告，其大意是：尽管朝鲜动乱已经平息，但日本政府与清国政府均拒绝从该国撤出军队，并欲对该国内政施行重大改革，对此美国政府深表遗憾。美国政府与日本以及朝鲜友情深厚，故希望日本政府尊重朝鲜的独立与主权。若日本兴无名之师，导致弱小且无防卫能力的邻国变成硝烟弥漫的战场，合众国总统会对此深感痛惜。

美国历来对我国十分友好，也是对我国抱有好意的国家，特别是根据美国的固有方针，并不喜欢插手远东地区发生的事情。除了人皆有之的希冀和平之心和不便拒绝的朝鲜的恳求，美国显然别无他意。

我政府对此的回复

余向美国公使详述了朝鲜现状，并表明朝鲜内乱虽表面平息然祸根未除，特别是考虑到清国常施阴险狡诈之手段，故将来形势如何尚不明了，若日本政府轻易撤军，反倒不能维护东亚和平。美国公使已目睹日、清、朝三国现在的形势，并感同身受，故而对余的见解当即予以认同，并表示会将此禀告本国政府。美国在朝鲜问题上稍显干预姿态的事情其实仅此一例，其后便是站在日清两国之间为恢复和平而费尽周章，详情待后章再述。

与其他国家的关系

欧洲其他国家并未像上述三国那样对我国政府做公开的调停尝试，不过意大利公使倒是始终在帮助英国公使，试着劝告过余。另外，德法两国公使在最初阶段，也曾公开表示日清两国应尽快结束纷争，称这是维护东亚和平的最好办法，但在私底下与余见面时却又表示，若要唤醒沉溺于往昔迷梦中的清国，须得有人给予当头棒喝，暗示出倾向于我国之意。特别是法国公使阿尔曼曾说过，将来有必要结成日法同盟，以保持东亚的和平局面。然日后这两国却又骤变成俄国的同盟，不过在辽东半岛的问题出现之前，它们还算得上是与日本友好的国家。

欧美各国的中立

日清两国裂痕已现，最终发展到兵戎相见。余在将此事通告驻日本各国使节时，欧美国家中的英、德、意、美、荷、西、葡、丹麦、瑞典、挪威皆声明保持中立，俄、法、奥地利虽未宣告中立，但也照会过我国，有意坚守中立。

第八章

六月二十二日以后至开战期间李鸿章的地位

李鸿章的外交方针与军事谋略

六月二十二日，李鸿章收到余交予汪凤藻的公文，方知我政府之决心，自知使用恐吓手段威胁日朝两国已不起作用，便稍做了策略调整，一方面在外交方针上一再请求欧美强国调停斡旋，另一方面作为军事谋略，向朝鲜增派了更多的军队。李鸿章的此种军事谋略，是意味着一改以往恐吓之手段而断然与我一决雌雄？还是像当初那样，以虚张声势来恐吓我国？委实难以推测。然在去年六、七月之交，李鸿章确实曾向北京政府建言，向朝鲜增派大军。他随即与北京政府合谋，不仅请求英俄公使从中调停，也同样请求德、法、意公使居中斡旋。而彼等这种请求无疑是在挑起欧洲列强之间的相互猜忌之心和功利之心，图谋它们做出不一致的决定，从而产生相互牵制的结果。不过，当时的德、法、美等国，几乎都未真心接受清国的请求，唯有俄英两国，因在东亚均有巨大的利益，因而对日清两国间的调停稍显积极。即便如此，它们也是各自谋求自身的利益，未采取任何统一行动，最终各自停止了干预。但是，清国政府特别是李鸿章，并未放弃争取外援的希望。李鸿章在天津虽时常与卡西尼伯爵会晤，然而对此并不满足，又与远在东京的汪凤藻频繁电信往来，打探日本政府如何接受驻东京的俄国公使的调停。毫无疑问，俄国公使也将在这段时间里与余谈判的内容暗中透露给了汪凤藻。据称，六月二十六日，李鸿章曾指示汪凤藻：[25]"俄皇已命驻日公使劝告日本政府，日清两国应同时从朝鲜撤兵，然后再议善后之策，要秘探日方具体反应如何后呈报。"另外，袁世凯自朝鲜给汪凤藻发去电报称："东京形势如何？俄国公使的调停情况怎样？请速告知。"六月二十七日，汪凤藻回复李鸿章："据悉俄国公使已于昨日面见日本外务大臣，建言撤兵之后再议善后之策。"六月三十日又禀告李鸿章："据俄公使所言，已两次向日本外务大臣建言，可每次对方都以某种借口搪塞，未承诺撤兵，只是表示日本不会主动挑起战斗。另外，昨晚接到来自俄国首府的电报，令其再次劝说日本政府，故今日当再与日本外务大臣会晤，详情容后禀报。"（显然，俄公使希特罗渥已将六月二十五日与余会谈的内容告知了汪凤藻。）七月四日，汪凤藻在电报中建言："据俄国公使派遣该馆馆员送来的通告说，在竭力劝说日本政府之后，昨日已有回复，称应在商讨善后之策后再议撤兵，故已将其意电告俄国政府，等待指示。由此看来，日本若不多多少少获取利益，绝不会善罢甘休，故一味指靠俄国恐不会有特别的效果。"（[26]这也无疑是俄公使将七月二日余送交俄国公使的日本政府的复函内容密报了汪凤藻。）可见此时的李鸿章是何等期望通过俄国及其他方面的调停来解决此问题啊。而就李鸿章军事上的谋略，即增派军队一事而言，汪凤藻于六月二十六日电告李鸿章称："据报日本现尚未增兵，且他们并无精锐部队，虽人数众多却不足为患。"七月十五日，又电告称："据侦探来报，前些日大鸟电告称，朝鲜政府已完全接受日本的要求，可否立即撤兵？伊藤、川上表示既然我方目的已经达到，理应速速撤兵，而陆奥、井上等却坚持自由党的观点，认为朝鲜只是表面顺从而已，此时撤兵并非上策。伊藤不好争辩，遂中止了上述争议。"（汪凤藻曾经电告本国政府，称当初日本政府因在野党的阻挠无法向外派兵，现又推测因某政党的原因政府不能够撤兵，其观点前后矛盾。总之，依汪凤藻的身份地位，要探知驻在国政府的真实意图，实在是难上加难之事，故不足责难此等荒唐无稽的臆测。）翌日即七月十六日，又有来电告称："据侦探报告，日本因清国动作迟缓，其意日渐嚣张，最近又胁迫朝鲜，要其宣布与清国非邦属关系，就此若不迅速增兵恐难了结时局。"到了二十二日，又有报告称："日本听闻清国增兵，内心甚为沮丧。"这里有一笑谈，此间的汪凤藻遵照本国政府的指令，热心地斡旋日清两国如何从朝鲜撤兵一事，也时常请求与余会晤。不仅如此，他还亲自到伊藤总理官邸进行同样的谈判。[27] 然伊藤总理总是倾听来者意见，对其意见大抵显示出宽容之态度。而余出于职守，有责任不能让对方误解我政府之意图，因此，对其提议中与我政府决策相悖之处逐一加以指出，丝毫不留情面，所以对方似揣测余与伊藤总理之间意见宽严不一，于七月十七日给李鸿章发去电文，称"日本的意图是保留军队再议善后之策，经我极力反对之后，伊藤总理终表示无特别异议，而外务大臣则斥责我方提议为迂腐之见，显示出不予接受之态度。由此可见，日本见清国频频提议撤兵似已胆怯，图谋乘机取而代之，我清国在此关头须大力集中兵力，显现整装待发之态，以挫败日本之计谋，待朝鲜内乱全部平息，再提撤兵，其事可成"。其电文的前半部分乃痴人说梦而已，后半部分说日本视清国急于撤兵为胆怯，劝增派大军以挫败日本图谋。综观他们的电文往来，他们对增加兵力，虚张声势，又不致发生流血冲突来解决困局仍[28]存有一线期望。尔后，当俄、英两国的调停半途而废，平壤、黄海海陆战斗爆发，他们的计谋又多有龃龉，最终在外交和军事上均遭到空前失败，其原因就是自始未确立自己的立足之地，而只是一味仰仗他人援助，寄希望于侥幸所致。然这是清国政府平常惯用的策略，事到如今，将此归咎于李鸿章一人未免过于苛刻，且遭遇此多事之秋，最终李鸿章也难免陷入意外的困境。

李鸿章的经历

李鸿章在清国政府的地位是出于往日显赫的战功和出类拔萃的禀赋，其赫赫威望几乎无人能与之比肩。若要在此对他的品性做一简单评价，则与其说是他有非凡决断力的豪胆逸才，不如说他机敏奇智，善于洞察利害得失，进退自如更为恰当。但他平素与外人接触，不同于一般清国人在任何事情上都拘泥于繁文缛节、谨小慎微，而是放逸不羁，言所欲言，往所欲往。他的如此作风，备受欧美人赞扬，甚至将其誉为当今世界罕有之大人物。毕竟李鸿章仪表堂堂，言行奇拔，往往令世人顿起敬畏之心。正因为如此，也产生了与之相抗衡，一旦有可乘之机，便会对其加以打击排斥之劲敌。（明治初年，我国向清国派遣使节时，曾国藩曾致书李鸿章说，那日本使节又当如何，以卿之容貌与口才，足令日本使节慑服。可见曾国藩其时亦是知晓其仪表、口才有能够压服他人的魅力。）且李鸿章军功显赫，这也源于他独有的过人之处。说到近来清国深孚众望之人，大抵都是在道光、咸丰、同治年间平定内乱中建立战功者，李鸿章当属其中屈指可数之人物也。

长毛贼 * 与捻匪 **

在长毛贼之乱时期，李鸿章作为曾国藩手下的得力将领，以上海

---

* 长毛贼：清政府对太平天国军的蔑称。因太平天国军留有长发而得名。

** 捻匪：此处指捻军，是太平天国时期北方的农民起义军。源于捻子（一称捻党），早期活动于皖北淝水和涡河流域。嘉庆末年，捻子集团日多，小捻子数人、数十人，大捻子一二百人不等。经常在安徽亳州、阜阳以及河南、江苏、山东之间护送私盐，时并与清政府发生武装冲突，后甚而起义攻城。1853年，捻子在太平天国影响下发动大规模起义。起义后的"捻"，史学界称捻军。

为大本营，全面完成了平定江苏的任务，功勋卓著。然与他的同僚曾国荃、左宗棠相比，他能取得如此丰功有更多幸运的成分。[29] 当时上海因多有外国人居住，长毛贼的足迹尚未涉及，加之江苏富豪望族为躲避贼难，云集上海，使其获得筹集军饷以及其他军需物资的便利。而恰好那时居住该地区的外国人为了自卫，已经招募义勇兵，故使李鸿章得以将其并入麾下。加之又邂逅英国名将戈登，并自始至终获其帮助，得以使他讨伐长毛贼功勋卓著。不过，曾国荃直接攻下了当时贼匪根据地南京，左宗棠转战贼军势力最强的江西、浙西一带，平息了贼乱，后当贼军在福建死灰复燃时又将其扑灭，二人取得战功的困难程度非李鸿章能比。日后平定在山东省暴乱的捻匪时，世人又几乎将全部功劳归于李鸿章一人。实际上当时李鸿章代替曾国藩接受讨贼命令后，依旧沿袭了曾国藩遗留的谋略，即待贼军陷入窘境之后将其歼灭，因此其军功当与曾国藩平分，这与左宗棠独自讨伐匪军相比较，也不可同日而语。（曾国藩苦于捻匪骑兵的突袭，心生一计，欲以泄流黄河之水挡住贼军骑兵的突袭，待贼军稍显颓势再一举歼灭之。而北京政府则认为曾国藩讨贼功效缓慢，便让李鸿章取而代之。其时，曾国藩的谋略已开始奏效，李鸿章趁贼军分裂溃散之机，全面出击并大获全胜。）因此，与其显赫战功相比，李所付出的辛劳相对较少，这致使与他同样军功卓著的同僚难免对此有微词。然而他的功绩并非不足以使他获得今日的资望和权势，这一点毋庸置疑；此外，他在取代曾国藩出任直隶总督时，也遇到了不可思议的好运。

天津暴乱[*]

　　在曾国藩任直隶总督的末期，曾爆发了一场被称为天津暴乱的乱民骚动。乱民袭击当地的欧洲人，破坏教堂，趁势杀害法国领事，给英、美、俄三国侨民带来了巨大的伤害。因此，上述四国政府命令各自的公使向清国政府提出严正交涉。曾国藩受命处理此外交冲突，他不仅从一开始就认定本国乱民行为不法，并认为以四大强国为敌滋生事端，绝不符合国家利益，因此多方设法谋求妥善解决。他首先缉拿乱民首领，并处以严刑。此类情况在其他国家虽不乏先例，然蒙昧不负责任的舆论却对此处置痛加指责，谤议百出。北京政府内部的御史之辈也频频抨击曾国藩媚外辱国，最后甚至上奏请求将其弹劾，遂由李鸿章取代了曾国藩。此后不久，欧洲大陆爆发普法战争，敌对两国自不待言，其他各国也无暇顾及对清国的外交问题，以至于此极为棘手的问题侥幸得以无事而终。曾经是众矢之的的曾国藩换成了众望所归的李鸿章，而李鸿章在外交上被认为具有无比才干，盖也由此时开始。他在好运连连、屡建功勋之际，也并不放弃扩充个人势力的机会。他借口其任地为北京之要隘，将故乡安徽的兵勇，即所谓淮军集结于天津，并且大力扩充北洋舰队，网罗熟悉欧洲新式学问的新进青年于其麾下，更将这些青年安插于中外要津，一时权倾京城，也无怪乎只看表面现象的外人称其为清国无与伦比的一大政治家。然他政敌的强大更胜

---

[*] 天津暴乱：这里指"天津教案"。1870年（同治九年）6月21日，天津数千名群众因怀疑天主教堂以育婴堂为幌子拐骗人口、虐杀婴儿，群集在法国天主教堂前面。法国领事丰大业认为官方没有认真弹压，持枪在街上碰到天津知县刘杰，因发生争执开枪射击，当场击毙刘杰仆人一人，民众激愤之下先杀死了法国驻天津领事丰大业及其秘书西门，之后又杀死了10名修女、2名神父、2名法国领事馆人员、2名法国侨民、3名俄国侨民和30多名中国信徒，焚毁了法国领事馆、望海楼天主堂以及当地英美传教士开办的4座基督教堂。事件发生后，英、美、法等国联合提出抗议，并出动军舰逞威。而清政府事后对外妥协的处理方式也引起了很大争议。

于他的强大，割据各省的宿将老臣，常嫉妒李鸿章的强大势力，见他起用新式青年，开展欧风的新式事业，内心十分不悦。特别是在北京政府中颇受皇上信任的翁同龢、李鸿藻等顽固保守派，对其常抱有蔑视乃至敌视的态度。此次朝鲜事件之初，朝鲜国王来请求援兵之时，他立刻奏请北京政府欲将自己所属的部队派往朝鲜。北京政府在未洞察后果的情况下，准许了李鸿章的请求，私下对他的成功寄以厚望。然而，及至后来时局渐趋艰难，对他的责难之声也因之甚嚣尘上。

清皇帝下旨追究李鸿章的失察失责

　　尤其是当李鸿章建议再次向朝鲜增派大军时，适逢英国公使欧格纳劝告总理衙门王大臣，说增派大军会加剧日清两国冲突之际，加之北京政府内又产生了一群主和派，气焰方盛，不断追究李鸿章的过失，而此时清国皇帝竟命以李鸿章的宿敌、户部尚书翁同龢，礼部尚书李鸿藻为首，会同军机处以及总理衙门的王大臣等，首先查究历来措施的得失，进而梳理朝鲜事件的利害，结果竟然列出了以下三条罪状：第一，对日本的提案（指共同委员的提案）未加充分审议便断然拒绝；第二，与有旧谊的日本相关的事件，擅自先与俄国公使商议；第三，在本年皇太后还历*大典之年，欲挑起不祥的战事等。如此罪名实与历史上卫灵公责备弥子瑕让桃**相似，前后矛盾，令人忍俊不禁。然在北京政府中，这

---

* 还历：古代年龄称谓，指 60 岁。还历寿：61 岁的寿辰。由于按干支纪年法，60 年为一轮，61 岁正是新一轮重新算起的时候，故称"还历"。

** 弥子瑕：春秋时代人，很受卫灵公宠信。一日，他陪同卫灵公游桃园，采摘一个鲜桃品尝，觉得甜美无比，随即将吃剩的一半献给卫灵公。卫灵公说："爱我哉，忘其口味以啖寡人（你忍着馋劲把可口的蜜桃让给我吃，这真是爱我啊）！"后来弥子瑕失宠，得罪卫王，卫灵公又说："是尝啖我以其余桃（目无君威地把没吃完的桃子给我吃）。"弥子瑕遂遭到贬黜。后人用此典故表示同一行为因时期不同可作两种截然不同的评价。

类事例从不鲜见。李鸿章遭此厄运，增派大军的计划也受到阻碍，直至七月二十二日还未得以实施（在丰岛被我"浪速号"军舰击沉的英船"高升号"上所搭乘的清兵，即为增派兵员的一部分，倘若清政府早些采纳李鸿章的建议，实行增兵计划，"高升号"可免遭灭顶之灾，亦可使驻牙山、成欢的叶、聂二将在开战时获得优势兵力）。

李鸿章在清国成了此次因朝鲜问题而引发的日清争端的罪魁祸首和主谋，其功罪集于一身已成定论。可是，在时局发展中，特别是在国家兴亡迫在眉睫之际，北京政府竟还在徒逞党争，对李鸿章加以荒诞无稽的谴责，使他不仅不能断然实施其策略，而且还不能免于其责，此实为李鸿章之不幸。同时，也应说是清政府自取灭亡。就在北京政府和李鸿章明争暗斗期间，朝鲜局势已经危如累卵，牙山、丰岛爆发了海陆之战，日清两国分别颁布宣战诏敕，和平破裂。战争既开，冥顽迂腐的北京政府这时也许察觉到了此时揭发李鸿章的过失以图自快不是时候。也许是无人能替代他担负此重任，李鸿章在这般厄运之中，仍亲自面对日清交战的局面，在外交和军事上日夜操劳，其内心的苦楚不禁让人心生怜悯。

第九章

朝鲜事件与《日英条约》的修订

条约修订的历史

大鸟公使在京城提议改革朝鲜内政，我国军队持续不断派往朝鲜，最终爆发牙山、丰岛之战。在此前后，我政府已经预见到在外交和军事行动中，会与清、朝两国政府发生诸多纷争，影响定会波及作为第三者侨居朝鲜的欧美各国官民，甚至会引发种种非议。如果日清交战，在京城的各国代表会以妨碍仁川港安宁为由，提出将该港中立之主张。他们见驻扎仁川的我国军队中，有人以外国人居民区内的日本人住宅为宿舍，便不断抱怨，并且还要求撤除我陆军架设于京城、仁川之间横穿外国居民区的军用电缆，其他更为细小的摩擦不足以在此一一列举。我政府始终采取不将纷争超出日清两国范围的政策，在日清两国各自努力寻求欧美各国同情之时，因我官民的行为导致他们成为我们的敌人，这实非上策。对于处理这些争议，余以为只要不损害我国的威望，即便有些许委曲求全、勉为其难，也要尽量达成妥协的结果。幸而驻留该地的我军官兵纪律严明，未闻违法乱纪之行为。然而他们毕竟是一声令下便会开赴战场的[30]待命军人，对于不习惯眼前这种情形的人来说，不免有杀气腾腾、不可接近之感觉。居住于京城、仁川一带的我国侨民，目睹清人的飞扬跋扈，早已难掩愤懑之情，而今自己背后有了强大的后盾，难免会有自以为是、傲慢和欺侮他人的行为。他们见政府对欧美各国侨民采取如此宽厚措施，内心反倒不快，一些轻浮粗鲁之辈的背道而驰之行径也难免会贻误国家大事，³¹ 其时，余常有"千里之堤毁于蚁穴"的忧虑。

上述内容为我国与居住朝鲜的一般外国人之间的纠纷，这种纠纷在日英两国间尤甚。朝鲜事件伊始，英国官民，尤其是居住在东亚各地的英国官民，比起日本来对清国抱有更多的同情。驻京城的英国总领事在与妻女散步之时，自己误入了我兵营的警戒线，却反倒指责我哨兵对其无礼，因而在当时的京城两国代表间引发了争议（此事当时在伦敦也多少有过争议，青木公使曾电告说："对在朝的英国总领事事件，应迅速做出让英国政府满意的处置，否则恐会产生甚为严重之后果。"然余也让青木公使将事件中双方的是非曲直作了详细解释说明，其后英国政府自身亦查明了事情真相，最终撤换了驻朝鲜领事，并私下对我政府表达了谢意）。其时又风传，英国东亚舰队的多艘军舰跟踪我国舰队，并将侦探到的内容通报清国，现任舰队司令弗里曼德尔于拂晓时分在大洋中遇到我舰队时，故意鸣放礼炮，以将我舰队位置告知清国舰队。另外，日清宣战后英国政府宣布保持中立，弗里曼德尔曾致函我舰队司令伊东佑亨，称英国商船受英国军舰的保护，日本军舰要对其搜查时恐会发生不测，为了避免他日的纠纷，故提前预告之，欲阻碍我国作为交战国的权利（关于此事件，余曾随即电令驻英国公使青木，指示其质问英国外交大臣，英国政府既然声言保持中立，为何其舰队司令又做出有碍于交战国权利的举动，不知英国政府究竟意欲何为？英国外交大臣表示此举完全是出于弗里曼德尔对指示的误解，对此表示歉意。英国海军大臣立刻急电弗里曼德尔，对其进行了训诫）。我们没有必要去追究上述事件的虚实真伪以及是出于故意还是无意，但此种流言蜚语在日英两国间产生了不愉快却是事实，并且此类细枝末节的事情，若稍有不慎，会致使火星飞溅，可以想象那将会导致如同广阔原野上燃烧起燎原大火似的重大事件，正值在伦敦进行的修订《日英条约》的重要谈判也有因此化为泡影之虞。

毋庸置疑，日本帝国同欧美各国商议修订现行条约的谈判，与余现在所书的朝鲜事件原本没有任何瓜葛，然列国外交关系上对其相互关联之处十分敏感，稍有触及，就会立刻波及关系甚远的另一隅，其例甚多。如朝鲜事件就曾一时对《日英条约》的修订产生了重大的影响，余在此的叙述恐暂会偏离主题，但又不能让其从本章省略。

修订条约之大业乃明治维新以来国家的夙愿，长久以来，我国朝野一致认为，条约修订不完成，维新的伟业就只是功成一半。因此，明治十三年（1880），当时的外务大臣井上伯爵[*]最初制定了一个条约修订方案，与缔约各国开启了谈判。然长年累月的百般努力，不幸半途而废，其后的历任者皆对所谓的井上方案做了相当的修改补充，将其与各国政府代表商讨，尤以像大隈伯爵[**]那样才华横溢者，尽力顶住当时的舆论压力，欲努力实现其夙愿，却最终还是以失败而告终，条约修订的历史几乎就是一部失败的历史。

对条约修订案调查委员的诏敕

到了明治二十五年（1892）四月，天皇钦定了当时政府内的数位重臣为条约修订案的调查委员。特别是在对上述委员们发布的诏书中称：

---

[*] 井上馨（1836—1915），明治维新元勋、九元老之一。政治家、实业家。明治、大正两朝元老重臣，1885 年第一次伊藤博文内阁时任外务大臣。

[**] 大隈重信（1838—1922），明治时期的政治家、财政改革家。日本第 8 任和第 17 任内阁总理大臣（首相）。

朕即位以来，内政诸般事务虽已就绪，但外政仍无建树，而条约修订伴随中兴伟业，事关国权大本，朕与我臣民皆切望条约修订早日实现。可不知为何，这些调查委员之后仅召开过一次会议，未取得任何成效。在几乎停顿的状态之中，恰遇以松方伯爵为首的多数内阁成员辞职，致调查委员的进退发生变化，条约修订之事遂不了了之。同年八月，伊藤伯爵奉大命组阁之时，余虽不才，却被委以外务大臣重任。拜读前述诏书，余深感圣虑剀切，决心不惜绵薄之力，成就此国家之大业，以慰圣上之心。余多次与伊藤总理详尽审议，制定出一个条约修订案，重开与缔约各国的谈判。

不对等条约方案的全面修订

此前历任当政者各自的方案因前后时期不同而形式各异，虽然后者的方案比起前者大抵有所进步，但基本上都沿袭了井上伯爵起草的方案思路，未能超越不完全对等条约的范畴。现今我国业已确定立宪制度，国民也有了长足的进步，在此形势下，对不对等条约的修订即便做些粉饰修正，也完全不能够与立宪制度的基本方针相契合，并且也无法满足一般国民大众的愿望。如要勉强实施，只会是再次遭受失败，这已是明白无误之事。故余确信，不如增加与外国谈判的难度，以预防因国内舆论的压力而再次遭受失败为上策。所以余断然将井上伯爵以来历任者所沿袭的修订方案，从体系上做了根本性的修改，拟向各缔约国提出一个近乎全面对等的条约方案，以试探对方对此有何反应。

我政府与英国政府再度开启修订条约的谈判

明治二十六年（1893）七月五日，余根据上述主张草拟了一份通商航海条约方案，提交内阁商议。获得圣裁之后，打算首先将此提交英国政府商议，并奏请当时驻德国特命全权公使青木子爵兼任驻英国公使，遣其赶赴伦敦，担当斡旋协调之大任。英国政府见日本政府对以往悬而未决的条约修订方案做了根本性的重大改变，起初尚有些不以为然，不愿轻易接受，但由于我政府锲而不舍的坚持和青木公使的巧妙周旋，最终同意以新条约为基础重启谈判。

攘夷保守论的盛行

此刻在我国内，因为种种原因，主张攘夷的保守论大为盛行，素来以反政府为特色的政党和政客立即同声附和，百方声援。尤其是反对内地杂居和履行现行条约的迂腐之论，一时间显示出牵制议会多数意见的势头。在此形势中，往往又伴随着一些细枝末节的烦琐之事，这不但会阻碍正在伦敦进行的条约修订大业，而且两国的全权委员数月间呕心沥血之劳苦又会再次化为乌有。幸而我政府为成就明治维新以来的夙愿，不惧任何艰难险阻之初衷未改，坚定地与主流舆论抗争，为此一度解散议会，取缔某某政社团体，关闭了好几家报社。在伦敦进行的条约修订事业于这般艰难之中也终于打开了一条活路，迎来了胜利的曙光。明治二十七年（1894）七月十三日，青木公使来电禀告："本公使明日便可签署新条约。"而余接此电文[32]是在一个什么样的日子呢？朝鲜八道危在旦夕，余向大鸟公使发了一封诀别似的电文："现今必须采取断然措施，不妨使用任何借口立即开始实际行动。"余在此期间，苦心之惨淡，公务之繁忙，实在难以言状，而接到青木公使让人欣喜的佳音时，顿时忘却了连日的辛劳。

英国政府照会我政府，称在得到有关朝鲜雇用科尔德威尔之事和日本军用电缆贯通仁川外国人居留地之事得到满意答复前拒绝签订新条约

未曾料到，第二天即七月十五日，又接到青木公使发来的电报（这应该是十四日发出的）。电报称："万事俱备，本应于今日签署条约，可遭到英国外交大臣的严词拒绝，其原因是英方接到电报，称驻朝鲜的日本公使要求朝鲜政府解雇该政府的英国海军教官科尔德威尔，以及日本架设的军用电缆将穿过仁川外国人居住区。英国外交大臣特别要求就科尔德威尔之事给出令人满意的解释，并表示如不迅速撤回向朝鲜政府所提出的上述要求，新条约难以签署。英国政府以周一（距青木发电报之日隔两天，而离我收悉电报之日仅一天）为期限，要求对此照会予以回复。"此时此刻，余真是失望至极。余曾经屡屡电令大鸟公使，不论朝鲜改革采取如何方针，务必注意不要伤害作为第三者的欧美各国的感情。然而近日余又闻悉，在朝鲜的英国官民中，企图对我国的政策设置种种障碍者众，科尔德威尔其人或许就是其中之一，大鸟公使提出解雇此人之要求也许是出于无奈。余身居国内，无法对海外发生之事做出评判，但事情有轻重缓急，无论在朝鲜发生任何情况，都不能为了解雇一个英国人令伦敦政府一朝破弃我垂成大业，而答复英国政府的期限甚短，无暇与大鸟公使电信往来，探究虚实真伪。

我政府对上述问题的回复

因此，余认为无论事情是否属实，大鸟公使都应采取相应的手段；而对于英国政府，不如下决心坚称该事情毫无根据，纯属子虚乌有。于是余向青木公使发去电报，称"帝国政府绝无对朝鲜政府提出过解雇科

尔德威尔之请求"。电报发出时，恰好又接到大鸟公使发来的电报，内容足以让英国政府释怀。接着余又给青木公使发去电报，其内容是："正如先前电文所示，帝国政府从未向朝鲜政府提出过解雇英国人这类愚蠢之要求，（中略）余怀疑英国外交大臣所接电报中是否多有捕风捉影之言，据说当下在京城就有不少故意散布种种流言蜚语者。现今接到驻朝鲜公使大鸟发来的电报称，驻当地的英国总领事偏袒袁世凯，力图尽其所能损害我国的地位，此行为是否英国政府方针？故发此电求证。由此可见，当时由京城发往伦敦的电文应有较多真假混淆之成分。贵官*当向英国政府表明，日本政府无论其他事情如何发展，此事定当妥善处置，故希望把条约签署作为个案尽快了结。"余在此两封电报发出之后仍在担心《日英条约》的修订大业是否会功亏一篑，不禁内心怅然，闷闷不乐。

《日英条约》的签订

到了十七日拂晓，外务省电信科长来到余床边，递交了一份电报，果然是青木公使的来电。电文称："已扫清障碍，新条约已于七月十六日签署，本使在此谨将祝词献给天皇陛下，并向内阁诸公表示祝贺。"余接此电文，立刻斋戒沐浴，急赴皇宫，在御前伏奏《日英条约》业已签署之消息。随后又给青木公使发去如下内容的电文："天皇陛下嘉奖了贵官的功劳，余在此谨代表内阁同僚向贵官表示祝贺，并请贵官就英国政府缔结新条约的友好之意向英国外交大臣表示感谢。"[33] 由上述事由可得知，朝鲜的改革之事与《日英条约》的修订具有何等密切的关系。余既然已记述到此，不妨顺带简述一件发生于日清交战中的事件，用以说明其给《日美条约》的修订带来了怎样的阻碍。

---

*指青木公使。

旅顺口屠杀事件与《日美条约》的关系

美国是对我国最抱有善意的国家之一，历来在修订条约的问题上，即便是在我与其他国家多有分歧之时，也唯有美国总是对我国的要求尽力包容。尤其是自明治二十七年（1894）日美两国全权委员在华盛顿开始进行修订条约的磋商后，无任何重大障碍，进展十分顺利，并于同年十一月二十二日签署新条约。根据美国的宪法规定，凡与外国签订的条约，必须待元老院审议通过，故美国政府又将此条约提交到元老院。其后不久，不幸发生了旅顺口屠杀事件*，此消息世界各大报刊均有登载。（有关此屠杀事件的真伪虚实，或即便是事实，其程度又如何，没有必要在此探究。但美国报刊痛斥日本军队的暴行，称日本是褪掉文明皮肤、露出野蛮筋骨的怪兽；又称日本现在撕下了文明的假面具，暴露出其野蛮的真面目，暗中警告此次所签订的《日美条约》中，若完全摒弃治外法权是极其危险的。此次的悲剧事件不仅在欧美一般报刊上受到强烈谴责，同时也不免引起社会领袖、饱学之士的关注。当时英国著名的国际法学巨擘胡兰德博士，一改以往在日清交战中对日本的所作所为每每大加赞赏的态度，对旅顺口事件深表痛惜和悲伤。该博士在以"日清战争中的国际法"为题的评论中指出："当时日本将士的行为确实超越了常轨。即便是在旅顺口垒外发现了同胞被斩首的尸体，即便是清军首先做出了如此残忍的行为，也不足以为日军的暴行辩解。除了获胜当日，第二天伊始，他们就连续四天残忍地杀害非战斗人员和妇女、儿童。随军的欧洲军人以及特别战地记者目睹此惨状，却无法加以阻止，旁观时甚

---

* 此处指震惊中外的旅顺大屠杀。甲午战争期间，日军于 1894 年 11 月 21 日攻陷旅顺，对城内进行了 4 天 3 夜的屠杀、抢劫和强奸。遇难人数在 2000 到 20000 之间，只有埋尸的 36 人幸免于难。遇难者葬于白玉山东麓的安葬岗，今称万忠墓。

至有人发生了呕吐。全城免遭屠杀者不过三十六人，而这些人也完全是因掩埋同胞尸体才得以逃过一劫，他们的帽子上附有'此人可不杀'的标签，借此保全了性命。"这当是夸大其词的批评，然此事件在当时是如何轰动欧洲社会，由此可见一斑。）美国政治家向来在任何事情上都是根据舆论的向背而迅速地做出反应，从报上看到如此令人毛骨悚然的报道，当不会隔岸观火、袖手旁观。因而元老院对通过《日美条约》也表现出了犹豫。同年十二月十四日，驻美公使栗野给余发来电报，称："美国国务大臣告知本使，若日本兵在旅顺口对清国人民残杀的消息属实，必定会在元老院引发重大争议。"余立刻电令栗野公使："旅顺口一事虽没有传说中的那样严重，但多少发生了一些滥杀无辜的事，所幸帝国士兵在其他地方的举止尚受人称赞。此次事件相信是因激起了愤怒所致，据说被杀者大多非无辜平民，而是脱下军装的清兵，切望贵官在流言蜚语丛生之时，以敏锐之手段，力使新条约尽早在元老院得以通过。"美国元老院对新条约的审议拖延了一段时间后，在条约中增加了一处修订。修订文字虽只有寥寥数语，但对整个条约几乎产生了破坏性的效果。因此，余又电令栗野公使，让其尽力与美国国务大臣多作协商，同时对元老院中有影响力的议员施以种种手段。至当年二月上旬，元老院终于同意再次审议，最终通过了彼此皆大欢喜的再修定案，这即是今日的日美新条约。

第十章

牙山及丰岛之战

朝鲜政府向欧美各国发出的有关清、朝宗属关系的公文

征清之役，海陆大小战斗次数甚多，唯牙山战役由外交开启战端，亦唯丰岛之战在与第三国的外交上引发了诸多的纠纷。

关于牙山之战的起因，表面上是由我政府受朝鲜政府之托，为将清军逐出国门而引起的，而实际上主要原因则是日清两国间的清、朝宗属纷争。当初我政府接到清国政府出兵朝鲜的照会时，余就其照会中有关保护属邦的字句，当即提出这会引起争议。但[34]当时的内阁同僚不同意在此时就宗属问题引发日清两国的外交争议，其理由是：清、朝宗属问题由来已久，现又将其作为一个新的外交争议问题，实属陈词滥调，以此不足以耸动世人视听，而且如果今日就将此问题提出来，徒增与清国兵戎相见的可能。若就此开启争端，作为第三国的欧美各国见此情形，难免会指责日本政府不是为了当下不得已的问题与清国起争议，而是找出一些往日旧事，散布纷争的种子。此言论有一定道理，因此余在当时回复汪凤藻的公文中也只是轻描淡写地抗议道："帝国政府现在及过去都不承认朝鲜为贵国之属邦。"然对此抗议李鸿章之辈都未能等闲视之。

据悉李鸿章即刻电令汪凤藻："我朝保护属邦之惯例事证历历，世界各国尽知，即便日本不承认朝鲜是中国属邦，我行我法，不可自乱其例，日本承认与否，无须过问。"[35] 李鸿章所言未必是凭空想象、徒聊自慰。明治九年（1876），我国首次与朝鲜缔结修好条约之后，欧美各国也接二连三与朝鲜缔结条约，如今若要依条约文字，各国均认为朝鲜是一个独立国家，而当时的清国政府立即胁迫朝鲜国王，对缔约各国政府发出一份辩解性公文，暗中保持了清、朝的宗属关系。[36] 其公文如是说："朝鲜素为中国属邦，内治外交向来均由大朝鲜国王自主。今大朝鲜与某国彼此立约，俱属平行相待。大朝鲜国主明允将约内各款，必按自主公例认真照办，至大朝鲜国为中国属邦，其分内一切应行各节，均与某国毫无干系。除派员议立条约外，相应备文照会。"* （此公文从未送达我国）此公文末尾落款是朝鲜开国某年即光绪某年，加上了清历。由此看来，此公文是清国政府草拟好文稿后交与朝鲜无疑，而各国政府接此首尾不一的公文均未提出任何抗议，也未退还公文，时至今日仍保持默许态度，故李鸿章认为世界各国皆认可朝鲜为清国属邦，这也并非毫无道理。

巨文岛事件

在此再举一案例。在之后的1885年，英国政府占领朝鲜领土巨文岛，当时英、俄、清、朝四国间，关系错综复杂，彼此的怀疑和猜忌所产生的纠纷久而未决。尔后英俄两国各自从清国得到所要求的保证条件，暂时相安无事。而在就如此重大的外交问题进行谈判期间，英俄两国眼中仿佛没有朝鲜这个国家，总是以清国为谈判对手，予以中国责任国之地位（英国突然占领巨文岛的消息传开，特别是俄国对此尤为不满，而清、

---

* 公文原文为汉语。

朝两国一方向英国提出抗议，另一方则受到俄国的严厉责问。经过持久谈判后，英国最终向清国政府提出，倘若能够保证将来俄国绝不侵犯朝鲜领土，英国就从巨文岛撤军。清国政府又同俄国政府反复协商，俄国政府向清国政府保证，如若英国从巨文岛撤走军队，将来无论发生何事也不会占领朝鲜的一寸土地。清国政府将此转达给英国政府，可英国政府却未将巨文岛交还朝鲜，而是交还给了清国，只是让朝鲜官员出席了交接仪式。在今年发生辽东半岛的问题之后，因不知俄国何时会提出朝鲜问题来，余便电令驻英国的加藤公使，询问英国政府是否认为俄国的保证今日仍然有效。英国政府回复：即便今日，依然有效。）由此可见，当时的英俄两国都默认清、朝宗属关系，在与朝鲜有关的事件交涉方面，均以清国为中心，这是不争的事实。特别是英国，在其东亚策略上直至近日，一直都认为与其说朝鲜是一个事实上独立的国家，不如说其长久保持与清国的宗属关系更符合自身利益。当今即便是在日清两国间居中斡旋之时，英国的所作所为也清楚表明，为了清国尽量不去破坏此种宗属关系。

在此种情况下[37]再提清、朝宗属问题纯属无用之谈。现今在朝鲜的日清关系已迫近爆发冲突，大鸟公使面对此艰难局面，除反复提出借宗属问题挑起冲突之外，别无他策，而余因还未确认内阁的讨论意见，于是[38]电令大鸟公使暂缓向清国使臣提出此事。其时，朝鲜形势已经到了无可挽回之地，大鸟公使遂在最后照会中提及宗属问题。但是，大鸟公使为了不违背前日余发出的电令，未向驻京城清国使臣追问清国是否是朝鲜的宗主国，而是采取一种狡猾的手段，回头向朝鲜政府提出其是否清国属邦的问题，意在展开此话题。若回答敷衍模糊，就提出《日朝条约》中"朝鲜作为独立之国家，具有与日本平等之权利"的条款，指出与其矛盾之处，进而引申到以"保护属邦"之名驻扎牙山的清军即是在践踏《日朝条约》的结论上来，最终借七月二十三日发生的事变，[39]强行取得了朝鲜政府要求我军将清国军队驱逐出境的委托。归根结底，两军此次的交战是由清、朝宗属关系这一外交问题引发，炮火开启了最后的悲剧，此言绝不为过。

牙山开战前的对朝政策

今日看来，以上叙述的经纬颇为清楚，但当时的情况的确是错综复杂的。以内阁同僚为首的一些权贵人士，最初[40]虽对在中日间找碴儿以引起纷争的意见无特别异议，但对开战的依据乃至方法却难免有不同意见。大鸟公使提议：包围王宫，以兵力迫使朝鲜政府顺从我国要求，承认以保护属邦为名的清军侵害了朝鲜的独立，有悖于《日朝条约》之明确规定，因此应将清军驱逐出境。此种高压外交策略，会产生以下后果：第一，在实施此高压政策之时，作为第三国的欧美强国会认为是日本在挑起无名之战，从而引发责难。况且外务大臣曾对俄国政府表示，无论清国有何举动，日本政府都不会主动挑起战争，此番动作，恐会失信于俄国。第二，现今尚未接到清国向朝鲜增兵的确切情报。另外，驻牙山的清军也尚无进入京城的迹象，而由在人数上占据优势的我军发起攻击，恐有理亏之虞，此举反倒有表露我怯弱之心的嫌疑。第三，即使我军要进攻驻扎牙山的清军，也必须事前得到朝鲜政府的请求，而在朝鲜政府提出请求之前，我首先得以强硬手段迫使朝鲜政府就范。说得过分一点，那就是[41]首先要将朝鲜国王置于我股掌之中。不过要采取此过激行动，将会与我国认为朝鲜是独立自主国家的一贯主张大相径庭，且不能够得到人们的同情。此番讨论，言之凿凿，余无法提出异议，然在此紧要关头，又无其他良策。而在此之前，余曾电令大鸟公使：“现必须采取断然措施，不妨使用任何借口，立即开始实际行动。”[42]大鸟公使最终选择何种借口全由自己定夺，或许他已经有了相当有把握的方针。（余七月十二日电令大鸟公使，翌日，恰好需要派遣外务省参事官本野一郎前往朝鲜，余向本野解释说明了前述电文旨意，并请本野向大鸟公使转达余意，即触发日清冲突为[43]当务之急，为此应不惜任何手段，一切后果由余来承担，大鸟公使不必有丝毫顾虑。因此，当时的大鸟公使无疑应有充分的自信。）余主张，内阁的商议姑且不论，目前除了关注朝鲜今后的实际动向，采取随机应变的相应措施之外，已无暇顾及其他。而对于如此重大的事情，内阁同僚们仍认为必须慎之又慎，都说应电令大鸟公使保持警惕。余在此危急关头，感到一味争辩商讨空费时日且有百害而无一益，于是遵从内阁同僚之意，于七月十九日又向大鸟公使发出电文，其要旨是："贵官可采取本人认为适当的一切手段，但应按先前的电令内容，充分注意不得对其他国家产生纷扰。我军包围王宫和汉城并非上策，望勿贸然行事。"可朝鲜的形势已发展到无法改变先前电令中所提方针的境地，也就在余发出电令之日（七月十九日），大鸟公使禀告余，[44]已向朝鲜政府提出要求，指出以"保护属邦"为名的清军常驻朝鲜国内，已经侵害了朝鲜之独立，应速将其驱逐出境，限七月二十二日前对此做出明确答复。公文末尾又附言道：若朝鲜政府在限期内没有做出令人满意的答复，本使打算将尽力迫使朝鲜政府借此机会[45]进行大的改革。其后，他又在七月二十三日上午的来电中禀告：朝鲜政府终未对我请求做出令人满意之答复，因此迫不得已断然[46]采取了包围王宫的强硬措施。尔后又在当日下午的来电中称：日朝两军的交战大概十五分钟便告结束，现在一切[47]恢复平静，本使随即前往王宫，大院君亲自出面迎接，并告知本使，国王已将整个国政以及改革事业托付给自己，约定今后无论何事将与本使协商。大鸟公使的此类电文频繁发来，余在十九日发出的电令果然已成明日黄花。[48]而在其后不几日，大鸟公使和大岛旅团长分别向余禀报了牙山以及成欢之战的胜利捷报。大鸟公使所使用的高压外交手段明显奏效，牙山战捷的结果是京城附近已不见清兵踪影，朝鲜政府已全然成为我帝国的掌中物，这一捷报霎时传遍国内。另外，欧美各国在日清实际交战之今日，也无法轻易加以干预，只有暂处旁观位置。而先前的以强迫手段改革朝鲜是否可行、我军先发制人攻击清军的得失如何等诸般言论，也[49]淹没在举国上下到处飘扬的太阳旗和全国人民祝贺帝国胜利的如潮水般的欢呼声之中，大家对此愁眉舒展，笑逐颜开。

丰岛海战其实先于牙山陆战几日，然因海陆通信的快慢不同，丰岛海战的捷报反而比牙山战捷的消息晚到东京，但此海战的胜利更加激励起我国人民的自豪，引发了更为热烈的欢呼声。究其原因，是因人们开初就对陆军的胜利抱有希望，而对海军的胜败颇有疑惑，得知这意外的胜利喜讯，国家强大的感觉油然而生，欢呼雀跃近乎疯狂亦是情理中事。

当初，我政府通过驻英国公使向清国发出了最后通牒，要求五日之内予以答复，并断言其间若清国有向朝鲜增兵之举，日本政府立刻会将此视作威胁行为。此刻，西乡海军大臣曾问余：如日本舰队在最后通牒期限之后遭遇清国舰队，或清国向朝鲜增兵确有其事，我方立即开战，在外交上有无难处？[50]余回答：在外交顺序上无任何妨碍，即余曾在七月十九日召见英国驻日代理公使巴健特，请求将我最后通牒转交给北京驻英国公使，而丰岛海战打响是七月二十五日，尤其是此次海战始于清国军舰首先袭击我军舰，在此不论胜败，只要明白是非曲直，我国在战时国际公约上便无招致任何非难的顾虑。几乎在此捷报传来的同时接到的另一份报告中，传来令我官民大吃一惊的消息。消息称我浪速舰击沉一艘悬挂英国国旗的运输船。为了探究我军舰是否对中立国的旗帜实施了非法的暴行，在此有必要稍稍提及丰岛海战之经过。

"高升号"事件和青木公使有关该事件的电文

丰岛海战是在七月二十五日上午七时至八时之间，我军舰"秋津州号""吉野号""浪速号"与清国军舰"济远号""广乙号"间发生的战斗。当时是清舰"济远号"首先开战,其结果以"济远号"败走、"广乙号"逃遁途中触礁、"操江号"被我海军捕获而告终。同日上午九时许,"浪速号"于追击途中,在蔚岛附近遭遇悬挂英国国旗运送清军的运输船"高升号",其时战事已经开启,我军舰欲行使交战者权利搜查该船——在此场合,我方可以采取任何强制手段。"浪速号"最初以信号命令该船停下,"高升号"船长旋即听从"浪速号"下达的命令,无任何抗拒,而该船上的清军将领阻止该船长,完全不服从"浪速号"的命令。"浪速号"两次派出小艇与该船船长恳切磋商,然仍未达目的,遂发出最后信号,请该船的欧洲人各自自谋活路,并提供方便之后,于午后零时四十分左右开炮将该船击沉。如此这般,几乎花费了四个小时,"浪速号"舰长也未采取最后行动,可见该舰长的周章考虑,同时也可证明我国在国际公约上无任何过失行为。(详细记述交战非本章之目的,然丰岛海战与"高升号"被击沉的事件密切相关,他日会成为国际公约上争论的基点,故不得不在此将事实大概作一记述,下不为例。)不过这也只是在日后不断接到的报告中才清楚的事实。当初接到我军舰击沉悬挂英国国旗的运输船的报告时,不少人大为惊骇,担心此不测事件会引发日英两国间的大纷争,应尽快予英国以十分满意的赔偿。七月三十一日,驻英公使青木来电禀告:"关于英国运输船事件,应在英国政府提出要求之前,主动予以令其满意的赔偿,若乘坐该船的德国士官死亡,亦应予以同样处理。"(其时,伦敦尚不知晓船名,亦不知汉纳根的姓名。)

英国政府关于该事件的照会

八月三日,英国外务大臣就"高升号"事件公开给青木公使送去一纸公文,称:"因当时日本海军军官的处置所导致的危及英国臣民的生命财产安全之事，我们认为日本政府应对其负责。（中略）不过在得到有关该事件的详细报告，确定英国政府的意见之后，将立即再次照会。"显而易见，当时的伦敦并未获得详细报告，就连东京也尚未得到详情报告。余对于勿拖延时间立即满足英国要求的说法，以及如青木公使的不等对方提出要求，我方应主动提出赔偿的提议，时至今日仍以为有些操之过急。而且余在接到此事件的报告之时，随即召见英国驻东京临时代理公使，表示会对此次不幸事件进行充分调查，若发现有帝国军舰的不当行为，帝国政府会及时予以相应的赔偿，并请该公使立刻将此电告本国政府，而今唯一所希望的就是能够早日得到详细报告。

末松谦澄法制局长有关该事件的报告

随后各地陆续发来了战地实况报告，其时被我军舰救出的"高升号"船长及其他外国人均已抵达佐世保镇守府。据此我政府于七月二十九日派遣法制局长末松谦澄前往该镇守府，亲自向上述外国人调查事件经过。其后末松局长将调查结果向余报告，其概要如下：被击沉的船只名为"高升号"，船籍英国，为印度支那汽船公司所有。该船载有清国一千一百余名炮兵、步兵官兵，同时还载有大量的大炮以及弹药。此外，德国人冯·汉纳根以旅客的名义搭乘。该船被清国政府租用，搭载清兵以及汉纳根从大沽出发，驶往朝鲜牙山，且已收到登岸命令。"高升号"于七月二十三日驶离大沽。据该船船长所言，在其先后已有八艘载有清国军队的运输船各自奉密令由大沽出港，卑职*有充分的理由相信"高升号"也同样携有此密令。"高升号"于[51]七月二十七日清晨，即我军舰与清国军舰开战后两小时，在丰岛附近遭遇我军舰"浪速号"。虽该船船长已

---

* 指末松谦澄。

经同意依照"浪速号"命令行事，但船上的清国军官却未加允许，故该船长的[52]自由处置权受到限制。"浪速号"舰长在这军机倥偬之际，考虑到"高升号"悬挂的英国国旗，花费大量时间进行了多次谈判，这足以印证浪速舰长的仔细周到。然虽不知"高升号"船主与清国政府间是何关系，但据种种事端推测，有理由相信绝非只是一种平常的运输业务关系。对于卑职切实的询问，根据该船船长的书面回答，该船的确为清国政府所租用，并在合同中有规定，倘若航行中遇到战事，应立即将该船交给清国政府，所搭载的外国船员悉数离船云云。末松局长在报告书的末尾附有如下意见："以上为卑职调查事项的概要，其他相关材料将另行呈送阁下。对于本事件，我'浪速号'所为是否有违国际公约，非卑职能够在此评判。简而言之，依据上述事实，此行为并无过失，提倡公平公正的批评家对此应无质疑。"该调查报告的事项与其后海军不断提交的报告内容吻合。至此，"高升号"炮击事件的真相也逐渐明了。其他细枝末节姑且不论，若要列出要点，应为：第一，"浪速号"是在日清开启战端后，对"高升号"行使交战方之权利；第二，"高升号"为英国籍船只无疑，然在事件中途，该船船长被完全剥夺了行使职务的自由，且该船也处于清军控制之下，简而言之，英国船只"高升号"已被清国军官夺取；第三，该船船主事先已经签署若遇清国政府开战，将该船交与清国的合同，尤其是该船驶离大沽时，若已接到密令，那无疑是已经预见日清两国可能开战。若依照上述理由，日本政府就无英国大臣所言承担对船员的生命财产做出赔偿之义务，而实际上应该是在行使交战方的正当权利。既然事情已经真相大白，余便分别将详细报告交予巴健特和青木公使，并请巴健特向英国政府逐一做出解释说明。其后，随着对事件的了解，英国政府未对此再有抱怨，并表现出停止争议的姿态。而当时英国的舆论界特别是各大报纸却不肯善罢甘休，他们认为日本海军侮辱了大不列颠帝国的国旗，英国应该让日本谢罪。还有的认为日本海军的行为是在战争尚未开始前，即和平期间所做出的暴行，日本政府应该对沉没船只的船主以及在本次事件中生命财产遭受损失的英国臣民予以相应的赔偿。激烈的言辞，表现出了他们心中的愤怒。

胡兰德和韦斯特雷吉两博士的意见

在当时的英国，知名的国际公法权威胡兰德博士和韦斯特雷吉博士一开始就认为，"浪速号"的行为并无不当之处。由于与主流舆论观点相悖，英国的某杂志对两位博士大肆进行人身攻击，称他们是"卑怯的法学博士"，是"为了舆论不顾自己的荣誉和职业操守，背叛职业道德的法学家"，两者受到百般诋毁。总之，当时英国的一般舆论认为，在日清两国尚未宣布开战之前，日本海军所犯的暴行是非法的。对此，胡兰德博士阐述了如下观点：

（前略）在首次发射水雷之前，"高升号"是为交战国的一方从事运输的中立国船舶，该船对此亦承认（无论与军事策略以及其他目的是否有关，悬挂英国国旗完全与本案无关），处于此种位置的"高升号"实际上如前所述，具有下列双重义务：

第一，若将其视为隔离船，"高升号"应停止行驶，接受临时检查，并送日本捕获审检所进行审检。而本次事件则是从事截获行动的日本军舰军官，在未获登上"高升号"许可时，为使"高升号"服从自己的命令，采取了必要的强制性手段，不能说是处置不当。

第二，如将其看作向地面中国军队输送援兵的运输船或一艘军用船只，"高升号"显然表现出了部分敌对的举动，或者是可看作敌对举动的举动，因而日本具有使用一切必要手段防止该船达到目的的权利。

为截获向敌国运送兵员的中立国船只，或者是为了防止其进行敌对行动，日本所使用的强制性手段并无不当，而且被救助的船长及其下属都得到了恰当的处置并予以释放。因此，我政府没有理由要求日本谢罪，"高升号"的船主和在该事件中丧失生命财产的欧洲人的家属也无权要求赔偿。

两位博士真不愧是国际公法学的巨擘，可谓洞若观火，其论述也公允确凿。[53] 英国外交大臣金巴利伯爵也劝告该船所有者，不要向日本索赔（此事见印度支那公司大会上的总经理报告）。尔后，英国的舆论也逐渐放低了调门，这一 [54] 险些损害日英两国外交关系的重大事件，幸而得以平安稳妥地解决。总而言之，丰岛海战中日本海军向全世界证明，无论是对交战国的清国，还是中立国的英国，我国均未违反战时国际公法规定，这实乃值得夸耀之事。

第十一章

朝鲜内政改革第二期

临时合同条款

明治二十七年（1894）七月二十三日，事变后的朝鲜恰如破屋偏逢连夜雨之后天气突然放晴而屋里却是一片狼藉。愚昧无知的朝鲜政府对今后应如何确保国家的独立、实行内政改革，竟然毫无头绪，我政府有意予以扶持帮助也不知从何入手。然我政府曾经向世界表明，朝鲜的独立与内政改革乃日清交战之原因，我国政府的当务之急，是要让朝鲜政府向外界明确表示该国为独立国家的既成事实，并与我国政府明确约定要逐步推进内政改革事业。对此，我政府立即电告大鸟公使，命令其就上述两大要件与朝鲜政府缔结相应的条约。大鸟公使据此与朝鲜政府反复磋商，遂于同年八月二十日签订了临时合同条款，明文约定进行朝鲜内政改革。同月二十六日，又缔结了名为《日朝两国盟约》的攻守同盟条约，在以此确定日朝两国对清国承担攻守同盟义务的同时，向外界表明朝鲜乃一独立国家。该临时合同的条款大致如下：第一，朝鲜政府遵从日本政府的劝告，意识到进行内政改革乃当前要务，并保证依次逐步实施改革；第二，京城与釜山以及京城与仁川之间的铁路，考虑到朝鲜政府的财力尚不充裕，希望日本政府或某个公司择机动工兴建；第三，日本政府已经架设好的京城至釜山以及京城至仁川的军用电缆，根据时机再定条款，以谋求长期保留；第四，为了密切两国交往，发展贸易，朝鲜政府将在全罗道开设一处通商港口；第五，对是年七月二十三日发生在王宫附近的两国士兵偶然交火事件，双方同意彼此不再追究；第六，日本政府素来希望帮助朝鲜，成就其独立自主之大业。为达此目的，两国政府应各派委员，共同协商。据此，朝鲜政府根据上述条款所规定的义务，负有施行日本所劝告的内政改革之职责。

《日朝攻守同盟条约》

日朝两国的盟约，在序言中就拟定了朝鲜政府要求清兵撤退的章节，并作了以下叙述：自委托日本驻朝鲜国京城特命全权公使办理以来，两国政府对于清国实际上已确立攻守相助的关系，为明了其事实以及达到两国共同携手之目的，特订立如下条款：第一，本盟约的目的是迫使清兵撤出朝鲜，巩固朝鲜国的独立自主，增进日朝两国利益；第二，日本国承担对清国的攻守战事，朝鲜国对日军的进退和粮草准备提供尽可能的协助；第三，本盟约待与清国的和平条约签订后废除。

但是，为了彰显朝鲜的独立，[55] 何以必须缔结《日朝攻守同盟条约》？这纯是因朝鲜政府不懂得作为一个独立国家在平时和战时应当怎样在世界各国间确立自己的地位。尽管牙山开战以来朝鲜事实上已是我国的同盟国，却又暗地里与在京城的欧美强国代表密谈，请求为日清两国军队撤出朝鲜斡旋。因此类小动作颇多，将来恐会由此产生出各种障碍，所以需用一个国际条约加以约束，一方面表明朝鲜是一个独立国家，有权与任何国家建立攻守同盟，另一方面，也可牢牢将其掌控于我股掌之中，使其不敢"移情别恋"，此实乃一举两得之策（丰岛海战后数日，我军舰"高千穗号"在朝鲜海域偶遇德国商船"潮州号"并对其进行了临检，为此德国驻朝鲜领事向朝鲜政府提出质疑，认为在中立国的海域临检中立国的船舶有违国际公约，姑且不论德国公使有关国际公约的论据是否恰当，此种纠纷的出现盖出于朝鲜政府地位的模糊不清）。日朝两国的盟约到日清两国交战结束前一直有效，尽管作为第三者的欧美各国也从未提出过任何异议，可是此日朝合同条款对朝鲜内政改革事业的作用，实际上由于内外形势的种种变化不尽如人意，达到满意效果者甚少，大都成为一纸空文。事情经过容后再述。

大院君的复仇策略

七月二十三日事变后朝鲜政府的最初行动，是大院君假借改革之名，首先对王妃戚属的闵氏家族实施期待已久的报复。闵氏一族大都被流放（闵泳骏在流放地失踪，遁入清国），[56] 此间就连王妃本人也身处险境。幸而在外部由于我公使坚决禁止暴虐行为，在内部则因王妃亲自跪倒在大院君膝下哀求，做出痛改前非之状，巧妙地瞒过大院君，终得以保全了性命，不过已没有了原先趾高气扬、发号施令的气势，唯有蛰伏深宫，独守空房。如此一来，满廷实权又回归大院君一人。然任何国家但凡发生革命性事件之后，为了笼络人心，除了正面的敌对党派，对其他各党派大抵都会多少予以些许恩惠，[57] 当时的朝鲜也不例外。

金、鱼内阁

作为朝鲜温和派的老前辈，一直以来，金宏集、鱼允中一派深孚众望，大院君遂[58] 委其以组阁重任。此外，当时的朝鲜还有其他称为改革派、开化派、日本党的组织。日本党即集合了金嘉镇、金鹤羽、俞吉濬、安骈寿以及[59]金玉均、朴泳孝等残党的一派。此派人不算多，势力也不算大，在闵氏一族势力强盛之时，为当时的政府所不容，大都只得闲散于全国各地，有些甚至被放逐国外。而今他们在自称为日本党的旗号之下，自认为是朝鲜人中最受日本青睐的党派。对驻京城的我国公使馆而言，则因他们在朝鲜国内属于比较有知识的人，且很多人又通晓日语或者英语，自然容易亲近，故他们由此得以成为一股势力。朝鲜政府也不能把他们完全置于政府之外而不顾，最终新设立了一个叫作军国机务处的合议性机构，让他们当中的不少人担任了该机构的议员。

改革派与军国机务处

如上所述，朝鲜政府在击败闵氏一族、剪除王妃羽翼之后，首先是顽固保守的大院君一派掌握了大权，[60]然后是奉行温和渐进主义的金宏集、鱼允中等耆宿组织了内阁，其次就是新增设了一个军国机务处。此机务处堪称纠集了日本党或可称之为激进的一知半解的开明者的合议组织，若由它来起草改革方案，势必会与从来就顽冥固执的大院君的意见相左，而夹在其中的金、鱼内阁既不能袒护任何一方，也不能压制任何一方，两边不讨好，处境极为艰难，成天只是面对空谈大论，赌上性命去争斗（在党派争斗中，金鹤羽后来被大院君唆使人暗杀），实则一事无成。加之可谓朝鲜特色的相互猜疑的邪念与不惧施行任何阴险奸诈手段的恶习，其争斗往往演变成彼此诬陷和相互排挤，以至于双方的怨恨日益增长，出现朝友夕敌的情况，最终携手共进无望，成为致使朝鲜的内政改革失败、一事无成的重要原因。

大院君和朝鲜内阁成员与驻平壤清将领间的密函曝光

平壤陷落前，朝鲜上下对于日清两国究竟谁胜谁负心存疑虑，许多人预想最后的胜利将属于清国，而大院君以及内阁成员在日清两国之间总是首鼠两端。其时大院君、金宏集之辈又暗中派遣心腹前往平壤，与驻扎该地的清军将领暗通款曲，以备清军得胜之后能逃避追责（平壤平定之后，他们写给清军的密信被第一军司令官山县伯爵查获，并送交给余，井上伯爵赴任之后，在必须将大院君逐出政府时，曾特意拿出那封密信质问大院君）。他们对我政府的劝告表面顺从，但在施行内政改革期间，又不能无视李鸿章在任何情况都必须拒绝日本政府劝告的胁迫性命令（关于此命令，在牙山开战前，李鸿章曾让袁世凯与朝鲜政府严正交涉，其时大鸟公使也曾向余报告过），作为在两个大国的夹缝中生存的弱小国家，这也是在所难免之事，实在令人心生怜悯。可在彼等怀有二心期间，无论我政府如何苦口婆心劝其施行内政改革，彼等皆闪烁其词，踌躇不前，空耗时日终不得要领。这也是朝鲜的内政改革错失良机、久未见效的原因之一。

[61] 朝鲜政府内部如上所言，虽彼此相互倾轧，但也深知若完全放弃内政改革，必然会辜负国内外舆论的期望，定会企望在某种程度上实施改革。然反观当时的实际状况，清军陆续由大沽、山海关向平壤集结，其兵力据说超过两万人，当时的朝鲜北部已全部在清军的控制之下。另外，野津陆军中将率领的我第五师团本应经由宇品、马关直航仁川的最捷路线进军朝鲜，但当时在我海军内部有许多人认为，在清国北洋舰队没有被完全消灭的情况下，若分派我部分海军，让多艘运输船暴露于马关以外的大海中直航仁川，甚为危险，为海军战术所不允，海军也不能够担负起安全护送的责任。

日清两国军队各占领一半朝鲜国土的格局

据此，我军尽数由釜山登陆，继而陆续北进。我第三师团派出的别动队也在元山津登陆，经咸镜道直插平壤，呈现朝鲜国土南北一分为二，分别由日清两军各自占领的态势。我军所到之地，由于行军的准备、军需物资的征用，到处忙乱一团，朝鲜全境与战场无异。朝鲜政府的权力所及仅限于京城和附近地区，如何切实实施内政改革？故而几乎是无从下手，只有顺其自然。其时朝鲜政府能够实施的改革，只是停留在中央政府官吏的更迭和行政机关各衙门官僚制度的创设上。当时我国人士见此官僚制度之改革，都嘲笑为是纸上谈兵式的改革。然如前所述，在朝鲜内地当时的实情之下，彼等又如何能够断然实施超出此范围的改革？我们对此的种种批评似乎是有些勉为其难，但是上述形势对内政改革的发展带来了巨大的障碍，[62] 无疑是贻误时机的原因之一。

商讨对朝策略的内阁会议

既然朝鲜国内的形势如此，七月二十三日以后，我国对该国的策略不得不一步步深入。首先，是我国政府未来对朝鲜的策略能够施行到何种程度。简而言之，我国政府若不确定将来怎样对待朝鲜，在外交上就难以确定随时占据先机的方针。大鸟公使频频向余禀请内阁讨论时予以协调，因此，余在八月十七日，在提交内阁文书中列举了四个问题，希望内阁会议讨论确定，其概要如下：（甲）日本政府已向外界宣称朝鲜是一个独立之国，并宣布将实施内政改革。故往后日清交战，如若最终的胜利归属我国，该国仍然一切独立自主，我国对其内政外交毫不加以干涉，未来其国家的命运完全任其做主，这是一种方策。（乙）将来朝鲜虽名义上是一个独立国家，但日本应间接或直接、永久或长期地扶持其独立，并代为担任抵御外侮之责，是为我第二方策。（丙）倘若朝鲜最终无法维持其独立，日本无论是直接还是间接，都要单独担负起保护责任，然此事又并非上策，那就采取英国政府当年曾经劝告日清两国的办法，由日清两国共同约定担负保护朝鲜领土完整的责任，是为我第三方策。（丁）若朝鲜无法自己保持独立，我国单独行使保护职责又非良策，而由日清两国来共同承担保护职责又不能指望彼此能够长久协调一致，故将来的朝鲜国可像欧洲的比利时、瑞士那样，成为各强国担保的中立国，这可算作第四方策。余在提交给内阁的文书中，对上述四个问题逐一仔细注解，详述其利弊，并在末尾提出警告：若现在抉择失当，恐将来后患无穷。总之，在内阁会议上如果不做出应该如何对待朝鲜的决议，那无论在今日的外交操控上还是军事行动上，均会颇为困难，因此恳请内阁尽快做出决定。当然阁僚中若有人另有良策，余愿洗耳恭听（该内阁文书附于本章末，以供参考）。尽管我与阁僚们进行了详尽的讨论，分析了利弊得失，但当时因日清两军还未决出胜负，将来形势如何发展尚不得知，致使我对朝鲜的政策终不能够确定出一个固定方针来。故我文武重臣虽对眼下的朝鲜时局并未掉以轻心，然又无人能立即制定出一个对朝鲜的永久性策略。正如余在其他各章中所阐述的那样，虽然整个朝鲜问题是当局的主题，但往往又因其他关系而出现一些节外生枝之事，因此无法预料何时会出现不得已变更既定方针的情况。对于余本次的提议，内阁同僚的讨论也不充分，未能做出决定，仅在余罗列的四个问题中，以乙策的大意作为目的，决定待他日复议之后再行议决。余作为当局之责任人，虽感到实行此种切实的内阁决议非常困难，但鉴于目前的形势，期待现今定要做出决定实属无望。因此只有依照内阁协商结果，在将来进行随机应变的处理。于是，余先将此大意电告大鸟公使，该公使也并非没有察觉政府的这种内情，可如不酌情根据当地情况采取外交对策，不免事事都会被掣肘，特别是对朝鲜政府的动作，自然都是外强中干，色厉内荏，力不从心。总体来说，我国对于朝鲜的策略总是受到外在因素的制约，很多情况不能够做到刚柔相济，游刃有余。于是乎在朝鲜内政改革的问题上，我政府无法按章行事，难免抱有隔靴搔痒之憾，这也堪为朝鲜内政改革今日仍未见成功的缘由之一。

朝鲜的铁道和电信问题

当初我官民就关注一个与朝鲜内政改革相关联的重要问题，即朝鲜的实业，特别是铁路建设和电信线路架设都必须在我掌控之中，并由朝鲜政府将其经营许可转让到我国政府或个人手上。据此，大鸟公使在七月二十三日事变之前，曾就铁路电信的问题与朝鲜政府开启交涉。事变之后，在缔结日朝合同条款之时，我方充分发挥了外交上的作用，完全确定了上述转让，并推进到了应该如何具体实施的阶段。首先，要建设如此巨大的企业，面临巨额资金从何而来的问题。[63] 有人提议，非常时期的非常事宜应采取非常的处置方式，一切费用当由国库支出；又有人说动用国库的资金来为他国修建铁路，有与程序万般不符之障碍；况且目前日清两国战事正酣，在未来的军费如何开支还难以预料之际，轻率地由国库支付巨额资金是十分危险的。当初在政府内部极力主张修建朝鲜铁路的人也觉得由国库拨出巨款，是可言不可行之事。因此，余召集了富商巨贾中一些有志于此的人士，鼓励他们担负起组建这些企业的重任。然与最初的热情迥异，他们皆显示出迟疑不决之态，或希望得到日本政府的损害赔偿担保，或希望拿到政府的特别补贴。若政府不支持直接或间接地由国库负担费用，他们当中便无人自告奋勇来从事此行业，外交上已获取的转让权最终也将成为画饼（其后，有人提议用军费修建京釜间铁路，但因时机贻误，未能实现）。总之，关于朝鲜问题，无论是政界还是企业界，皆是下车伊始，议论喧嚣，但付诸实际行动者寥寥，在今日看来，算是一事无成。这主要是由于政府当时要处理比朝鲜问题更为重要的问题，无暇顾及这些事情，而那些民间所谓的有志豪族之辈，也只是在得胜的鼓噪声中怀抱空想而躁动，未有灵活应对之举措，是为因果也，实在令人扼腕痛惜之至。

召回大鸟公使与井上伯爵赴任

如前所述，朝鲜内政改革事业，一方面由于该国国情错综复杂，另一方面由于我国从外部予以帮扶援助在方法上也是困难重重，以至于无法达到国人预期的效果。这与其说是事非得已，毋宁说是当然的结果。总之，国民见此状态而大失所望，但他们不去探讨失望的原因，而单单归咎于政府的处置不当，特别是对大鸟公使的责难也日渐增多。不过，余当初就意识到，对朝鲜政府的改革要达到人们的预期效果并非易事。不仅如此，改革之事原本就没有得到足够的重视。因此，在这时局艰难之际，更换驻京城公使并非上策。余一直力排众人诽谤，力图保护大鸟公使，但后来连政府内部也开始有人怀疑该公使留任是否得当，导致该公使最终未能久驻朝鲜。且当时交战的局面意外扩大，在欧美各国渐次再图干涉的情况下，我驻京城公使应是在国内外德高望重、有势力之人，且大体上 [64] 必须对该国相关事务可以做出决断。因此，在选择大鸟公使后任时，当时的内务大臣井上伯爵毛遂自荐担当此重任，大鸟公使遂被召回。总而言之，朝鲜内政改革第二期的进程也因诸多事端受到阻碍。不得已在此书写这段失败的历史，让人深感不悦。

附录：明治二十七年（1894）八月十七日的内阁决议

朝鲜事件与当初大鸟公使赴任时所制订的计划相比较，无论是在外交上还是军事上，都遭遇到时局的不断变化，由此步步深入发展，直至形成今日之态势。毫无疑问，当下所施行的策略，应随时由政府商讨决定，按照既定方针加以执行。至于将来如何对待朝鲜，即本案最后的远大目标如何实现之问题，首先，帝国政府为了朝鲜的内政改革和维护朝鲜的永久独立，最终到了不得不与清国交战的地步，而今战斗仍在进行。在日清之战尚未决出胜负之前，议论此事似乎为时过早，然现在将对此问题的方针确定下来，与帝国今后在外交和军事上所要采取的有关措施密不可分，大鸟公使也就此问题探询过政府的方针。本大臣草拟了如下方案，以期听取内阁会议的审议定夺。

甲、帝国政府已向海内外宣称，承认朝鲜为一个独立国家，并声言要促使其进行内政改革，今后将与清国决出最后的胜负。而且正如我等之期冀，最终胜利归属我帝国之后，仍会将其视作一个独立国家，完全听任其自主自治，我方绝不加以干涉，也丝毫不容许他国干涉，而是让其自行掌握命运。

但是，此方策又会产生以下疑问：

一、类似朝鲜这种长久以来纲纪颓废，萎靡不振，官民均缺乏独立志向的国家，假令暂时因外部刺激促使其内政多少做了些改革，但能否长久地维持下去、能否顺应形势做出改进，仍令人深感怀疑。倘若真是如此，此番帝国花费巨额军费、派出大军将不免会成为竹篮打水之举。

二、如若我们明知朝鲜难以自己保持独立，却又任其自己完全掌握将来之命运，他日恐清国或再次趁机直接或间接地干涉朝鲜国政，或推翻现政府，让被称为事大党的闵妃一族重组政府，重现日清交战前的清、朝关系。一旦出现此种情况，帝国政府根据以往经历，也绝不会袖手旁观，任清国为所欲为。因此必然争端再起，而此争端于樽俎之间极难得到圆满解决，结果势必又会再度迅速破坏日清两国间的和平，使日清两国有关朝鲜问题的战争重演。这难道不会使我们今日的盛举几乎归于徒劳无功，如同儿戏般地完结？

乙、虽公认朝鲜为名义上的独立国家，但由帝国直接或间接地、长期或永远地为其独立保驾护航，以抵御他国欺侮。

然此方策也会产生以下疑问：

一、帝国政府此前曾经向各国政府表明，朝鲜乃独立之国，我并无侵略其疆土之意。现今纵令间接地使半岛的国王屈服于帝国的势力之下，恐会招致其他国家的责难和猜忌，有因此而产生诸多纠葛之忧。

二、帝国政府若不顾上述困难，将朝鲜作为保护国对待，他日若遇某种事变，发生清国、俄国以及其他与朝鲜有利害关系的邻国侵害朝鲜独立时，帝国能否始终独自担当起保护该国、防御外患之责任？

丙、朝鲜不能以己之力维持独立，而我帝国不论直接和间接，又无力独自担负保护之责时，就应像英国政府曾经向日清两国政府建议的那样，由日清两国共同担负起保障朝鲜领土安全的职责。

此方策又会产生以下疑问：

一、帝国政府若要以其战胜者姿态与清国达成协议，该国政府虽不会同开战前一样，主张其冥顽固陋之说，但他们亦不会抛开形式上的宗属问题。而我方诚如开战前向英国政府表明的那样，若对方不提属邦论，我方也未必定要坚持独立论。但在战胜之后，关乎朝鲜的关系方面，无论是实际利益上还是名分上，清国如果仍然要凌驾于帝国之于朝鲜的关系上，帝国政府也绝不姑息忍耐。否则，日清关系不是会因这些无谓的争议再度决裂，就是谈判拖延、长期持续交战国状态。

二、假令清国屈从我意，是否就不再会提起宗属关系？对日清两国而言，为保全朝鲜领土的完整，势必有必要派遣监督官或者委员去辅助朝鲜政务，不仅如此，还需要双方在该国多少驻扎一些军队。而日清两国在对朝鲜的利害关系上不仅通常都是背道而驰，且两国政治家的主见也总是水火不容。因此两国政府的对朝意见往往左右不一，最终必然归于歧路，到头来，是否会产生如同第一个疑问中提及的结果？

丁、纵然无法指望朝鲜能自力成为独立之国，然我帝国以一国之力去加以保护，于己也甚为不利。日清两国在维护朝鲜独立问题上，若获得彼此的协同一致，可由我国邀请欧美诸国以及清国，赋予朝鲜如同欧洲的比利时、瑞士那样的地位，使其成为世界的中立国。

而此方策又会产生以下疑问：

一、作为在朝鲜最具利害关系的日清两国，此次交战亦不过是因两国间利害冲突而发生，而战争结果所产生的名誉与利益，自然没有必要与欧洲各国分享。若要分享，那就正如常言所说"鹬蚌相争，渔翁得利"，帝国之所失会超过其所得，完全不能够让帝国人民心满意足。也就是说，帝国政府派遣大兵、花费巨额军费却一无所获，最终不免会遭到舆论的抨击。

如上述分析，甲、乙、丙、丁四个方案，各有利弊，一旦选择失误，恐会给后世留下无穷祸害。但如要考虑有关朝鲜将来的地位如何的问题，则无法逾越上述四个方案的范围，而不管选用哪个方策，在日清之战决出胜负之前，也不会引发问题。然政府若不在此四个方策中确定其一，它们却又与今日无论是外交上的操作还是军事上的行动皆有紧密关联。故切望政府早日确定方针。除上述四个方策之外，阁僚诸位对此若有高见，在下愿洗耳恭听。

第十二章

平壤及黄海战役胜利的结果

平壤、黄海战役后欧洲各国的舆论

[66] 明治二十七年（1894）九月中旬左右，平壤以及黄海战役的胜利捷报几乎同时震惊了世界。谈论作战计划、战斗经过本不是本章之目的，余在此仅就海陆两大战役的胜利及其后我军在奉天、山东各地海陆连战连胜的结果，对我国内外关系产生了何种影响稍作探究。

"一将功成万骨枯"，这是古代诗人哀吟战争结果的诗句。然而在今日列国交往极为错综复杂的时代，战争结果对国内外社会万象的波及程度之大，岂止万骨枯之惨状，若将此误用，胜者反倒恐比败者更易陷入危险境地。在平壤、黄海海战告捷之前，甚至连交战的日清两国都在为最终究竟鹿死谁手而苦心焦虑，也无怪乎作为旁观者的世界各国，皆徘徊于彷徨迷惑之中。然我国此海陆大捷之消息一传到世界各国媒体，欧美各国的言论以及思想均为之一变，曾经对我国的行为多少持批评态度的国家也开始不吝惜对我国大肆褒扬。而日清交战之初在一旁冷眼相看、视之若儿戏的国家也猝然惊愕之至，甚至逐渐对胜者起了妒忌之念。当时驻英国的内田临时代理公使给余发来如下电文："本官收到该国上流社会人士对我国取得胜利的祝贺，该国的各大报纸大抵都对此大加赞扬，并表示满意。特别是在英国具有举足轻重的影响力的《泰晤士报》报道说：日本的军功足以接受对胜利者的褒赏，我们今后必须得承认日本是东方一股充满活力的新势力，英国人对于这个彼此利害大体相同，而且早晚要密切接触的新兴岛国人民，不可怀有半点忌妒之心。《帕尔梅报》说：英国曾经教导过日本，现在日本教导英国的时代已经来临。《每日电讯报》也说：应劝说日清两国讲和，并且日本应该在清国完全履行讲和条件前，占领台湾全岛。"由此可见，时至今日，英国人民在牙山战役之前对我国所抱有的感情，已发生了怎样的巨变。另外，反映法国人情感的一份报纸这样说："花木繁茂的人家门前，自然门庭若市，与战胜清国相比，日本在欧洲取得的胜利更大。今后的日本可以独立不羁、随心所欲，而且日本人可以随意掠夺敌国土地，并将其蚕食。简言之，日本可以与其他自觉有势力的国家一样采取同样的行动了。对于日本人的所作所为，欧洲各强国自不待言，即便是那些抱有空想之士，也毫无办法去横加干涉了。"在那些竭尽赞美之词的国家之中，俄国政府却在日夜奔忙，使其舰队由苏伊士运河向远东方向航行。这真可谓是祸福相倚，不啻塞翁失马。

炮火相接之后，胜败至此已尘埃落定，转瞬之间胜者受到过度的褒扬，败者则遭受过度的贬低，此乃人性之弱点也。武器精良，将士勇猛，加之战略得当，任何人都能看出我军会大获全胜，而这世间的一褒一贬亦不足以悲喜。但是，如今欧美各国目睹了我军在日清交战中所采用的欧式作战计划、运输方法、兵站设施、医院以及卫生准备，特别是出于慈善目的红十字会成员的活动等各种制度和组织都运作得有条不紊、井然有序，各部机关的动作也十分敏捷；另外，外交和军事行动上对于交战国以及各中立国，我国也无一例违反国际公约之规定，对此他们予以认可，而这实际上也给他们留下了深刻的印象。虽然欧美各国以往就见识过我军多年来采用的欧式军政、军纪，但不禁还是心存怀疑：日本即使能够模仿文明的军队组织，但临到实战时是否能够像欧洲各国军队那样，在严明的纪律规范中运用自如。他们所持的怀疑不仅是在军事上，先前在我国修订法典、制定法院构成法之际，他们也曾嘲笑我新法是不具备实用价值的一纸空文，并且还怀疑我法官的能力，认为欧美国民若置于我国的法权之下将相当危险，这是形成我条约修订上巨大障碍的首要原因。此后见我国创立了立宪政体，他们又不希望在欧洲以外有立宪政体的存在，发表了诸多不堪入耳的批评。总之，他们认为欧洲的文明事物完全属于欧洲人种专有，欧洲以外的国民是无法领会其精髓的。然日本此次的胜利，使他们从欧洲文明无法在基督教国度以外的国土上生息的迷梦中醒悟。在我军赫赫战功受到表彰的同时，能发扬我国民所表现出的吸收、运用欧洲文明的能力，委实是令人扬眉吐气的一大快事。坦率地说，日本人并非像欧洲人曾经贬低的那样，没有吸收欧洲文明的能力，也未必像今日他们所过于褒扬的那样，能够把欧洲的文明推向极致。简而言之，日本人能够在某种程度上采纳欧洲文明，但能否取得超越其程度的进步，这属于未来之事。不过作为人之常情，若得到好评会沾沾自喜，得到差评又会自惭形秽。如今日本人在频频受到世界各国赞赏之余，是否能够认识到自己的真实价值所在，这也是未来之事了。

欧洲各中立国的情形大致如上。在这期间，作为交战国的清国对我所取得的胜利又作何感想呢？该国政府开初就请求欧洲强国出面干涉，采取的是迅速平息日清战事的策略。在平壤、黄海战事平息之后，他们自知没有强大的力量与日本抗衡到底，遂采用尽量占据防守位置的战略，外交上更为积极地争取外国的干涉。在奉天半岛*的地面战中，他们几乎未发起过一次进攻。另外，李鸿章也严令水师提督丁汝昌，无论发生

---

* 即我国辽东半岛。

何事都要避免一切危险事态（根据同年八月二十一日发自上海的电文），要求黄海海战失败后余下的北洋舰队舰只退守威海卫要冲，不得再出外海作战。同时，他与总理衙门一起游说外国使节，不懈地乞求外援，并电令派驻欧洲各国的使臣，立刻向所在国政府请愿申述。于是，英国政府再次联合其他各国进行调停，以图实现日清两国的和平。而[67]此时的俄国则是虎视眈眈，正窥探缝隙中的可乘之机。总之，在日清两国战事持续期间，任何人也不难预测，招致欧洲强国的干涉是迟早的事情。清国政府一味乞求强国，寻求怜悯，毫不顾及本国体面，这如同引狼入室，真是愚蠢至极。这虽是解燃眉之急的无奈之举，但若将来东方的局面出现促使欧洲列强多方插手的危险态势，那么此次的战争结果则是其起因，[68] 而不得不说的是，清国正是其始作俑者。

平壤、黄海之战获胜后我国国民的愿望

回顾一下我国当时的国内形势，平壤、黄海之战得胜前还在私下焦虑胜败结果的我国国民，如今对将来的胜利已不持任何怀疑，余下的只是我旭日军旗何时在北京城门升起的问题。于是乎，整个社会为这种雄心壮志而癫狂，骄肆与傲慢的情绪蔓延，国民醉心于四处高奏的凯歌声中，对未来的欲望逐渐增长，举国上下如同克里米亚战争*以前，英国的那种被称为"军国主义"的团体一样，除了"进攻、进攻"，其他声音都已听不进去。此间倘有深谋远虑之士提出稳妥的中庸之见，即刻会被视为胆怯懦弱，毫无爱国之心，几乎为社会所不齿。于是乎他们只有仰天长叹、蛰息闭居而别无选择。这般社会风潮又在多大程度上改变了

---

* 克里米亚战争：1853 年 10 月 20 日因争夺巴尔干半岛的控制权而在欧洲大陆爆发的一场战争，是拿破仑帝国崩溃以后规模最大的一次国际战争，奥斯曼帝国、英国、法国、撒丁王国等先后向俄罗斯帝国宣战，战争一直持续到 1856 年才结束，以俄国的失败而告终，从而引发了其国内的革命斗争。

外部现状呢？某国对我国的胜利赞誉有加，其中不乏阿谀之词，这对于在虚妄中游走的我国国民，产生了火上浇油的效果；而有的国家则徒增妒忌与畏惧，图谋将来伺机予我国以沉重的一击。此后，当俄、德、法三国干涉开始时，德国外务大臣对青木公使表示，世界绝不会按照日本的愿望与命令运转。此言虽是德国政府在自己的欧洲策略上所设置的一种说辞，但也可看出在当时的外国政府以及人民眼里，日本国民是毫无谦虚自制，在世界上大抵特立独行，为了实现愿望，什么命令都能够执行的骄躁傲慢之徒。而我国人民此种空想热望的升腾，应是受到我国自古以来所特有的爱国精神的激发，政府对此当然应该鼓励与支持，完全没有必要加以摒弃和排斥。但是，这种爱国精神若任其狂放不羁，不与实际状况加以结合，往往反倒会使当政者陷入尴尬境地。斯宾塞*曾评论俄国人民富有爱国精神，之后又指出爱国精神原本就是一种蛮俗的遗风。这话虽然非常之尖刻，但徒有爱国精神而不思如何运用得当，结果则常常会与国家大计背道而驰。当时日本国民出于热情所表现出的言论，很难说没有给欧洲强国在情感上带来或多或少的不快。

　　总之，战胜的结果使我国在国际上的地位与势力大大提升，消除了欧洲列国认为我国只是模仿了一点表皮文明而已的误解。日本国并非远东一个山清水秀的美丽大公园，而是世界上的一股强大势力，这一点得到了认可。这使得英国的一位饱学之士发出这样的感叹：远东那场战争的结果，在使一个帝国扬名的同时，又让另一个帝国名声落地。现今我国已经成为受到列国尊敬的对象，同时也成了嫉妒的目标。在我国的声望不断得到提升时，我国的责任也随之增大。在这般内外形势之下，相互间往往不可避免地会发生冲突，而要调停冲突，使双方的步调适当地协调一致也非易事。

---

*　赫伯特·斯宾塞(Herbert Spencer，1820 年 4 月 27 日—1903 年 12 月 8 日)，英国哲学家、社会学家。

内外形势的冲突

当时我国人民为狂热所左右，对诸事往往只是做出主观的判断，丝毫不能客观地加以分析研究，顾内不顾外、顾头不顾尾，形成一种只知进不思退的态势。与此相反，海外强国对于日本的感情尽管各有好恶爱憎，然却有近乎一致的倾向，即日本过度得势甚为危险，应随时加以抑制，使其回归中庸。欲调和这种内外不一的情形，如同将电路的阴阳两极，或是数学上的正负两数合二为一，彼此相抵共同归零，但若处理不当，两者恐皆化为乌有。因此政府意识到，现在得推动国内的此种风潮发展到一定程度，若不多少满足国民的一些愿望，到头来便无法预防外来的危险，故政府应趁国民同仇敌忾、精神旺盛之时，尽力加速日清战局的进展，在尽量满足国民愿望的基础之上，再去斟酌外来之事。对于将来国家的安危，除了在外交上采取灵活之策外别无他法。此间，余给在广岛的伊藤总理的私人信件（指[69]十月十一日的私信）中说："现已再显外国干涉之端绪，我军必须迅速运动，赶在外国干涉之前，占领一切可占领之地。请恕我直言，望阁下多加留意。"这当中也表露出了一些当时的情况。

第十三章

领事裁判制度与战争的关系

治外法权与领事裁判制度的区别

我国采用欧洲文明多年，各项事业均获长足进步，如今在内政外交方面，无论平时或战时，诸事所遭遇的阻碍有许多来自我国与欧美各国所签订的条约中所存在的领事裁判权，即通常所说的治外法权制度。若从理论上分析，治外法权和领事裁判管辖两种制度根本有异，存在某种程度上不可混为一谈的差别。也即是说，治外法权原本是以独一无二的精神为基础的，甲国主权以及法律效力原封不动搬至乙国领土，替代乙国的地方权力，管辖侨居该国的甲国国民的权利和义务，进而规定甲国国民与各国国民之间所存在的部分权利和义务，在国际关系上一开始就完全不承认相互对等的观念和主张。所以，此制度不适用于国际公约中的普通条款。简而言之，在治外法权下的某国国民，在政治等诸事情上可以获得与居住在本国国内时等同的权利。而领事裁判制度则始于甲国对乙国法律的不信任，但此制度绝非完全无视乙国法律，单只是本国国民在乙国国内成为被告时，可以由服从乙国法律、在乙国出庭转变为在本国出庭、依从本国法律而已。

英国人皮戈特的领事裁判论

　　治外法权与领事裁判管辖两制度在立法以及行政权限上，也有明显的差异。有关罪犯庇护、罪犯引渡、服从、国籍更改、交战、局外中立等各种问题的处理办法，常常可看作填补了横跨这两种制度界限的空白。现今我国的外国审判制度，是领事裁判管辖而非治外法权。曾担任我国政府法律顾问的英国人皮戈特在其以领事裁判管辖为题的书中写道："英国女王在外国所执行的裁判管辖权，并非皇室世袭的权利，也非被社会称为万能的国会所赋予的权利，而只不过是由于外国君主的出让而得到特许的权利而已。而这种出让多是基于条约的内容，女王在外国的裁判权如何解释，唯有查看该条约的条款，并且这些十全十美的治外法权除了在所谓保护国的境内，还没有在哪个独立国境内实施过。因此，治外法权的制度只是一个程度上的问题，程度之差别据实情的差异而不尽相同。原本英国君主对侨居东方诸国的本国国民所行使的权利，或是出自对该国君主的恩典，或是以我兵力强取，而不是基于皇权。所以女王在东方诸国的权利，只是在执行该国现任君主所委托的权利，仅此而已。"如今在理论上可以作出上述探讨。实际上历来欧美各国对东方诸国所行使的领事裁判制度，因形式和性质相似，都采用了治外法权的制度。而欧美各国政府由于不信任非基督教国家的制度、法律，在当初与这些国家缔结条约时，必定在条约内增设对本国国民行使领事裁判管辖权的条款，从而如同变相地在他国国土上设立了一个小小的殖民地。这种变相的裁判管辖已经行使很久，其间每每遇到所产生的各种纠纷，对该制度的理解就会越发错乱，于是又派生出一些超出正当范围的新注解和新惯例。毋庸赘言，这些新注解和新惯例都是要为强国提供便利，而在治外法权或领事裁判管辖制度所存在的各国当中，其程度和形式也颇有差异。原本我国与欧美各国缔结的条约是在幕府末期，当时由于外交上的种种困难，出现了诸多险恶之例，这不仅与学理上的正确解释大相径庭，而且在现行条约中，连许多我国未出让和未许可的权利也被剥夺了。近来我政府在努力收回这些被剥夺的权利，并保护恐被侵夺的权利。无奈现行条约的主体都是按照他们的意愿制定的，对此不管如何解释，不管适用于何种主张，毕竟都不能够与我国今日之进步并驾齐驱，以至于百弊千害日益滋生蔓延。这就是为何政府每年都将条约修订事业作为与维新兴盛紧密相关的重要问题，百折不挠，热望能够早日成功的原因。

我国深受领事裁判制度之害非一朝一夕，特别是此次战争以来，我国作为交战国，在对待中立各国的行为上，往往感到有不少地方恐与领事裁判制度相抵触。即便理论上的解释不相抵触，但难以预测，历来对该制度种种牵强附会的注释与惯例，最终会惹起何种争议。我国面临炮火相接的敌国，进而又与更为强大的第三国产生错综复杂的纠葛，这绝非今日之良策。不过在领事裁判管辖存续期间，我国不希望与第三国产生这样或那样的纠葛，就如同驾驶舟楫穿行于巨大礁石犬牙交错的湍急河流之中的船工，施展浑身解数只求侥幸逃过一劫。

美国人乔治·卡梅伦与约翰·瓦尔德事件

果不出所料，在与英、法、美三国交涉时发生了一件事情。据明治二十七年（1894）十月二十五日驻美国公使栗野来电，驻美清国公使馆某馆员雇用了原英国海军大尉、现为美国公民的水雷制造者乔治·卡梅伦，以及据称有某种电器发明的美国人约翰·瓦尔德，并于十月十六日陪同两人搭乘从旧金山出港的英国船只"格里克号"踏上归途，恰好巧遇同船返回日本的我国驻墨西哥总领事岛村久。岛村在船中打探到上述清美两国人的关系，随即向余禀告，余立即将此事通报了海军省。这两名美国人究竟有何种技能会受到清国雇用？调查结果称：二人拥有魔法技术，他们可丝毫不借助船舶、枪炮武器，仅从陆地就能击沉数里开外的海面舰只，这在现今的学术界堪称奇术。清国政府为眼下的苦恼纷扰，到了雇用如此投机取巧者的地步，唯令人怜笑也。虽说如此，他们终究是以帮助敌国的军事为目的，穿越我领海，我军事法庭绝不会坐视不管。十一月四日，广岛大本营向野村内务大臣发出电文，称上述三人属战时管制禁止人员，应立即从英国船只"格里克号"上予以拘捕。这对该清国人当不会有任何阻碍，但是，在领事裁判管辖存续期间，我政府若要限制欧美人的人身自由，或者扣留船舶，即便在普通行政处罚上有平时和战时之别，但也必定会有引起纷争的危险。余在同野村内务大臣商议之后，认为不如将此交由军法处置为好，于是立即电告在广岛的伊藤总理，称：这两名被大本营认定属于战时管制禁止人员的美国人，若的确是施行魔法奇术之人，纵令放入敌国，也不会构成任何实际危险，假如一定要拘捕他们的话，倒不如交由军法处置。

英国公使对上述事件的抗议

十一月五日，我海军武官登上停靠在横滨的英国船"格里克号"进行临检，可上述三人已经在前日转乘法国邮船"悉尼号"前往神户，于是对该英国船只进行的临检也只得流于形式。然英国驻东京公使对此却不肯善罢甘休，遂于同月八日给余送来一纸公文，其大意为：要求日本政府说明对英国商船进行临检的理由，并称该船现今是驶往中立港（指香港），故日本政府登船临检当是最不合法的处置。余在与海军当局反复磋商后，向英国公使作了如下回复："格里克号"从旧金山搭乘了一名清国人和与之同行的两名外国人进入了横滨港，且这三人将赴清国，其行为目的均有以日本为敌的嫌疑，另外该船还有运载属于他们所有的武器弹药的嫌疑，所以日本海军军官对该船进行了临检。贵国认为"格里克号"由横滨出港后驶向中立港，故日本政府无权对其进行检查询问，对此看法我帝国不能苟同。何况该船装载的货物中有不少要在上海卸货，所以不能以该船目的地为中立港香港来否定帝国政府作为交战国所拥有的权利。

日法两国政府对上述事件的争议

英国公使对余的上述回复仍旧不满，之后双方又多次言语交锋，虽最后只能以双方各持己见而告终，然该事件却又引发了我国与法国之间的争端。原来上述有违反战时管制的清人搭乘的法国邮船"悉尼号"抵达神户港时，停泊在该港口的我军舰"筑波号"舰长立刻对该船进行了临检，没收了他们三人之间所签订的契约书，命令三人上岸并加以拘捕。然据"悉尼号"船长所言，他是在完全不知情的情况下答应搭载上述三人的，因而将该船放行。十一月五日，法国驻东京公使阿尔曼来外务省，请求面见余，因当时余正出差广岛，故让外务次官林董与其会面。会谈中阿尔曼痛斥日本政府的行为，并要求做出解释。林次官在将与该公使面谈结果向余禀报的报告中，对当日法国公使的行为举止作了描述，称：他怒气冲冲与本官握手时，声言这也许是我们双方最后的握手。林次官对该公使解释说：本案件本是由军方处置，所以现在还不知详情，但考虑到战时禁入人员制度，对中立国的船舶进行临检乃交战国的权利，也是不得已而为之。阿尔曼答称会将此事经过报告本国政府，然后打道回府。据此，余电告驻法国曾祢公使，令其事先向法国政府提交照会，其大意是："法国公使阿尔曼就'悉尼号'事件向我提出严重抗议，并声称要请求本国政府的指令，对此贵官要伺机向法国政府作出以下说明：日本政府所拘捕的人员，在军事上具有敌方人员的身份，日本政府为了自卫，不得不行使交战国的权利。第一，清国所雇佣人员的技术乃特殊的军事技术；第二，日本海军拘捕的上述三人所搭乘的船只，是在由一个交战国港口（指日本神户港）驶往另一个交战国港口（指上海）的途中；第三，上述三人是在交战国港口内被执行拘捕的。根据上述理由，日本政府的处置无疑是遵照国际公约行事的。"此间筑波舰长所拘捕的清国人当然会以战时俘虏对待；其他两名美国人，则要求他们保证，在日清两国恢复和平之前绝不去清国旅行，尔后绝不同清国政府签订任何契约，[70] 然后将二人释放。法国政府对余的说明似乎较为满意，随后又让法国驻东京公使告知我政府，法国政府在听取了法律专家的意见之后，认为此次日本政府的处置是恰当的。至此，本事件得到圆满解决，今后也不再追究。而在此之前，在神户的梅沙杰里·玛丽特姆公司（"悉尼号"所属公司）通过法国领事对我政府提出赔偿"悉尼号"因临检而蒙受的损失的请求，由于本国政府既然已经公开声言日本的处置得当，诉讼也就不了了之了。此外，美国政府当初也因美国人受到日本政府的拘捕而要求说明理由，其后由于辨明了原委，美国务卿对驻美公使栗野表示，日本政府的处置是宽大公正的，不存在任何异议。

在佐世保捕获审检所对英国商船"益生号"进行的审判

我政府在开战初期就设立了捕获审检所*作为交战国行使正当权利的机构，对此理应无人提出异议。但在审检的执行上，担心兴许会与领事裁判管辖制度产生摩擦，故政府就对中立国船只进行战时违禁品检查事宜，作出了详尽的指示。在此后的交战中，我军舰对中立国船舶所进行的检查虽然不少，但将其带到捕获审检所扣留的仅一例，即明治

---

* 捕获审检所：为了确保海上捕获的法律效力，交战国依据国内法律所设立的特别法院。

二十八年（1895）四月九日，在清国直隶省大沽海面上，我军舰"筑波号"对印度支那汽船公司所属"益生号"的检查。当"筑波号"舰长对该船进行临检时，发现标有清国书籍的伪装货物中，藏有若干战时违禁品，因此该舰将"益生号"带至佐世保的捕获审检所扣押并进行正式审判。后查明该船长以及船舶所属公司，对前述藏有战时违禁品的伪装货物并不知情，只是以普通货物搭载，于是没收了战时违禁品，并将该船释放。虽然上述货物为在上海的德国商人所有，但英德两国政府均未向我政府提出任何抗议。

除此之外，丁汝昌在威海卫向我海军投降之后自杀身亡，而我海军所俘获的清国军舰上所雇用的一些欧美人，也始终处于我军事管制之下。另外，在此次交战中，我国作为交战者，对欧美各中立国人民以及财产所实行的处置，与他们平素所熟悉的习惯做法不同，但他们没有使用领事裁判制度这一利器，这实为罕见。偶尔彼此之间发生一些争论时，其争论还未发展到激烈的程度就都已得到妥善解决。其首要原因是，在此次战争中，我海陆军的行为大抵都恪守国际公约之规定，使得旁人没有插手机会。毕竟我国长期以来采用了欧洲的文明主张，各项改革取得了圆满成功，如今又和四五个欧美大国缔结了平等条约，不日将和其他各国缔结同样的条约。不出几年，领事裁判制度将在我国国内彻底消失，届时外国政府也许会醒悟，再也不能够对治外法权喋喋不休了吧。

胡兰德博士在其著作中，将近年来日清两国间各自的文明思想与改革事业的成绩作了对比分析后，得出以下结论："中国的法院及诸法典因现今还无法满足欧洲诸国的愿望，所以在该帝国内，外国人的治外法权的存在未必不当，但是，欧洲各国对日放弃治外法权的时期已经到来。因此，在日清战争开始之时，若我们向世人宣告，作为一种考试，可容许日本加入到文明列国的行列里来，而中国只能作为候选人，此番论点也绝非失当。"日本究竟考试合格与否自另当别论，但此次我国在行使交战国权利时，与欧美各国未产生重大纠纷，若要究其原因，余可毫不犹豫地回答说，这完全是基于我国文明的进步。假如此次战争发生在十年前，我国的进步还不如今日这样显著之时，毫无疑问，我军事行动定不会像今日这般游刃有余。现在我敌对国清国还未设置捕获审检所，纵令设置了此机构，欧美各国政府是否能够放心大胆地将其国民的生命财产委于清国的军事裁决，还不能得出结论。

长毛贼动乱时期欧美各国在清国滥用领事裁判权

作为前例的参考，在此略述长毛贼乱时期，欧美各国是如何滥用治外法权，妨碍清国政府正当行为的。长毛贼在清国各地猖獗之时，滞留清国的欧美各国商民等，自恃有领事裁判管辖制度的盾牌，搭乘悬挂各国国旗的船舶往来于长江，擅自穿越清国官军的警戒线，躲避清国官军的缉捕，将各种战时违禁品送与贼军的事实，至今令人记忆犹新。此外，像库莱恩（英国人）、巴菲、卡塔、巴特拉以及华特（以上为美国人）等皆投靠贼军，抵抗清政府，最后竟被清军活捉。然而其所属的各国领事却迫使清国政府释放了他们。举一件更让人津津乐道的有关美国人白齐文的事例：此人最初在长毛贼乱时，曾归在被清国官军称为"常胜将军"的美国人华德将军麾下，到后来甚至接替了将军职位。不知何故有许多清军官兵对他不信服，这使得他快快不乐，遂率领麾下的外国雇佣兵和贼军暗地私通，与清军官兵为敌。1864年，他和英国人格林一同被俘，可在上海，美英两国领事均以需在其领馆审问为由，迫使清国政府将他们引渡。格林随后遭到何种处罚不详，白齐文在上海美国领事馆被宣判离开中国并不许再返回之后被释放。可他在横滨短暂滞留之后，为了奔赴清国，再次投身长毛贼，弄到一艘名为"夏芒将军号"的美国船只，于1865年5月，在台湾打狗港招募了多名外国雇佣兵，并对该船进行了改装。清国政府得知此消息，打算到船上拘捕白齐文以及同党，但因受到上述领事裁判管辖制度的阻碍，无权进入美国船内缉捕，无奈只有用尽一切手段，防止白齐文以及其他嫌疑人在该港口登陆，以此稍作自我宽慰。其后，在白齐文将该船驶往厦门，欲与贼军会合之际，他与其他外国雇佣兵同伙一起再遭清军生擒。后听闻除白齐文一人失踪未交还美国领事馆外，其余的外国雇佣兵皆因各自国家领事向清国政府施压，要求交还，最终都被引渡。

从上述内容可以看出，当时清国政府的军事行动因领事裁判管辖制度，受到了何等的妨害。而"夏芒将军号"事件也与我国此次的"悉尼号"事件有些类似。然清国政府对"夏芒将军号"的处置未能得到各国政府的承诺，我国政府对"悉尼号"所执行的军事处罚，在各国却没有任何异议。不仅如此，甚至连法国政府也承认我政府行为的正当性。余以为，在此次战争中，我政府对欧美各国行使交战国权利时未与领事裁判管辖制度产生重大抵触的原因，终究是属于事实问题，而非学理上的问题，而以后若能在解释有关国际公法上领事裁判制度方面以此作为一个良好案例，则是一大快事。

第十四章

媾和谈判开始前清国及欧洲
列强之举动

平壤、黄海战捷后，日军以疾风扫落叶之势高歌猛进。十月二十四日，我第二军登陆花园口；二十五日，我第一军战于虎山；二十六日，夺取九连城、安东县；二十九日攻陷凤凰城；十一月六日，我第二军攻取金州城；七日，占领大连湾炮台；十一日，我第一军占领连山关；十八日，夺取岫岩；二十一日，我第二军攻陷旅顺口；十二月六日，夺取复州；十二日，我第一军占领 71 析木城、营城子；十三日，攻取海城；今年一月十日，我第二军夺取盖平；二十二日，第二军司令官大山岩*自山东省营城湾登陆，并于三十日向威海卫之炮台发起攻击。以上便是今年一月三十一日清国钦差全权大臣张荫桓、邵友濂等抵达广岛前，我军连战连捷之事迹。而此连战连捷对清国及欧美各国产生了何等影响呢？

清国如今败运渐迫，希望尽早停战。特别是如李鸿章等对将来之安危有先见之明的人物，其心中必定已暗下决心，无论以何种代价都必须买下和平。然而每到如此关头，任何国度都会有许多只知虚张声势、装点门庭的平庸之辈，因为他们而贻误国家大计之例不胜枚举。目前，清国政府内部仍有主张和谈尚早者，亦有虽不完全反对议和，但字里行间

---

* 大山岩（1842—1916）：日本军人，陆军元帅，历任陆军大臣、参谋总长、内务大臣等职。甲午战争和日俄战争期间，分别任侵华日军第二军司令官、满洲军总司令。

毫不顾及自己是作为战败者在向战胜者发言，其所说之和谈条件无异于痴心妄想。

清国各省督抚关于媾和得失之奏议

事实上，即便到了张、邵二使和谈破裂，李鸿章准备再次作为议和使节乘船来访之际，即威海卫已然陷落、北洋舰队投降之后，情况也没有改观。当时，北京政府下问各省督抚，议论和谈之得失。通观督抚辈的上奏，大多是一些陈词滥调的罗列。比如声称，如果日本提出有意和谈，清国宜以允诺为上，即便赔款数额巨大亦不为不可；只是日本若要求割地，则应拼死再战，清国皇帝无权将祖宗流血打下的江山基业拱手让与外国半分（据今年二月二十六日上海电信）。其时尚且如此，可以想见处在危机还未如此之甚的时期，北京政府的当局者，尤其是李鸿章等人，由于不能公开提出符合其胸中真意的主张，想必内心会感觉无比苦恼。因此，他们希望知道的是，日本可以在怎样的条件下承诺停战。而作为试探日本政府真实想法的第一个手段，他们首先向欧美各国哀求请愿，希望各国能在日清两国间居中调停。十一月十二日，驻德的青木公使[*]向我发来电报禀告："根据本使从德国外交大臣处私下听到的消息，本日驻德清国公使求见德国外交大臣，就日清战争请求德国调停。该大臣询问清国准备以何种条件求和，清国公使以承认朝鲜之独立及赔偿军费二事作答。该大臣言，方今日本正处于连战连胜之有利形势，仅以上二条件恐难轻易满足。清国公使反问，既如此，何等条件方为适当。该大臣答曰，此不在本大臣可以作答之列，清国倒不如直接问之于日本政

---

[*] 青木周藏(1844—1914)：日本外交官。1868 年赴德留学，1873 年进入外务省，历任驻奥地利公使、驻荷兰公使、山县有朋内阁外长、松方正义内阁外长。甲午战争期间任驻德公使（1892—1898），兼任驻英公使（1894—1898）。

府"。另外，其时西公使[*]也来电汇报称，驻俄清国使臣亦向俄国政府提出同一请求，俄国政府也建议其与日本政府进行谈判。清国政府虽屡次命其驻外使臣向各自驻在国请求进行调停，但均遭与德国政府相同之口吻拒绝，尤其在英国政府的联合调停之主张失败以后，彼等终于决意向日本政府了解媾和条件。

德璀琳[**]赴神户

　　清国政府接受了李鸿章的建议，决定派天津海关税务司、德国人德璀琳前往日本。德璀琳于[72]十二月十六日携李鸿章写给伊藤内阁总理大臣的照会抵达神户，通过兵库县知事[***]请求与伊藤总理会面。[73]其照会云："为照会事，照得我大清成例，与各国交际，素尚平安。现与贵国小有龃龉，以干戈而易玉帛，未免涂炭生灵。今拟商定彼此暂饬海陆两路罢战。本大臣奏奉谕旨：德璀琳在中国当差有年，忠实可靠，着李鸿章将应行筹办事宜详细告知德璀琳，令其迅速前往东洋妥办，并随时将现议情形由李鸿章密速电闻等因，钦此。遵即令头品顶戴德璀琳立即驰赴东京，查送照会。应若何调停，复我平安旧例之处，应请贵总理大臣与德璀琳筹商，言归于好，为此照会，请烦查照施行。须至照会者。"此外更附有一[74]私信，述其与伊藤总理于天津会晤之旧谊，言及东洋大局和平之必要，其末尾使用"虽阔别多时，想贵爵大臣当不忘昔年情事，相印以心也，专此布臆"

---

[*] 西德二郎（1847—1912）：日本外交官。1870 年赴俄国圣彼得堡留学，1874 年任驻法国公使馆书记官，后来历任驻俄公使、松方正义内阁外长、伊藤博文内阁外长、驻清公使。甲午战争期间任驻俄公使（1886—1896）。

[**] 德璀琳（Gust av von Detring，1842—1913）：德国人，是 19 世纪后期中国外交和天津城市开发中的关键人物。1864 年进中国海关任四等帮办，后累升至税务司职。

[***] 时任兵库县知事为周布公平。周布公平（1851—1921）：日本的政治家。1871—1876 年曾受日本兵部省派遣长驻比利时，1881 年成为日本德意志学协会会员，历任司法少丞、山县有朋内阁书记官长、兵库县知事、行政裁判所长官、神奈川县知事。

等文字。其无法诉之于理，是以特[75]诉之于情。不过，德璀琳其人究竟是否具有交战国使者资格，此事颇有疑问，况且李鸿章从其职守而言原本并不具有代表清国政府之权限。此外，伊藤总理虽居我内阁首班之位，但其并不具有直接折冲外交之任务。李鸿章致伊藤总理之信函，不论其文体如何，究其实质不过乃一封私信而已。毫无疑问，我国政府不可能与如此暧昧不清之清国使者就军国大事、媾和条件进行协商。因此，伊藤总理立即向兵库县知事发去电报，训令其断然谢绝与德璀琳会面之事。此前，美国政府已于日清两国间就媾和事居中调停颇多，驻北京的美国公使田贝[*]得知此次德璀琳突然奉命前往日本国之事后颇感不快，[76]要求总理衙门尽速将其召回，因此恭亲王特以急电召回德璀琳。其抵达神户后并未得任何要领，便怅然踏上归途。

德璀琳出使之目的

德璀琳来访之事虽颇类儿戏，由此亦可见当时清国政府欲探知日本政府要求之情如何之切。其后，英国发行的《布莱克伍德》杂志上刊登了一篇据称是寄居东洋的特别撰稿人的文章，题目为《日本与各国关系》（该文中虽不无谬误之处，但对当时事实却基本加以详论。或曰该文作者即德璀琳本人）。该文中列举了德璀琳出使日本的三个目的："其一，观察日本政府究竟有无媾和之意，以便提供给清国以及帮助清国的各国加以考量；其二，若见日本政府有媾和之意，则采取媾和谈判的办法；其三，若旅顺口陷落，李鸿章必遭致攻击，故需寻求避开攻击之道。"他奉命访日实际上确是为此三个目的而来。他在即将离开神户之际寄给伊藤总理的信件中写有"此次余来访之目的，在于了解为结束眼下令人

---

* 田贝（Charles Harvey Denby, 1830—1904）：美国外交官。1885 年 3 月至 1898 年 7 月期间任美国驻华公使，是美国历史上任期最长的驻华公使。

痛惜的战争，清国需用何种条件方能恢复和平，想来阁下对此当然也已了解"的字样。总之，当时的情况就是，日清两国所思考的恢复和平所需之条件，彼此之间极为不同，且双方均不愿先提出自己心中的价码，仿佛卖方想先知道买价如何，而买方希望先了解卖价如何一般。

英国政府尝试由欧洲列强进行联合调停

当此之际，欧美列强均睁大眼睛关注东方局势，努力窥探其意中所期待的机会，并希望将其牢牢把握住。清国政府向列强哀诉之际，英国正值罗斯贝利伯爵 * 内阁末期，虽然其对议会的影响已极为微弱，但在东方问题上仍不愿落于人后，他第一个站出来欲在日清两国间居中斡旋。八月中旬，英国新任公使楚恩迟 ** 甫一抵达东京即赴外务省拜访于余，以半公半私的形式提前告知，英国政府将于近日就结束日清两国战局之事提出一个方案。

英国政府以朝鲜独立与赔偿军费等两项条件再次进行调停

十月八日，英国公使称接到本国政府密令，命其以"（一）列强保证朝鲜之独立，（二）清国赔偿日本政府军费"这两个条件询问日本政府会否承诺停战，并称英国政府已就此事与欧洲列强进行商议，不日俄国公使应当也会提出同样的劝告。不过，当时余屡次与俄、德、法、美等各国公使会晤，并未见他们各自从本国收到过什么训令，尤其是俄

---

* 阿奇博尔德·菲利普·普利姆罗斯，第五代罗斯贝利伯爵（1847—1929）：英国自由党政治家，甲午战争期间任英国首相（1894.03.05—1895.06.25）。

** 鲍尔·楚恩迟（Power Henry Le Poer Trench, 1841—1899）：英国外交官。第五任英国驻日公使，任期为 1894—1895 年。

国公使希特罗渥[*]更是指出英国的提案太过空泛，日本政府应难以接受。由其态度很难看出其不日将会与英国政府提出同样的提议来。

对英国提议之回答

加之如今我国正处连战连捷之际，英国提议的条件万无答应之理。不过，余身负回复英国政府之职责，且余亦认为借此机会为他日我国庙议定下大概框架殊为紧要，因此草拟了三个回复英国提案的方案，与在广岛的伊藤总理进行了协商。甲案为（一）清国承认朝鲜独立，并割让旅顺口及大连湾予日本，作为不干涉朝鲜内政的永久担保；（二）清国赔偿日本军费；（三）清国以与欧洲各国签订的现行条约为基础，与日本签订新条约，在上述条件实行之前清国向日本政府提供充分的担保。乙案为（一）列强担保朝鲜之独立；（二）清国割让台湾全岛予日本，其他条款与甲案相同。丙案为在日本政府明确以何等条件停战之前，首先需要了解清国政府的意向如何（甲、乙案成为日后余所起草的《下关条约》之基础）。在提交上述三个方案的同时，余于写给伊藤总理的信中说明了上述方案之要领。信中指出："本问题当非英国政府之最终决议，而应是如彼所明言的那般，第一要点在于了解日本政府之意向。不过，正如'履霜坚冰至'之喻，彼既开此端绪，他日会引起何种关系也未可知，因此对其答复须得深思熟虑。随函奉上甲乙丙三案。甲案明确表达了日本政府的希望，目的在于将我意向预先告知清国及列强，同时避免欧洲列强对朝鲜之独立进行干涉。乙案可使列强居间或多或少分一杯羹，或为使当前会商达成协议的一条捷径，亦利于他日永保东洋和平。（中略）丙案则是一种拖延战术，将当前之讨论加以迁延，以待他日时机成

---

* 希特罗渥（1837—1896）：俄罗斯外交官。第六任俄罗斯驻日公使，任期为 1892—1896 年。

熟。"伊藤总理明确表达了同意甲案之意。不过，他同时表示以当前暂不回复英国为上策。余则认为对英国之答复不宜过晚，其后又经与伊藤之间多次书面往复，最终于十月二十三日将如下照会交付英国政府。

帝国政府对英国政府提议之回答

照会曰："帝国政府对英国皇帝陛下询问关于日清战争停战之事的友谊十分感谢。时至今日，战争的胜利常伴日本军队。即便如此，帝国政府认为目前事态的发展尚不足以保证在谈判上获取令人满意的结果。因此，帝国政府认为，对停战之条件公然发表意向之事，不得不留待他日。"（此为我准备的三个方案中对丙案加以修改后的方案）其后，我国政府与英国之间未就此事进行任何交涉。

英国政府向欧美列强提议进行联合调停之时，列强之间对于东方问题似乎多少有一些会商。九月二十四日，青木公使向余电禀称："不知贵大臣近段时间有无详查俄、法之意向？据本使观察，欧美列强之间似正就某事进行商谈。很有可能是就武力干涉之事在相互交换意见。若果真如此，本使确信德国与英国并非此事之发起者。"由青木公使的电文可看出此事乃该公使的推测、想象，无法断定其是否看穿了列强之真意，但已足以证明当时欧洲形势确有不稳之迹象。此外，十月十日，驻意大利高平公使[*]将其与意大利外交大臣之间的非正式会谈之概要电禀于余。电报称："若日本政府不希望将战争的结果扩展至非常广阔的区域并因此导致外国的利益受到扰乱，则意大利政府建议以朝鲜独立以及偿还军费等两条件为基础尽速讲和。为使此事成功，意大利政府可与其他友邦共同进行充分之活动。"（该提议与英国提案并无丝毫不同，应为英国与

---

[*] 高平小五郎（1854—1926）：日本外交官。第八任日本驻意大利公使，任期为1894—1896年。

意大利协商之结果）十一月十一日，高平公使再次将其与意大利外交大臣的会谈要点电禀于余。电报称："意大利外交大臣表示，目前列强应清国要求正在交换意见，但尚未开启实际行动之端绪，清国终将直接向日本求和。该大臣还表示，英俄两国虽利害关系各不相同，但两国均迫切希望避免当下的纷乱。该大臣据此进一步对本使表示，建议日本的行动与媾和条件切勿超出适当范围。换言之，应避免导致清国土崩瓦解及清政府灭亡的行动，且应注意尽量将扰乱和平的局面控制在最小范围之内。意大利外交大臣称，该建议的主旨并不在于阻止日本割取清国土地，不过割地难免引起第三国分一杯羹的非分之想。据本使推测，意大利政府原本打算与英国采取同样行动，不过鉴于此前英国的失败，似对于一切事情都更加慎重。"高平公使发来第二份电报的同一日，由圣彼得堡发来的西公使的电报称："本使访问了前几日来一直卧病的俄国外交大臣，当天英国大使似也曾前往拜访。俄国外交大臣针对本使的提问表示，英国政府虽就尽早结束日清战争一事寻求俄国的合作，但本大臣认为，目前清国尚未直接向日本求和，因此日本政府也仍未公布媾和条件，当此之际对其进行干涉为时尚早。此外英国对于日本的全胜终将导致清国土崩瓦解一事深感忧虑，俄国在此间虽也多少存有利害关系，但仍会首先等待交战双方停战这一时机的到来。"（此乃俄国自朝鲜事件以来对我国之外交手段，常持模糊态度以保留他日发言之余地。）次日，又接到驻德国青木大使来电。电文在讲述了德国外交大臣拒绝清国驻德公使提出的由德国进行调停的要求之后（该段要求调停的电文已详记于前文），还有如下一句："德国外交大臣希望日本避免将现今局势过度激化从而导致爱新觉罗氏朝廷遭致覆灭。"如上所述，可以看出欧洲列强各自心底似乎都存有一个意见，但他们均拒绝了清政府的请求，未对英国政府的联合调停提议表示赞同，这一点是清清楚楚的事实。

英国政府联合调停提议之失败

英国的调停提议不仅在外未能得到欧洲列强的同意，对内似也未能使本国舆论感到满足。十月十日，《泰晤士报》社论指出："方今日本正值连战连捷之际，当不会轻易放弃其奢望。因此勿论让其结束战争，即便是希望暂时性的停战，亦无成功之可能性，此事已非常明显。虽说若派出大军凭实力使其停战亦不无成功之希望，但自今日事体来看，此举绝无可能。故此，除保护侨居该地的欧洲人之外，图谋依靠高压牵制交战国之举，实乃自陷于困难境地之举动，难免始终为东洋最强国所敌视。要而言之，局外国家对于日清两国之纷争不若任由两国干戈决定。"鉴于此等内外形势，英国内阁总理大臣罗斯贝利伯爵终不能保持沉默，他于十二月二十四日在伦敦市议会做了一次演讲，陈述了英国政府就日清媾和一事要求欧美列强予以合作的理由。其要旨如下："为恢复日清之间的和平，加盟的欧洲列强愈多则其效果也就愈佳，所有此等重要国际问题都将使各国会议的价值变得愈发巨大；交战双方的傲慢使得他们无法主动提出媾和要求，因此目前正是最需其他国家进行调停之时，参与调停的国家愈多其目的就愈易达到；当下英国若采取单独行动恐会招致列强猜忌。"在列举上述理由之后，罗斯贝利伯爵以颇为暧昧模棱的言辞为自己的失算加以辩护："当今欧洲有二三大国认为目前并非在日清两国间尝试进行调停的好时机，英国也打算听从这一意见。"

英国的联合调停终以此种方式中途失败。不过欧洲列强似已取得一致意见，认为不应乘日本大获全胜之机而致清国土崩瓦解，并且为尽快结束战争，日本应尽量不提出过多要求。此外，俄国政府亦在此时通过希特罗渥对余表示，日俄两国当相互交换意见以防其他列强进行干涉。关于俄国上述提议的来龙去脉将于后章加以详述。当时，余与俄国公使之间的会谈当未能使俄国政府感到满意。但若怀疑俄国自这一时期即已产生敌视日本的倾向亦不免为迂谬之见。盖因俄国虽持续不断地张开猜忌之眼四处搜索自家的利害关系存于何方，但当时并未有迹象显示其已决意将羽翼伸展方向朝向日清两国的哪一方。因此，这一时期俄国对我国往往施以花言巧语以不伤害我自负心，同时对清国也绝不使其依赖心沮丧（据称，清国特使王之春*赴俄国首都圣彼得堡拜谒俄皇，就息止日清战争之事请求俄国援助时，俄皇答称清国当自行向日本求和，若日本要求过多之时，朕自当于事态允许范围内进行斡旋，以尽量使其要求降低）。总而言之，此时俄国的举动，由其显露于外之处来看，一时如清国之友，一时又如日本之友，显出一种不可思议之情状。

德国皇帝嘲讽英俄两国对日清两国的态度

今年**一月三十一日，青木公使电禀于我称："德国皇帝私下对本使称，英国为得清国之欢心、俄国为得日本之欢心而孜孜汲汲的状态，实在可笑。"这虽是德国皇帝的一个玩笑话，亦足见俄国藏起了爪牙而令局外人无法窥见其内心。当时俄国对日清两国的真实态度好有一比：即便不能鹬蚌两获，亦必欲尝熊掌与鱼其中之一味，不过是在[77]等待时机到来而已。德法两国政府在后来欧洲政治方面由于自家利害关系而不得不偏袒俄国之前，在东方关系上并无重大利益，因此对诸事都比较沉默，但总体而言显得偏袒日本。

---

* 王之春（1842—1906）：清朝外交家、思想家、洋务派代表人物。1895 年曾受命出访俄法，为清政府寻求援助。

** 1895 年。

第十五章

日清媾和之发端

美国政府提出进行友好调停

为息止日清两国间长达八个月的战争，美国开始采取行动。欧洲列强相互间采用合纵连横之策，若置之不顾的话，他们甚至可能一逞弱肉强食之欲。当此之时，建国于新世界之中央、常望社会和平且以绝不干涉他国利益为政纲的美国，见近日围绕东方问题，欧洲列强之态势甚为危险，终于对日清两国提出欲出面友好调停。明治二十七年（1894）[78]十一月六日，驻东京美国公使谭恩*向余转达了美国政府训令，其概要如下："令人深为惋惜的日清两国之间的战争，丝毫没有威胁到美国在亚洲的政策。美国对交战双方的意向为不偏不党、重视友谊、严守中立，希望两国好运。不过若战事弥久，无法限制日军的海陆进攻之时，在东方有着利害关系的欧洲列强恐终将提出对日本国将来之安康不利的要求，以促使战争结束。美国总统一直以来对日本国怀有深厚的好意，因此，

---

* 谭恩（Edwin Dun，1848—1931）：美国畜牧业专家、外交官。1873 年作为北海道开拓使的技术顾问赴日，1883 年归国。1884 年作为美国驻日公使馆二秘再度赴日。1893—1897 年任美国驻日公使。

为东方和平而在对日清两国名誉均不会产生损害的基础上愿效劳进行调停,请确认日本政府对此是否接受。"美国政府的意思无疑是公平无私的。不过,若仔细审视清国情势,彼等若不经更大打击当不会真心悔悟、真正感受到媾和之必要。目前我国内人心主战气势丝毫未有消退,开始进行和谈为时尚早。故此,余认为对美国的答复亦应如此前对英国的回答一般,不若暂时推迟日本之确切答复。日清战争不会无限期持续,早晚会有和谈机会成熟的时候,其时虽不需要第三国进行正式的调停,但若有国家居中斡旋,尤其是若有一个能将对方与我方意见进行互换的机构就会颇为方便,而再没有比美国更合适负责该机构的国家了。

我政府对此之答复

因此,余将上述缘由向内阁会议详细提出并经圣裁之后,于十一月十七日将如下备忘录亲手交给美国公使。备忘录上写道:"对于美国政府为了日清两国之和睦而不辞辛劳欲进行调停这一深厚情谊,日本政府深为感谢。自开战以来,帝国军队所到之处尽皆获胜,帝国政府认为目前若为停战更是无须借助友邦之力。不过,帝国政府无意乘胜提出超越本次战争的正当结果限度之外的、一逞自己所望之要求。但在清国政府仍未直接向帝国政府求和之前,帝国政府无法将目前视为已达致前述限度的时期。"(上文中所言之"无意超越限度之外"云云,乃当时欧洲各国怀疑日本全胜会致使清国土崩瓦解,政府为消除该疑念而加入之文字。)作了上述回答之后,余又以个人见解之方式对美国公使谭恩表示:"日本政府如今若公然要求美国政府充当日清两国之间的调停者,恐难免招致第三者疑虑,因此不得不姑且回避此种情况。不过,待他日清国开始前来求和之时,在美国为彼我双方之间交换意见提供方便这一方面,我政府当有深为依赖美国政府厚谊之处。"谭恩充分了解了余之意见并承诺将这一意见通报其本国政府。

清国政府通过驻北京、东京之美国公使向我政府提出和谈请求

十一月二十二日，驻北京之美国公使田贝电告驻东京之美国公使谭恩称："清国委任并拜托本使开启媾和谈判。媾和条件为承认朝鲜独立及赔款等两项。请将上述内容转达日本国外务大臣。"此为清国政府直接向日本政府提出媾和条件的第一步。此当为他们所选择的最为廉价之条件，而非连战连捷之后的我国所能首肯之媾和条件。方今清国正处危急存亡之秋，正需讲求避难免苦之计，却仍如市场上买卖一物般讨价还价，足见他们仍未有诚意希望真正和睦。因此我政府于十一月二十七日发出如下照会："清国政府经由驻北京及东京美国代表之提议，非日本国所能承认之媾和基础。鉴于现今情状，我国不认为清国政府会真心实意对令人满意之媾和基础表示同意。不过，若清国真诚希望和睦，任命具有正当资格之全权委员，日本政府在两国全权委员会谈的基础上将宣布日本国政府据以息止战争之条件。"清国政府接此回答当颇为失望，然而他们仍旧固执地企图探知日本政府的媾和条件。十一月三十日，清国政府再次通过驻北京以及东京的美国公使发来如下电报："日本政府未明言以何种条件为媾和基础，清国政府苦于推测日本政府意见之所在，因此难以任命商议媾和之使节，特此通报日本政府。为方便处理此事，清国望日本政府开示两国计划议定问题之概要。请将上述内容转达日本国外务大臣。"该电不过是清国政府重复此前电报之内容而已。事已至此，我政府认为，回应对方优柔寡断的照会，徒将国家大事当作未定之问题，易招致其他第三者之干预，此非得策。且若如今不尽快往其头上浇冷水，其迷梦之觉醒恐遥遥无期，是以十二月二日余将如下照会交付谭恩，请其通过驻北京之美国公使告知清国政府。照会内容如下："据

驻清国美国公使转来之电报，清国政府如今似仍未切实感到媾和之必要。本次要求息止战争者乃清国方面，并非日本。故此，日本政府除了重复一遍此前电报中所言——非经具备正当资格的全权委员相会之后无法宣告媾和条件——之外别无他法。若清国政府对此无法满足，则本次商议当暂时中止。"清国政府接此回答后稍改其最初想法。据十二月十二日再次经由田贝发给谭恩的电报表示："日本政府拒绝了清国政府此前电报中的提议，清国政府对此表示遗憾。不过清国政府拟听从日本政府之意见，任命全权委员并提议为商议媾和方法而与日本国全权委员会谈。清国政府欲以上海为委员会谈之地，并希望预先得知何时进行委员会谈。请将上述内容转达日本国外务大臣。"至此，他们终于改变了自己的意见。因此，余于十二月十八日通过驻东京、北京的两位美国公使向清国政府转发了如下电报："若清国政府任命和谈全权委员，日本政府自当随时任命同级别之委员。不过在日本政府任命全权委员之前，须得清国政府先行告知该国全权委员之姓名、官位。全权委员会谈之地必须在日本国内选定。"清国在提议屡屡受挫之后，终于明白如今所有事宜若不依照日本政府的意向则无法达其目的。

清国政府照会称任命张、邵二使为全权委员并派来日本

十二月二十日，驻北京的美国公使向驻东京的美国公使发来电报照会称："清国政府为商定和议，任命尚书衔总理衙门大臣户部左侍郎张荫桓及头品顶戴兵部右侍郎署湖南巡抚邵友濂为全权委员，并派往日本国与日本国全权委员进行会商。为方便往来，清国希望日本国选定上海近旁之地作为会谈场所。清国[79]建议日本国即刻任命全权委员，尽速确定会商日期，并将日本国任命全权委员之日定为两国间开始停战之日。"余于十二月二十六日通过驻东京、北京的两位美国公使向清国政府发去

如下照会：“日本政府当任命具有与清国政府所任命的两名全权委员缔结和约之全权的全权委员。日本政府选定广岛作为全权委员会谈之地。清国全权委员抵达广岛四十八小时之内召开两国全权委员会谈。会谈的时间与地点将在清国全权委员抵达广岛后尽速通告。清国政府当尽快将其全权委员自本国起程的时间及预计抵达广岛的时间以电报告知日本政府。日本政府即便会承诺停战，停战之条件非经两国全权委员会谈亦不会明言。”经由驻北京、东京两位美国公使而往复日清之间的电文除此之外尚有许多，其不重要者在此均省略。

我国朝野关于媾和条件之冀望

我国主战气氛仍旧未有丝毫衰退，不过此时在社会的某些地方也渐渐有人开始提倡媾和，其主张宽严精粗不一，彼此意见出入之处颇多。对于其中只于社会上滔滔不绝徒有大言壮语、只图一时之快者姑且不论，[80] 政府当局各部负责人为忠于自身职守，亦往往难免视自身所期望之条件为主，而将其他条件视为次要之事。例如，就当初海军部的期望而言，相比辽东半岛，他们认为 [81] 割取台湾全岛更为必要。而且即便是同属于这一派，稍以辽东半岛为重者，则主张若辽东半岛无法全然由我占领，可使清国将该半岛先行让与朝鲜政府，我国则自朝鲜政府租借，而台湾全岛则 [82] 必须归入我版图。与此相对，陆军部方面则主张辽东半岛乃我军流血牺牲夺取而来，与我军至今仍未踏足的台湾不可相提并论，且该半岛抚朝鲜之后背而扼北京之咽喉，为国家将来长久之计，[83] 绝不可不归我领有。而管理财政的部门，对割地问题不甚热心，但却切望获得巨额赔款（后来松方伯爵* 再次出任大藏大臣，主张十亿两赔款之说法，其

---

* 松方正义（1835—1924）：日本政治家。曾任大藏卿、大藏大臣、内阁总理大臣。

基础当是出自于此。此外，即便是奉职于海外、处于可直接目睹欧美列强形势之位的我外交官当中，也有各种主张。十一月二十六日，青木公使在其就媾和条件问题向政府进行建议的电报中主张：一、割占盛京省、不与俄罗斯接壤的吉林省之大部以及直隶省之一部，于清、朝两国间设立约五千平方日里*的中间地带，以做将来我国独擅亚洲霸权的军事根据地；二、赔款应为一亿英镑，其中一半为金币，一半为银币，分十年付清；三、付清赔款之前应由日军占领东经一百二十度以东的山东一部、威海卫及其炮台、武器，驻军费应由清国支付。并附言称，只要不对欧洲的利益或清国之存亡造成影响，对任何条件欧洲舆论均当不存异议。此外，驻俄罗斯西公使当初即对俄罗斯国有关日清战争的形势一事观察得极为周到细致，他预见到俄罗斯必不会对割占辽东半岛，尤其是与朝鲜国境接近的部分一事保持沉默，是以建议政府不如开初即向清国要求巨额赔款，若约定将辽东半岛作为抵押加以占领，俄罗斯对此亦不便进行干预）。如上所述，即便是政府内部，主张都互有不同，彼此宽严不一，国民之间有着各自不同的希望就更不必说了，不过大抵都希望能自清国割取更多，更加扬我帝国光辉。尤其是一方面沉醉于百战百胜的浮夸当中，另一方面有着对于将来经营之计算，两方面各自期望自己的主要目的不致落空。若要拿出一个能将这些悉数加以调和并使各方均能满足的方案，必无法对孰轻孰重、孰主孰从加以斟酌协调，徒将各自认为重要或主要之处加以凑合，最终只能出现一个条件严苛的方案（此处略记当时民间各政党通过报纸及其他方式所发表的各自意见。被称为对外强硬派的一派主张："在清国前来乞和之前，不可停止海陆进攻。作为永久抑制清国反抗及维持东亚和平之保证，至少应割占清国东北部——盛京

---

* 日里乃日本特有的长度单位，1 日里约合 3.9 千米，1 平方日里约合 15.4 平方千米。

省与台湾[*]——之枢要疆土。军费赔款至少需要三亿日元以上。"同属于该派的改进党与革新党的重要人物则主张："若战后清国无力保有其社稷，而致自暴自弃，放弃其主权，我国不可不持有分割四百余州之思想准备。至彼时，我当领有山东、江苏、福建、广东四省。"自由党则表示："应割占吉林、盛京、黑龙江三省及台湾。日清两国的通商条约应签订凌驾于欧洲各国条约之上的条件。"[84] 在如此众论嚣嚣之中，倒也有二三有识之士表示，媾和条件过于严苛并非得策。例如谷子爵^{**}当时曾有一书信寄与伊藤总理，缕缕数千言记述其意，其中特意引用一八六六年普奥战争历史，表示割地之要求将来或将阻碍日清两国关系。该种观点当否姑且不论，作为能于当时提出其独到见解者，不可不谓万绿丛中一点红。况且即便是谷子爵，也从未有勇气顶住社会之逆潮而公然发表其主张，而只能在私信中加以表述。谷子爵尚且如此，更何况其他碌碌之辈乎。即便三三两两聚在一起低声谈论，又何曾有挽回社会狂澜之效力？当然，即便谷子爵的主张有其可取之处，在当时大势之下也难有所为）。在此之前，余对上述各种意见不予理会，在十月八日英国提出调停之后即暗中与伊藤总理仔细探讨筹划，起草了一个媾和条约草案[85]（媾和条约随着战局进展，其宽严之度每每相异，是以后来对该草案曾时时加以斟酌修正）。

关于我政府应否将对清媾和条件预先告知欧美各国的内阁会议

当其时，欧洲各国均欲获知我政府对清国要求之条件如何，飞耳长目，百方搜查，其间多有揣测臆想之说，往往对我国怀有不当之疑惧，

我国处于危机不知何时就可能突然爆发的形势之下。余就此事多次与伊藤总理协商，最终认为只有如下两个选项：其一，我政府就此公开或暗示对清国之要求，预先取得欧美各国之私下同意、默许，以防他日误解；其二，在清国诚心诚意前来求和之前，深藏我所要求之条件，将事态严格限定于日清之间，不予第三国任何事先进行交涉之余地。余当初之意见倾向于第一选项，但伊藤总理认为，虽说若将日清媾和条件对外公布，就必须预先做好受到外国干涉的思想准备，但如今若我先向列强开示对清国之要求并欲取得其私下同意与默许，反会给予他们事先进行干预的机会。若我所要求之条件中有遭致列强强烈反对者，则我政府只有两个选择，要么在明知我对清国之要求中某条件遭到某列强反对的情况下仍旧向清国提出要求，要么为避免第三国之异议而不得不自行放弃针对清国之正当要求。此二者皆为相当困难之情况。因此，倒不如今日不用顾忌其他因素，将我对清国之条件直接提出。换言之，不如我对清国收取一切战争果实，若事后遇到其他列强异议，再经庙议详尽讨论后采取相应之方针，如此当更为安全。该意见大抵倾向前述第二选项。[86] 对于总理的上述意见，内阁同僚及列席大本营的重臣也大致表示认同。就重要度而言，上述两个选项原本不分轩轾，两者均为对将来的结果加以预想推测，自然无人能对如此敏感问题在未来的得失做出明确预见。况且最紧要的是对此事预先进行庙议。余并无固守自己意见之意，是以毫不犹豫地同意了伊藤总理的意见。后来，在通过驻北京、东京的两位美国公使与清国政府进行电信往来之际，为了防止事先泄露我政府之要求，余亦总是令清国及其他国家无法揣度我最终希望之条件。因此，余将此前所起草的媾和条约草案也深藏箱底，在时机到来之前未曾向任何人开示。临近清国媾和使节来日之时，余在将该条约草案带往广岛之前，特意前往内阁总理大臣官邸将其出示给在东京的内阁阁僚以征询意见（当时伊藤总理也在东京）。阁僚未提出任何异议，于是余于今年一月十一日与伊藤总理一道离开东京，前往广岛。

在广岛大本营召开的关于媾和条约草案的御前会议

一月二十七日，在广岛的阁僚以及大本营高级幕僚（当日出席者为彰仁亲王[*]殿下、伊藤内阁总理大臣、[87]山县陆军大臣、西乡海军大臣[**]、桦山海军军令部长[***]、川上参谋本部次长[****]）被召集至广岛大本营，就日清媾和之事召开了御前会议。余谨将媾和条约草案呈上，并就该草案起草之概要奏曰：“本条约草案大体分为三段。第一段规定，清国承认导致本次战争的朝鲜国之独立；第二段规定，作为我国战胜的结果应由清国割地并赔款；第三段规定，为确保日清两国交流中我国之利益及特权，将来我国与清国之关系应和欧美各国与清国之关系相一致，并进一步规定新设置数处开埠口岸、扩大江河通航权，以永久保证我国在清国的通商、航海的各种权利。除此三大重点之外，还规定了日清两军交换俘虏之事，规定清国不得对曾向我国投降的将士、人民施以严苛的处置，同时规定对于日清战争中清国领土内的人民不管因何事与我军保有某种关系者，清国政府不得于日后进行任何责罚。这是基于消除将来日清两国人民之间的仇恨、将我国一视同仁之主义广泛发扬于世界这一目的而加以规定的。”余之上奏结束后，伊藤内阁总理大臣于御前起立，就本次日清媾和之事我政府当采取的政治策略之概要进行奏报，以仰圣裁。其奏报概要如下：

---

[*] 小松彰仁亲王（1846—1903）：日本皇族，陆军元帅。甲午战争期间任大本营参谋总长、征清大总督。

[**] 西乡从道（1843—1902）：日本明治时期的海军大将，第一位海军元帅。甲午战争期间任海军大臣（1893—1896）。其兄长为西乡隆盛。

[***] 桦山资纪（1837—1922）：日本军人、政治家。历任海军大臣、台湾总督、内务大臣、文部大臣等。甲午战争期间任海军军令部长（1894—1895）。

[****] 川上操六（1848—1899）：日本陆军军人。曾任参谋本部次长、参谋总长、征清总督府参谋长。

伊藤内阁总理大臣之奏言

　　博文今谨于此欲达圣听并向毂下参与帷幕之文武各官加以陈述者，本次清国政府为媾和而遣来的使节即将到来，因此在与该使节会见之前，余与外务大臣反复协商，进行各种审查后起草了媾和条约草案，将此草案交付阁僚大臣讨论后，得到了他们的一致赞同。唯此次日清事件乃我朝开辟以来未曾有之大事件，幸赖陛下皇威，自开战以来，无论海陆，所到之处尽皆奏捷，扬我国武威。在第三国开始干涉之际亦及时摆脱，未至困境，方才有了今日。但此事结果如何，实为关乎我国将来盛衰之所在，如今值此收拾异变局势之际，宜当慎重熟虑，审时度势，不可不施以适当之计，此事自不待言。

　　宣战媾和之大权原本即为陛下所掌握，然若确定朝廷大计，必先由担当时局之阁僚大臣悉心妥筹，并经参与帷幕之议的诸臣一致赞同。一经圣断，当局者即担起奉行之责，帷幕臣僚亦不可于他日对此持丝毫异议。盖阁僚大臣、帷幕之臣均皆陛下之左右，忝列文武两班之上位，犹如车之两轮、鸟之双翼，各相骈行，一致行动，方能如人之肢体受头脑指令而行动一般。制定朝廷大计之阁僚大臣、帷幕之臣若能意见统一，纵令世上有何等非议亦不足为虑。

　　该媾和条约中之条款，以此次日清两国开战主要原因之朝鲜国独立、割让土地、赔偿军费以及将来帝国臣民在清国通商、航海之便益为重点，加上其他重要性稍逊上述事项者，共计十条。

　　关于与本次来日之清国媾和使节之会谈，十有八九无法得到妥当之结果。然彼等既已遵循此等场合之国际惯例来日，我方自然亦当依国际法常规加以应对。今若为中国计，与其今后屡战屡败陷入签订城下之盟之境地，不若如今之际，纵令作出一些预期之外之让步，仍以收拾此等变局为得策。然以博文对清国之了解，难以相信彼等能为解将来之危难而于今日断然下定决心。若果真如此，本次即便双方全权委员会谈，恐终将无法达成任何协议。然万一与预期相反，清国确有大决心，则此次会谈倒也不能说必不会达成协议。

无论与清国媾和使节之谈判成否，一旦将媾和条件加以明言，难保不会招致第三国之干涉，事实上此亦难以避免。至于其干涉之性质如何，程度如何，无论何等贤明之政治家亦无法加以预测，要保证使别国完全不加以干涉，更是难以做到。故此在干涉早晚无法避免之时，应抓住时机依据外交上之手段加以张弛操作，尽力使其得宜。至于此等场合列强所执之政略方针，依靠外交手段往往难以改变。故此，万一列强加以干涉，当对该第三国之意向加以斟酌而不得不将我对清国之要求多少加以变更，抑或是即便另增其他强敌亦坚持我之方针，此乃未来之问题，当依据当时情势再行审议。总而言之，若要收拾今日此局，须得文武两班之臣团结一心，巩守成算，深保机密，令外间丝毫不得窥知，始终贯彻如一。而当谈判之冲要者，更应负有奉行朝廷大计之责，至于其人之遴选、任命，当仰陛下圣裁。

以上奏陈之梗概，谨仰陛下圣鉴，[88] 并乞列席文武两班之臣深加省察。

伊藤内阁总理大臣与余被任命为全权办理大臣

皇上亲自聆听了内阁总理大臣之上奏，阅览余所捧呈之条约草案，并询问列席文武重臣之意见，听闻均无异议之后，即圣裁该案作为媾和条约之基础，并于一月三十一日任命伊藤内阁总理大臣与余为全权办理大臣，负责与清国使臣会商。

第十六章

广岛谈判

清国张、邵二使抵达

明治二十八年（1895）一月三十一日，清国媾和使节张荫桓、邵友濂抵达广岛。我政府做好了一切接待敌国使臣的准备工作，他们一抵达广岛，余即发出公文告知我全权办理大臣的官爵姓名，随后又以全权办理大臣的名义通知他们第二天，即二月一日，于广岛县厅内进行会谈。去年以来清国政府一直乞望的媾和谈判终于揭开序幕。距两国全权大臣会见只有不足二十四小时了，媾和之成败完全系于双方全权大臣之才能以及谈判能否适应时机。究竟是日清两国持续数月的战争息止、再度得见东方的和平天地呢，还是谈判破裂、战争继续呢？结局究竟是喜剧还是悲剧，其舞台明日就将面向世界拉开帷幕。

此时，我国一般民众[89]仍未有厌战情绪，一味高叫着媾和时机尚早，而且也无暇观察欧洲列强此时有着何种阴谋与野心。反过来推测清国内部情形，他们应当是认识到了媾和乃当前急务。不过，以张、邵二使之地位、资望来看，[90]可以想见他们并无在外交方面进行周旋并迅速达成协议的胆识与权力。以此言之，清国将媾和大事托付于张、邵之辈之举，令人不得不怀疑彼等尚未认清其战败国之地位，且缺乏息止战争之诚意。在清国使臣抵达广岛之前的几日，伊藤总理私下招余见面并表示，仔细观察内外形势，发现如今媾和时机并未成熟，且清国政府之诚意亦甚难得知。若吾等稍不注意，恐未及达成媾和目的，我国对清国之要求条件便先行流传至世间，徒增内外之物议。故吾等与清国使臣会谈之日，未仔细审视其才能及权限之前，切不可轻易开启媾和之端绪。且清国赋予其使臣之所谓全权，往往有与国际公法之惯例所不符者，此亦吾等不得不深加考察之处。余亦抱有与伊藤总理同样的担忧，所以当场对其说法表示赞同。吾等商议之结果是，首先应仔细审视彼等所携带的全权委任状之形式，若果真有不符国际公法惯例之处，则于正式进入媾和谈判之前，即刻拒绝与彼等继续谈判，使本次会商失败。如此一来，在开示我之媾和要求之前谈判即已破裂，他日清国真心悔悟，再派具有名爵、资望的全权大臣前来之时，再与其进行会商亦不为迟。得出上述结论后，吾等即慢慢等待会商时间之到来。

广岛谈判的第一次会谈

翌日，即二月一日上午十一时，日清两国全权大臣于广岛县厅会面。依照此等场合之惯例，双方进入各自检视彼此携带的全权委任状并进行交换的程序。果然如吾等所料，清国使臣并未带有国际公法意义上的全权委任状。他们首先拿出的是他们称之为国书（参见章尾附录第一号）的一份材料。此件仅为一种信任状，绝非全权委任状。目前正值两国交兵、平日的外交已然断绝之际，没有理由接受一国君主对另一国君主介绍其使臣的信任状。因此，我全权大臣当即表述了上述理由并将材料退还对方。清国使臣随后又拿出一份他们称之为敕谕（参见章尾附录第二号）的材料。此乃清国皇帝对张、邵两全权使臣的任务所发出的命令书，亦非正式的全权委任状。且该命令书中敕谕张、邵二人，"著派为全权大臣，与日本派出全权大臣会商事件。尔仍一面电达总理衙门，请旨遵行"。据此看来，彼等实际上不仅未携带此种场合一般所应具有的全权委任状，且文中所言"会商事件"亦不知是指何等事件。此外，从"一面电达总理衙门，请旨遵行"一句来看，他们除了听取我政府意见并将其呈报总理衙门，再接受该衙门命令进行谈判之外，再无其他任何权力。其状果然不出我等所料，是以媾和谈判的第一关大门即对之关闭。不过，吾等要在此拒绝他们，不若先让其自证其全权不够完备之事实，而要做到这一步，就须使其明确表示自己所携全权委任状之权限明显不如日本全权大臣之权限，为此余提前草拟了一份备忘录并随身携带。在此双方全权大臣相互交换全权委任状之际，余即刻拿出这份备忘录进行宣读，并要求他们答复。备忘录概要如下："日本全权办理大臣如今所知照清国钦差全权大臣之全权委任状，包含日本皇帝陛下赋予该全权大臣的关于媾和缔约之一切权限。为免他日误解，且基于相互对等之意，日本全权办理大臣尚未充分查阅清国钦差全权大臣所知照之全权委任状，对于清国皇帝陛下是否赋予该钦差全权大臣关于媾和缔约之一切权限之事，望以书面形式明确答复。"他们自然无法当场明确回答，于是表示稍后将对此进行答复。当日两国全权代表的会谈就此结束。次日（二日），清国使臣送来一份公文，作为对余昨日交付的备忘录之回答。其概要如下："本大臣由本国皇帝赋予为媾和缔约而会商条款、署名、缔约之全权。为期迅速办理，以电信将所议各条款奏闻本国并请旨定期缔约，在此基础上将议定之条约书带回中国，恭请皇帝亲加批阅，若果妥善则待批准之后加以施行。"

广岛谈判的第二次会谈和伊藤全权办理大臣的演说

至此，正如我等所料，他们已亲口证实自己并无全权大臣所应有的独断专对之权。如今可再无丝毫顾虑，我等即约当日下午四时再于广岛县厅会谈。席间，伊藤全权进行了如下演说：

> 本大臣今与同僚即将采取之措施，乃是道理上不得不得出之结论，并非本大臣等之责任。
>
> 历来清国基本与列国全然分离，即便偶尔因参与列国之团体而享受到由此产生之利益，其因交际而伴随之责任则往往置之不顾。清国常以孤立与猜疑为其政策，故外交方面欠缺善邻之道所必需之公正信实。
>
> 在外交方面之盟约问题上，清廷之钦差使臣在公然表示同意之后却拒不签约，或对于已然严肃缔结之条约在无明确理由之情况下随意加以拒绝，凡此种种，不一而足。
>
> 自以上经验观之，当时清廷意中并无诚实之心，担当谈判重任之钦差使臣，亦未被委以必要之权限，往昔事例，比比皆然。
>
> 故此，当今之事，我政府鉴于既往事实，先已决意避免与不符全权定义之清廷钦差使臣进行任何谈判。为此预先提出一条件，要求若开媾和谈判，清廷之委任者须得具有关于媾和缔约之全权。在得到清廷将恪守该条件向我国派遣使臣之保证后，我天皇陛下将与清廷之全权大臣缔结并签署媾和条约之全权委任于本大臣与同僚。
>
> 清廷做出上述保证后，委任于两位阁下之权限却甚不完整，此事足证清廷尚未有切实求和之意。
>
> 昨日席上交换之双方委任状，一见即知差距甚大，几无须批判，

仍于此特意指出者，乃相信此非徒劳也。即一方为符合文明国家惯用之全权定义，而另一方则全权委任所必需之条件几乎尽皆缺如。加之两位阁下所携之委任状，对阁下等之谈判事项并未说明，亦未赋予任何订约之权，且未有一处言及清国皇帝陛下对两位阁下之行为事后加以批准之事。要而言之，阁下等所被委任之职权，仅限于将所听闻本大臣及同僚之陈述报道与贵政府而已。事既至此，本大臣等绝无法继续谈判。

或曰，今日之事未敢背离清国历来之惯例。本大臣断不能以如此说明为满足。对清国国内之惯例，本大臣无权置喙。至于事关我国之外交案件，则清国特殊惯例亦须接受国际法则之制约。本大臣相信此不仅乃本大臣之权利，亦为本大臣之义务。

和平之恢复，素乃至重至大之事。今若再启修睦之道，为达此目的，不仅须缔结和约，且相互订约之后亦须有实践之诚意。

关于媾和之事，我帝国固无理由向清国提出请求，然我帝国因重视其所代表之文明主义，当清廷沿正规渠道提出议和之时，我帝国亦有接受之义务。然则对于无效之谈判，或仅止于纸上空文之媾和，今后将坚决谢绝。我帝国对于一旦缔结之条件，必将践行。同时，对清国亦不能不期其切实履约。

故此，若清国确实诚信求和，就应对其使臣委以切实之全权，并择其名望、官爵足以保证所缔结条约之实行者当此大任，我帝国当不会拒绝再行谈判。

伊藤全权之演说言辞恳切，条理明晰，不需另行注解。余于该演说结束后立即拿出预先起草好之备忘录，在清国使臣面前进行宣读，明确表示了本次谈判就此结束之意。备忘录概要如下："日本政府曾屡次通过驻东京及北京的美国特命全权公使声明，清国若欲讲和，应任命具有缔结条约全权之委员。然而，本月一日清国钦差全权大臣所知照之委任状，就其所颁发之目的而言却极欠妥当。普通全权委任状所必须具备之各种要素在该委任状之中几乎都不具备，而日本政府之所见与此前通过美国公使所发表之声明毫无变化。因此，持有由日本国皇帝陛下授予之适当且完备之委任状的日本帝国全权办理大臣，对于仅持有会商事件并电达总理衙门、请旨遵行之委任状之清国钦差全权大臣，无法同意进行会商。日本帝国全权办理大臣在此宣布，本次谈判不得不就此终止。"清国使臣不知是过于惊愕，抑或是知道在逻辑上无法与我方争论，只是声明若他们所携带之全权委任状有不完备之处，自会再向本国政府电禀要求授予完备之全权，并乞求在此基础之上再开商议。但在我方而言，既已拒绝清国使臣继续谈判之要求，就无必要让其等待本国政府之再次任命，是以就此拒绝其请求。他们在其他两三个并不重要之问答之后，最终前往长崎，等候归国之船只。在清国媾和使随行人员中有一人名曰伍廷芳，乃是李鸿章幕僚，与伊藤全权乃是自明治十八年（1885）赴天津之时即相识之人。在清国使臣一行正要离开之际，伊藤全权特意将伍廷芳留下，托其向李鸿章带个口信，同时也向他稍稍透露我政府今后之意向。伊藤全权对伍廷芳表示："足下归国之后请将余之肺腑之言转告李中堂。本次吾等拒绝与清国使臣继续谈判，绝非日本国好乱恶治之故，此事请仔细领会。吾等认为，为两国计，尤其为清国计，尽早恢复和平十分重要。因此，若清国派遣真正希望和平且具有正当资格之全权使臣前来，吾等不会踌躇，自当再开谈判。虽说清国有许多惯例、旧典，北京政府不能遵守万国一致之例规之事多有发生，吾等希望本次清国能根据国际公法之常规对事物进行措置。余与足下乃是自天津以来之旧交，因此才尝试稍作私聊，此事未在对清国使臣公言之限也。"伍廷芳表示感谢后问道："为充分了解阁下之真意，还望在此明言，阁下是否认为本次来访之清国使臣在官位、名望方面存在不足？"伊藤全权表示："不是，我政府对于任何持有完备之全权委任状之人均不会拒绝与其进行谈判。当然，若此人之爵位、名望越高，对谈判而言自然越佳。若清国政府由于某种原因无法派高爵大官之人作为全权大臣访日，吾等亦非不能前往清国。若恭亲王或李中堂能受此任命当为颇受欢迎之事。总而言之，须是能使彼此谈判之结果不至成为一纸空文、能将其加以实行之有力人士。"这仅是一场谈话，不过后来李鸿章亲自作为清国全权使臣来到下关，与此谈话不无关系，故此特将其概要记录于此。

张、邵二使的使命仅仅两天就告完全失败。他们不得不立即从广岛出发前往长崎。也许是北京政府对媾和谈判破裂感到遗憾吧，他们于二月七日请求美国驻北京公使通过美国驻东京公使将一份电报送交我政府，该电报概要如下："总理衙门昨接张、邵二位全权大臣之电信。据该电信所言，日本政府对委任状中未明确记载缔结并签署媾和条约之权限一事提出异议，不肯与该全权大臣等谈判，张、邵二人因此被送至长崎。然而付与该全权大臣之委任状中写有'全权'一词，以此视之，已足以缔结并签署条约。因该词已包含一切事物，无需再将其一一加以详记。不过若日本国对上述委任状之效力抱有疑问，清国当不会拒绝对其加以更改。清国可于委任状中写明'两国全权大臣对议定之条约进行签署后，在对条约进行批准、交换之前须待皇帝认可，其后方始有效'等事项，并将修改后之委任状寄送张、邵二人以交予日本国相关官员。此外，由于该委任状送至日本国尚需时日，清国希望阁下通过电报将上述意思详细知照日本政府。张、邵二人目前仍滞留长崎，还望阁下向日本政府要求与上述二人再开谈判。"

张、邵二使归国

然而，对于我政府已然拒绝与之进行谈判之清国使臣，让其由清国重新获取委任状并与其再行会商，此事并不妥当。况且，从当时国民大众的意见来看，他们对于政府本次拒绝与清国使臣会商一事颇感愉快，其中——其语气有稍显失当之处——还有意见称赞驱逐清国媾和使节乃是近来政府的英明决定。在此措施颇得人心之际，实难将清国使臣留下并再开会商。且如张、邵之辈，在清国既无势力，又无资望，无论获得何等全权委任均无望完成令人满意的谈判。因此，如今倒不如依照内外形势，断然拒绝张、邵二人，待他日良机到来再启媾和端绪。于是，二月八日，我方通过美国驻东京公使请美国驻北京公使将如下意见转达清国政府："日本政府虽曾表示，若清国政府派遣诚心希望和平且持有正当全权委任状之具有名爵、资望之全权委员，随时均可再开媾和谈判，但对于已然经历谈判破裂之本次使节，吾等实难允许其因等待清国政府训令而继续滞留于日本国。"事已至此，张、邵二人知道再无任何办法，一行遂于二月十二日于长崎登船踏上归途。广岛谈判就此宣告结束。

附录第一号

大清国大皇帝问大日本国大皇帝好。我两国谊属同洲，素无嫌怨。近顷以朝鲜一事彼此用兵，劳民伤财，诚非得已。现经美国居间调处，中国派全权大臣与贵国派全权大臣会商以妥结此局。特派尚书衔总理各国事务大臣户部左侍郎张荫桓、头品顶戴署湖南巡抚邵友濂为全权大臣前往贵国商办。唯愿大皇帝接待该使臣以尽其职，此所望也。

附录第二号

派尚书衔总理各国事务大臣户部左侍郎张荫桓、头品顶戴署湖南巡抚邵友濂为全权大臣，与日本派出之全权大臣会商事件。尔仍一面电达总理衙门，请旨遵行。随行官员听尔节制。尔其殚竭精诚，谨以行事，勿负委任。尔其慎之。特谕。

第十七章

下关[*]谈判（上）

清国头等全权大臣李鸿章来朝

广岛谈判破裂,张、邵二使归国之后,欧美各国对日清事件更加关注。虽然因张、邵所持全权委任状的不完备而导致日本政府拒绝与他们谈判这件事无人能够提出异议,但欧美各国默认清国的行为往往多有无法以国际公法规定加以约束之处,因此几乎所有欧美国家对于此类事情都习以为常,并未感到怪异。比起嘲笑清国政府的浅陋无知,他们更惊讶于日本以这种口实拒绝清使,甚至怀疑其间是否存有异志与阴谋,对我国将来的举动产生了较大怀疑。当时欧洲有三四个列强政府仿佛约好了似的,通过其驻东京代表向我政府[91]提出忠告称:"对清国之要求应尽量不过于严苛,宜止于清国可接受之程度,望早日恢复和平。"此外,《泰晤士报》还登载了其著名的驻巴黎记者布劳姆维茨的通信报道称:"俄国政府令其驻外大使尝试与英法等列强联合起来对日清事件进行干涉,

---

[*] 下关,日本本州西南端城市,旧称马关,后改称下关。

不过其时机当在清国承认战败并真正求和之时，欧洲各国绝不允许日本割取清国大陆一寸土地。"上述报道也正是在此时刊载的，可以说这一报道泄露了几分欧洲列强对我国态度的消息。

欧洲的形势逐渐显露出了不安定的迹象。此前庙议所决定的方针——将局势严格限定于日清两国之间，不予第三者任何交涉的余地——有可能无法长久维持。但如今再去获取欧洲列强的私下同意与默认，不仅为时已晚，且对于我方而言，也已无法突然改变既定方针。因此，余认为，不如采取各种手段对清国政府加以诱导，使其尽早再派媾和使臣，尽速停战，恢复和平，以便使欧洲列国耳目一新。但要这样做，就不能像此前那样拒绝对清国政府透露任何媾和条件。在清国再次派出使臣之前，至少需要将最重要条件先行知照清国，使他们能够预先下定决心。因此，二月十七日，余通过美国公使向清国政府进行通告，其概要如下："清国再派出之使臣，若非具有如下全权——除赔偿军费、承认朝鲜国独立之外，有割让作为战争结果之土地、为约束未来交流而需明确订立之条约等项目为基础进行谈判之全权——无论再派来何等媾和使节，其出使使命都应当被归为无效。"

清国政府通过美国公使通知，任命李鸿章为头等全权大臣前往日本

未曾想，与上述电信几乎同时，清国政府于十八日通过美国公使发来电报称："任命内阁大学士李鸿章为头等全权大臣，赋予一切全权。不知日本政府以何地方为两国全权委员会合之地？望速电答。"据此电文来看，李鸿章确实将作为头等全权大臣来访日本。不过，为了进一步促使清国政府下定决心，余于二月十九日针对前次的电照再次发电："在日本政府对本月十八日清国政府所发信进行回复之前，望能对清国政

府是否应允本月十七日日本政府所发电照并派遣全权大臣一事加以确认。"二月二十六日，美国公使称受清国政府委托，将总理衙门王大臣寄送与该公使的公文抄件转电于余。该公文中表示，李鸿章被任命为头等全权大臣，望能就本月十七日日本政府来电中所提及的各种问题进行商议，李鸿章具有执行上述任务的全权。至此，清国政府似乎终于下定决心了。于是，日本政府电报告知清国，选定下关作为此次两国全权大臣会合之地，清国政府则电报告知李鸿章将于三月十四日自天津出发直接前往下关。上述来往电报依照惯例，全都经由美国驻东京与北京的两位公使转发。接到清国将派使臣的确切消息后，余再次由东京前往广岛，三月十五日与伊藤内阁总理大臣再次受命成为全权办理大臣，同月十七日夜自广岛出发，十八日抵达下关。

李鸿章抵达下关

十九日晨，伊藤总理自宇品、李鸿章自天津几乎同时抵达下关。余即刻将我方全权办理大臣的官爵、姓名通告清国使臣，同日以全权办理大臣的名义，通告对方翌日（二十日）两国全权大臣会面并交换各自持有的全权委任状。

下关谈判第一次会谈　清国全权大臣提议休战

二十日，两国全权大臣进行了第一次会谈，互相查阅了对方的全权委任状，[92] 在确认其完备之后进行了交换。

清国使臣此时拿出一份备忘录，要求在媾和谈判开始前先行议定休战事项。备忘录概要称："媾和条约开议之始两国海陆军即一律休战，以保留商议合约条款之余地。此议已通过美国公使向日本政府商议过，日本政府电报答复称待两国全权大臣会谈之际再行说明如何休战媾和，因此特再次提出此事，想来休战之事乃是媾和条约妥成之第一要义。"我全权大臣对此约定翌日回答，本日会谈就此结束。不过，李鸿章与伊藤总理乃是旧识，因此谈绪再开，持续长达数小时。李鸿章相貌魁梧，言语爽快，并不像一个古稀以上的老翁。曾国藩曾称其容貌、辞令足以压服他人，此言诚不我欺。不过本次的任务令他处于不利位置。在会谈中，伊藤全权指出："此前清国派来张、邵二使之时，不仅其所携之全权委任状并不完备，当时清国也并无真正求和之诚意，终致会谈归于无效，此事甚为遗憾。"对此，李鸿章表示："若清国并无热望和睦的诚意，就不会特意命余担此重任，若余未感到媾和之必要，也不会特意当此重任。"该答复暗中抬高自己身份，欲博得我方之信赖。他又表示："日清两国乃亚洲一直难逃欧洲列强猜忌之眼的两大帝国，且两国人种相同，文物、制度皆起同源，如今虽至一时交战，两国却须恢复彼此永久的友谊。若本次干戈幸而息止，冀望不仅能够温复以往的交流，还能更进一层成为亲睦友邦。要说能够洞悉今日东洋诸国对西洋诸国处于何等位置者，天下有谁能出伊藤伯爵之右？西洋之大潮日夜不断向我东方奔流而来，这难道不是吾人同心协力、对其加以防制、黄种人相互结合以不懈对抗白种人的时候吗？余深信，本次交战不会妨碍两大帝国之间天然同盟关系之恢复。"此外，他还赞扬了日本往年的改革事业，并称这是由于伊藤总理为政得宜使然，又以清国的改革仍未奏效而感叹自己才略之短。其后更称："此次战争实际上带来两个好结果。其一，日本利用欧式的海陆军组织并取得显著成效，这是显示黄种人绝不逊色于白种人之实证；其二，本次战争也侥幸地将清国从长睡的迷梦中唤醒，这实际上是日本在促使清国奋起，以此来促进清国将来的进步，其利可谓宏大。因此，虽然清国人中有众多怨恨日本者，余反而对日本颇多感荷之处。且如前所述，日清两国乃是东亚的两大帝国，日本具有不亚于欧洲各国的学术知识，清国拥有天然不竭的富源，若将来两国相互协作，与欧洲列强敌对亦非难事。"简略而言，他多次对我国的改革进步表示羡慕并赞美了伊藤总理的功绩，同时论及东西两洋的形势，劝诫不要兄弟阋墙，以免招致外辱，倡议日清同盟以暗示媾和速成之必要。其所论皆为今日东方经世家所论，属家常便饭之谈，不过其纵横谈论之努力引起我之同情；他有时又以嬉笑怒骂掩盖其战败者之屈辱地位，这种老奸巨猾反而很可爱，不愧为清国当世之一大人物。

下关谈判的第二次会谈　我国全权大臣对清国全权大臣休战提议之回答

同月二十一日，我全权办理大臣以一份备忘录回复了清国使臣昨日之提议。

其概要如下："日本帝国全权办理大臣认为，此处与战场相距遥远，约定休战无法被视为媾和谈判成功的必要条件。不过，若附上足以保证两国均等便利之条件则可同意。故此，根据目前之军事形势，并考虑到中止交战给彼此带来的影响，声明附以如下条件。其条件为日本国军队占领大沽、天津、山海关及当地之堡垒，驻守上述各地的清国军队将一切军器、军需交付日本国军队；天津、山海关的铁路归于日本军务官的管辖之下，休战期间所有 [93] 日本军事费用由清国负担等等。清国若对此无异议，可提交休战实施细目。"李鸿章默念此备忘录后，面色大变，仿佛大吃一惊，口中连称太过严苛。盖因在当时战况之下我本无休战之必要，吾等原本希望即刻开始媾和谈判。然而却不得不应对对方提出的休战要求，如若对此轻易表示拒绝又恐有违背列国一般惯例之嫌。因此考虑，将条件设置得很严苛以使其无法同意而自行撤回休战提议，此事也就自然解决。所以李鸿章看过条件之后连呼太过严苛，倒也并非没有道理。李鸿章频频表示条件过苛，如此条件绝非清国所能承受，哀求日本政府再行考虑，望能提出稍微宽大的其他方案。其哀求在吾等预料之中，当然没有必要再提出其他方案，因此伊藤全权表示："若清国使臣对本案能提出其他修正方案，吾等不会拒绝对该修正方案进行商议，不过我方无法再提出其他方案。"当日的谈判，就是对方一味要求我方再行考虑，而我方则反复对此加以拒绝，双方就同一事务采用不同语言不断重复，此亦外交谈判上往往难以避免之情况。对方最终表示暂时搁置休战问题，愿闻我方之媾和条件。伊藤全权答称："停战的第一步不一定就是休战，因此原本也不妨碍直接开始讨论媾和问题，不过清国使臣若不首先撤回休战问题，我方就无法提出媾和问题。"至此，对方稍改言辞，埋怨称："日清两国原本是天然之同盟国，若日本真诚地希望永久和平，对清国名誉稍加留心一事甚为重要。当然，目前日本有权利对清国提出要求，不过将该要求止于一般程度方为上策，若强行超越这一限度，日本只能获取和平之虚名，而无法得到和平之实利。原本此次战争肇因于朝鲜事件，如今日军不仅已占有该王国全境，清国版图内也多有归于其占有之下者。天津、大沽、山海关乃北京关钥，若其各所为日军所占，帝都安固之根本岂不即日化为乌有？这岂是清国所能承受？"伊藤全权表示："余不认为吾等之行为全都那么不正当。不过今日无暇上溯至交战的起因并对其加以讨论，余仅仅希望尽速停止争端。如今为日清两国计，尤其为清国计，早日停战乃是急要。且天津等地之占领毕竟只为暂时之保证，并无破坏该城市之意。"在双方各执己见反复交锋之后，李鸿章表示："该休战条件过于苛刻，且首要目的乃在和平而非休战，相信日本也抱有同样的想法。"伊藤全权表示："确实如此。我方也希望尽速恢复和平，不过，若不先行决定是否撤回休战问题，就难以论及媾和问题，此事刚才已讲过。"听到这一表态，李鸿章最终表示希望能有几日考虑的时间。我方表示："允许有几日考虑时间虽无问题，但如今正值两国人民翘首以待吾等谈判结果之际，相信尽量迅速完成我等大任也是吾等当然之义务，因此希望能在三日内给予确切的答复。"
当日会谈至此结束。

下关谈判的第三次会谈　清国全权大臣终于撤回休战提议

同月二十四日的会谈中，清国使臣终于提交了一份备忘录，表示撤回休战提议，希望即刻进入媾和谈判。

于是，我全权大臣约定次日提交媾和条约方案。当日会谈虽无需要记录于此的紧要事项，不过李鸿章称有一提议，他表示："希望日本政府的媾和条约方案中，没有任何导致其他外国利益错乱之条款。要而言之，余相信媾和条约中没有使得诸外国情绪激动之条款，因媾和问题应止于日清两国之间，希望努力避免他国之干涉。"（这一让人觉着好听的言语其实暴露了他掩耳盗铃的愚蠢。自去年以来他是如何要求欧美列强加以干涉的，其事迹不一而足。况且余还听闻，后来他接受我媾和条约提案后，四月一日即将该方案要领电告总理衙门，同时在其电文的末段表示："请将上述内容秘密通告各国公使。不过，日本提议的关于通商之各事项望能尽量不告知各国。盖因他们可能会为得一体均沾之利而联合向我提出要求。"又听闻四月二日总理衙门向李鸿章发电表示"德国公使来访曰，根据近日本国政府来电，已电令德国驻日本公使与英俄两国公使共同居中调处"。只要能对自己有利，他不仅不会避免各国干涉，反而会对此表示欢迎。辽东半岛问题发生之后，日本内外的报纸往往怀疑李鸿章预先与德璀琳或巴兰德[*]等人合谋，在来访日本之前即已与俄国及其他列强有了密约，因此李鸿章才会轻易同意割让半岛。其中更有甚者，称李鸿章在离开之际回头一望，哄然一笑，吐舌而走。此等报道

---

[*] 巴兰德（Maximilian August Scipio von Brandt, 1835—1920）：德国驻华公使。

均为无稽之谈，盖因在奉天省割地谈判中，他极为固执地反复抗争。在四月五日的照会文中，在细述了割地一事是何等地不利于将来日清两国永远和平之后，他接着表示："况奉天省乃我朝肇基之地，其南部各地为日本国所有并成为海陆军根据地，随时可直抵我京师。故清国臣民观此条文之时，必认为此乃日本取我祖宗之地置海陆军，以为今后乘隙之计划，认为此欲为我国永远之仇敌者也。"即便有人怀疑该照会不过是对敌国表面外交式的异议，其中当有假饰之语，但在上述照会发送前四天的四月一日，李鸿章向北京政府发电陈述自己意见之时也曾表示："况奉天乃满洲之心腹，中国万万不能将其让与日本。若日本不肯撤销奉天半岛割地之要求，则无法得结和局，两国只有战斗到底。"此乃他亲自向本国政府所发电报，其真情实话无可怀疑之余地。而其后媾和谈判遇到困难，李鸿章于四月十一日向总理衙门发电时曾询问："英国政府似已袖手坐视，不知俄国政府意向如何？"据此观之，他抵达之后几乎一个月时仍未获知俄国之意向如何，所谓其自天津出发之际已有密约之说亦不过是空中楼阁而已）伊藤全权即刻答复称："本问题完全是日清两国之事，并未关涉他国，因此吾等相信毫无招致外国干涉之虞。"当日，李鸿章离开会谈地点返回旅馆的途中，发生了一起意外事件。

李鸿章遇刺及休战条约

李鸿章遇刺

当日，两国全权大臣会谈结束各自离开后，因翌日谈判方面有事需预先协商，余特留下李经方。我们两人对坐即将开始会谈之际，有人忽然排门而入，报告称方才清国使臣于归途遭一暴徒以手枪袭击，身负重伤，暴徒当场被捕。余与李经方均震惊于此事之意外，余对李经方告别称："对此令人痛心之事，吾等将尽力采取善后之策，愿足下尽速归馆照看尊父。"余即刻赶往伊藤全权大臣寓所，与之相伴前往清国使臣旅馆进行慰问。李鸿章遇刺的消息飞报至广岛行宫后，圣上深为震惊，即刻派遣医师前来下关，特为清国使臣进行治疗。此外，皇后也赐下御制绷带，同时派来护士等，给予了颇为郑重的待遇。并于次日（二十五日）颁下诏敕曰：

> 朕思之，清国与我现在交战中，然已简派其使臣，据礼依式以议和。朕亦命全权办理大臣与其于下关会同商议。朕须依国际成例以国家名誉予以清国使臣适当之待遇与警卫，乃特命有司不得有所怠弛，而不幸危害使臣之凶徒出，朕深此为憾。犯人应由有司按法处罚，不得宽恕。百官臣民当善体朕意，严戒不贷以勿损国光。

圣旨正大公平，事理明晰，使敌国使臣感泣，也使我国民颇生痛惜之念。该事件传遍全国，世人痛惜之情有余，也颇显狼狈之色。无论是我国各种公私团体的代表还是个人，均前来下关清国使臣下榻之旅馆拜访表示慰问，居于远隔之地者则以电信或信件表达其意，或以各种物品馈赠，日夜不绝。清国使臣旅居之处的门前竟有成为群众市场之感。这是为了向内外表明一介暴徒之所为并不代表全体国民。然而，这些人之意图固然不可谓不美好，但又往往急于粉饰外表，言行或涉虚伪，也不免有失中庸。日清开战以后，无论我国各大报纸还是聚集参加公会私会之人，往往过于夸大清国官民的缺点，咒骂诽谤，甚至对李鸿章也加以令人难以卒闻之污言秽语。这些人今日突然对李鸿章遇刺表示痛惜，还不时说出类似于阿谀奉承的溢美之词，更有甚者还列举李鸿章既往功业，说得仿佛东方未来之安危均系于李鸿章之生死。与其说全国上下对李鸿章遇刺表示痛惜，倒不如说是畏惧由此而产生的外来之非难。到昨日为止还沉浸于战胜狂喜之中的社会，仿佛一夜之间就陷入了居丧的悲境之中。虽说人情之反复犹如波澜一般，无关是非，但余仍不禁惊异于此。李鸿章早就看破了这一情形。听闻其后他向北京政府发电报称，日本官民对其遇刺所表示的痛惜之情不过是粉饰表面而已。余以内外人心趋向观之，此时若不实施确实的善后之策，[94] 恐有不测之危害发生。内外形势已到了不再允许交战无限期继续下去的临界点。若李鸿章以其伤势为托词，半途归国，对日本国民的行为加以强烈谴责，并巧妙诱导，要求欧美各国再度居中周旋，[95] 将至少不难获得欧洲二三列强之同情。而此时一旦招致欧洲列强的干涉，我对清国之要求就可能会不得不做出大幅让步。若单纯从逻辑上来说，本次事件乃是一介暴徒之罪行，与我政府、国民皆无任何关系，只要对该犯罪人加以相当之刑罚，就无理由将责任延及其他。不过，按照国际公法的成例，目前仍处交战状态的两国，尤其是处于胜者地位的我国，接待敌国使臣之际应予相当之保护与礼敬。若此次事件一旦引发社会情感波动，仅以空洞的理论自然难以消除这一影响。况且即便不论李鸿章之地位、名望，其以古稀之年初次出使异域，竟遭此凶难，引发世界之同情自是显而易见。若某个列强乘机进行干涉，完全可以将李鸿章遇刺作为一个极好的借口。因此，余于当晚即拜访伊藤全权大臣，就此事进行详细商议，余建议："皇室对清国使臣的优渥待遇，普通国民对他们的亲切好意，虽说未有断绝，但目前为止仅为礼仪性的待遇或社交性的情谊，除此之外并未有一事具有现实意义，无法令其衷心感到满足。故此，我方无条件同意对方曾反复要求的休战提议方为上策。如此一来，我之诚意将不仅传达给清国，也将传达于其他国家面前。况且由于我国警察的不周而造成李鸿章身负重伤，其结果自然妨碍了迅速达成和议。值此之际，[96] 我军随意向清国进攻不能不说在道义上有所亏欠。"伊藤全权大臣自始即对余之意见毫无异议，但由于休战之事不得不询问军方的意见，于是即刻向在广岛的内阁阁僚及大本营的重臣发电进行协商。不知是电文未能完全传达我等之意见，或是其他原因，多数在广岛的阁僚及大本营重臣（松方大藏大臣、西乡海军大臣、榎本农商务大臣*、桦山海军军令部长、川上参谋本部次长）的联名回电表示，目前休战对我国有几分不利，要求吾等再行考虑（仅有山县陆军大臣的回电意思与吾等完全相同）。但当时事态已不可停滞。据吾等所见，虽然小松亲王率大军出征旅顺口的时机已经临近，但距其实战之期尚有两三星期，当不致贻误战机。

伊藤全权大臣赴广岛

但此等问题并非仅靠电文往复就能说清，且有其他紧要事件，尤其是有须仰圣裁之事件，伊藤全权大臣决定亲赴广岛处理，于是于次日（二十五日）夜由下关出发。伊藤全权大臣抵达广岛后，会晤留滞该地的文武重臣，在评定休战之得失方面，经历了不少的争论与辛劳，终使得列席的文武重臣对伊藤全权大臣的意见表示赞同。经过圣裁，同月二十七日深夜，他将休战之事已蒙敕许之意以及休战条件之大要电告于余。

下关谈判第四次会谈

余即刻将上述电文要旨拟为条款，于次日（二十八日）亲赴李鸿章病床前，首先告知："我皇上听闻本月二十四日事件后，宸襟深为烦恼，对于此前我政府未应允的休战之事，特命于一定时间与区域内应允。因

---

* 榎本武扬（1836—1908）：日本武士、化学家、外交官、政治家。历任海军卿、驻清公使、递信大臣、文部大臣、外务大臣、农商务大臣等。甲午战争期间任农商务大臣（1894—1897）。

此，余之同僚伊藤伯爵目前虽不在下关，但关于休战条约之会商，仍可[97]视清国使臣之情况随时进行。”李鸿章脸部一半缠有绷带，绷带外仅露出的那只眼显露出非常欢喜之意，对我天皇仁慈圣旨表示感谢，并对余表示，虽说负伤未愈，不能赴会谈地点进行商议，但并不妨碍随时到他病床前进行谈判。休战条约绪言中，有“大日本皇帝陛下以本次意外事件已妨碍媾和谈判进行之故，特命其全权办理大臣于此承诺暂时休战”之语，声明休战完全由我皇上圣意应允之实。其他重要条款规定了“日本政府承诺，除在台湾、澎湖列岛及其附近从事交战的远征军之外，于其他战地休战。日清两国政府约定，在本约定存在期间，不论攻守，绝不在对阵时增派援兵，亦不增加其他一切战斗力。不过若非以增加现在战地从事战斗的军队为目的，两国政府可重新配置运送其兵员。海上兵员、军需及其他战时禁制品之运送，则依战时常规。本休战条约自签署后二十一日为限”。余与李鸿章会商期间，他所提出的三四项修正案，除休战效力及于南征军——即台湾列岛——这一要求之外，其他并不重要之条款，均予接受。

伊藤全权大臣返回下关签署休战条约

此次会谈仅仅半日即结束。次日（二十九日），伊藤全权大臣返回下关时，余将与清国使臣会商所达成之协议方案交其审阅，其后于明治二十八年（1895）三月三十日由两国全权大臣依式签字盖章。

第十八章

下关谈判（下）

媾和条约之签署

休战条约签订后，李鸿章多次催促进行媾和谈判。此前余与其进行休战条约谈判之时，他也曾表示，虽身在病中无法亲赴谈判会场，但若在其旅馆进行会商，随时皆可进行；若不方便在旅馆会商，亦可先行阅览媾和条约方案，再彼此以书面形式进行商议，不论采取上述两种方式中的哪一种，希望能尽速开始谈判。余此前与李经方打算就媾和条约方案议定之程序方式进行协商之时，正逢李鸿章遇刺，于是协商中断。所谓程序方式有两种，其一是将该条约方案整体提出进行商议，另一种则是将方案逐条提出加以协商。此等会商大抵会提前商定商议方式，且对于清国外交家尤为必要，因其往往并不进入实际问题，而只进行笼统的概论，导致时间拖延。因此，余于四月一日邀请李经方，就上述两种方式中选择哪一种的问题进行了协商。余提出第二种方式即逐条议定方式甚为简便，而彼则切望采用第一种方式，即将条约方案整体一并提出并加以商议。于是，余表示条约方案提出之程序方式无论采用哪一种皆可，不过若采用第一种方式，则清国使臣不论是对条约方案整体一并应允，或是希望对其中条款再行商酌，万望不要进行笼统之概论，而要逐条加以切实答复。且媾和条约方案一旦提出，须于当日起三日或四日之内进行答复。李经方表示先回旅馆之后再行答复。其后，接李鸿章通牒，同意依余之提议，四日之内进行答复。

我媾和条约方案送达清国使臣

于是，我媾和条约方案即日送达清国使臣之处。该方案概要如下：

一、清国承认朝鲜确为完全无缺之独立自主国。

二、清国将下开土地割让与日本：

（甲）奉天省南部地区。自鸭绿江口至三叉子，三叉子以北至榆树底下，该地正西至辽河，沿河下至北纬41度线，沿该纬度至东经122度线，自北纬41度、东经122度之地点至同纬度之辽东湾北岸。位于辽东湾东岸及黄海北岸的奉天所属各岛屿。

（乙）台湾全岛及其附属各岛屿并澎湖列岛。

三、清国将库平银三亿两交与日本，作为军费赔偿。该款分五年付清。

四、以清国与泰西各国现行约章为本订立日清新约。至该约章订立为止，清国应给予日本国政府及其臣民以最惠国待遇。

清国于上述事项之外另作下列让与：

（一）除现今已开放的通商口岸之外，应准添设下开各处，立为通商口岸，以便日本臣民居住、经商：北京、沙市、湘潭、重庆、梧州、苏州、杭州。

（二）日本国汽船之航线扩张至下列地点，以便搭附行客、装运货物：

（甲）扬子江上游湖北省宜昌起至四川省重庆止；

（乙）扬子江起溯湘江至湘潭止；

（丙）西江下游广东起至梧州止；

（丁）上海起入吴淞江及运河至苏州、杭州止。

（三）日本臣民运入各口之货物，经缴纳原价百分之二之抵代税后，应免除清国内地一切税金、厘金、杂捐。又日本臣民于清国内地购买之加工及原料货物，若声明为出口者，应免除抵代税及一切税金、厘金、杂捐。

（四）日本臣民于清国内地为将所购买或所进口商货存入仓库，除毋庸缴纳任何税金、杂捐之外，得暂租仓库存货。

（五）日本臣民应以库平银缴纳清国一切税赋及规费，亦得以日本本位银币代纳。

（六）日本臣民得于清国从事各种制造业并得进口各种机器。

（七）清国约定着手疏浚黄浦江口之吴淞浅滩。

五、清国为保证诚实施行媾和条约，承诺日本军队暂时占领奉天府及威海卫，并支付上述驻军费用。

（此外重要程度不及上述各项者于此省略）

清国全权大臣对上述方案之回复

同月五日，李鸿章对上述方案提出了长篇备忘录。今举其概要如下。首先，其绪言开头即说："日本政府之媾和条约方案，已详细查阅，其关系至重之条款，尤经竭力考究，但终因负伤之后精神尚未恢复，若本备忘录中有答辞不够周密之处，实乃伤疾未愈，力不从心之故，还望谅察。数日之后，当再一一详答。"然后将该条约方案之要领分为四大纲，逐节加以辩驳。其四大纲目分为，第一，朝鲜之独立；第二，割地；第三，军费赔款；第四，通商方面之权利。对于第一项朝鲜之独立问题，李鸿章表示："清国已于数月之前声明朝鲜为完整无缺之独立国家，因此，载入本次媾和条约中，虽无异议，但日本亦须同样对此加以承认，故此日本国提出之条文须进行修改。"主张日清两国对朝鲜权利之平等。对于第二项割地问题，李鸿章表示："日本提出之媾和条约方案绪言有云，以缔结媾和条约消除两国及其臣民将来之纷争，然而若强行割占本次所要求割让之土地，不仅无法消除争议，未来更会纷争丛生，两国人民必将子子孙孙相互仇视不已。我辈既已担任两国全权大臣，当为两国臣民深谋远虑，须缔结维持永久和好、相互援助之条约，以保持东洋之大局。清日两国乃比邻之邦，历史、文学、工艺、商业，无不相同，何必如此为仇敌耶？数千百年国家历代相传之基业土地，一朝割弃，其臣民饮恨含冤日夜图谋复仇乃必然之势。况奉天省乃我朝发祥之地，若以其南部为日本国所有，成为海陆军之根据地，则随时可直抵北京。清国臣民观此条约者必云，日本国取我祖宗之地作为海陆军之根据地，此乃欲永世与我为敌也。日本国于本次交战之初，莫非不曾向中外宣称与清国至干戈只为谋朝鲜之独立而非贪清国之土地乎？若日本国不失其初志，则应对该条约方案第二条（此处指割地条款）及与之连带各款酌加修改，成为维持永远和好、彼此相互援助之条约，为东方亚细亚筑一长城，使其不受欧洲各国之侮辱。若计不出此，徒恃一时之兵力，任意诛求，清国臣民势必卧薪尝胆，图谋复仇。东方两国将同室操戈，成为永久仇怨，互不相援，必招致外人掠夺。"对割地之要求加以论驳。对于第三项军费问题，李鸿章称："本次战争并非清国首先下手，且清国并未侵略日本土地，故道理上言之，清国无需赔偿军费。然去年十月中，清国对美国公使之调停承诺赔偿军费，此全为复和安民之故，故若金额并不过当，则当承诺。据日本国原本宣称，本次战争，其意全在使朝鲜成为独立国家，而清国已于去年十二月二十五日声明承认朝鲜之独立自主，如此若强要清国赔偿军费，亦应至清国承认朝鲜独立之日为止，当无要求其后费用之理。加之确定军费赔偿金额之时，应酌量考虑清国是否力所能及。若清国财力真真匮乏之际，即便一时强行缔约、签章，将来亦无法偿还。而日本势必责其违约，再起兵端。本次日本国要求之军费赔偿金额，实非清国现今之财力所能赔偿。"在列举了其国内税赋无法增加之理由、海关税收受各国条约束缚无法立即加以变更之理由、今日清国之信用大跌无法筹集外债之理由后，李鸿章引用日本某报纸的话表示，日本政府到今日为止之实际战争费用不多于一亿五千万日元。其最为愚笨之处，甚至要求将日军作为战利品扣押的清国军舰、军需品加以折算，自赔款中扣除，并表示对赔款加利息之事并不合理。要而言之，无外乎恳请减少赔款而已。对于第四项通商权利的问题，李鸿章表示："本条款极为复杂重要，非一时所能全部考量研究，以下所述仅为陈述目前观察所及，其后尚需酌加修改，故此份备忘录所言及，乃清国已有承诺之意者，以及非加以修正而无法承诺者。以此为前提，清国亦希望新条约以清国与欧洲各国之先行条约为基础，不过可于本条首款中插入'两缔约国相互接受最惠国待遇'一语。关于降低抵代税问题，日本国本次已要求巨额赔款，若再行削减税率，确非清国目前财力所能负担。清国之财源，不但不能使其壅塞，还应为开源计划方法。且当下日本与欧美各国修订条约、提高税率之际，反而要求清国降低本就低廉之税率，此事可谓甚不合理。免除外国进口商货一切税赋乃驻北京各国公使多年来之要求而未能达其目的者。"又称："各国中最有通商权利者莫如英国，最善谋利者莫如英国商民，而英国商民等曾屡次请其公使要求免除厘金税，至今未可得，以其不合理也。"又引用英国蓝皮书，列举额尔金[*]、威妥玛[**]等人的理论进行辩驳，其目的首先是维持彼我对等之权利，其次则是抱怨降低抵代税之不合理。该备忘录末段称："本大臣尚有一言忠告，乞贵大臣谅听。本大臣在官几已五十年，今自思距死期无几年，本次媾和谈判恐乃最后为君国尽忠之机会，故深望条约妥当完善，毫无可指摘之处，使两国政府将来永固交谊，彼此人民今后相互亲睦，以偿本大臣无穷之愿望。今和议将成，两国臣民今后数代之幸福、命运，尽操于两国全权大臣之手。故宜遵循天理，师法近来各国政治家深谋远虑之心意，以保两国人民利益、福泽，尽各自职守。日本国方今势力强大，人才众多，日渐隆盛不已。今赔款金额之多寡、割地之广狭，与日本无至大之关系，但两国政府及臣民将来永远修睦抑或永远仇视之点，关系日本之国计民生甚大。此乃最须深思熟虑之处。（中略）而东洋两大国民今后之永远亲睦、彼此相安、福泽绵长，实在此一举，尚望贵大臣熟虑而筹划之。"此备忘录全文，缕缕数千言，笔意精到，仔细郑重，其所欲言者均已说透，不失为一篇好文章。但其立论往往有谬误之处，且尽力回避实际问题，一味概言东方大局之危机，论说日清两国之形势，赞扬日本国运的同时诉说清国内政之困难，犹如一边激动人心取悦于人，一边乞怜于人。从他目前所处之境地而言，却也是不得已之言辞。余接收该备忘录后即刻前往伊藤全权大臣的旅馆，两人对坐加以仔细查阅，商议以何等方略对其加以处理。伊藤全权大臣起初表示："对此需加以准确反驳，若不首先使其从迷梦中幡然醒悟，则他无法理解如今彼我双方之地位，将继续作痴言哀诉，徒使谈判延长。假如我们不指出他论据的谬误，将

---

[*] 额尔金（James Bruce, 8th earl of Elgin,1811—1863）：英国贵族，曾任牙买加总督、加拿大总督、英国对华全权专使、印度总督。曾迫使清政府签订《天津条约》与《北京条约》，是1860年英法联军火烧圆明园的主要罪魁之一。

[**] 威妥玛（Thomas Francis Wade,1818—1895）：英国外交官、著名汉学家。曾任英国驻华使馆参赞、公使等职。因发明罗马字母标注汉语发音系统——威妥玛拼音而著称。

使身处局外的第三者怀疑日本仅以力取胜而失于理。"余虽知伊藤全权大臣的考虑并非没有道理，但余对曰："当初与李经方商定媾和条约商议之程序时，之所以约定将论点限于事实问题，以讨论是接受我方整体提案抑或是对各条款加以修正，就是为了避免如本备忘录般只进行一般概论。若我方一旦对此空泛概论加以辩驳，则对方又生再三反驳的余地，一味反复争辩之间，我方竟会陷入'见狂人奔而不狂者亦跑'的境地。加之让对手无法进入主题而彷徨于歧路这一招本就是清国外交的惯用手段，故我方不如主张依照前约就事实问题对我方提案之整体或逐条进行讨论。对我方而言，与其占据争论的位置，倒不如取得指令性位置更为有利。"伊藤全权听后也同意余之意见，乃于次日（六日）将我之一份公文送达清国使臣，敦促其即刻进入实际问题。

我全权大臣对清国全权大臣答复之驳斥

公文概要如下："明治二十八年（1895）四月一日之会谈上，日清两国全权大臣就媾和条约方案之议定程序约定，或承诺整体条约方案，或逐条更行酌量回答。然察本次全权大臣送来之备忘录，除始终缕陈清国之内情、要求日本全权大臣再加酌察之外，未见一字对日本政府提案之回答，且清国对上述提案欲加以何等酌量亦未言明。本次议和之际，清国之内情原本即不在讨论之限，且事关战争结果之要求本就与日常事件之谈判不可同日而语。在此，日本全权大臣望清国全权大臣就日方所提出之媾和条约方案，对其整体或逐条同意与否给予明确答复。若对条款中有希望修改之处，望一一以约文形式加以提出。"

李鸿章如今不得不面临这样一种选择，即对于日方提案究竟是全部同意，还是逐条加以同意或进行修改，而其最初面对我方提案时则是尽量回避言明自身意见，以逃避责任。

李经方被任命为钦差全权大臣

此前，因恐李鸿章伤重导致谈判迟滞，经双方内部商议，清廷再行任命李经方为钦差全权大臣，并于四月六日照会我政府。因此，同月八日，伊藤全权大臣邀请李经方至其旅馆，提出质疑："关于媾和条件，已于一周前将我方之条约方案加以提议，清国使臣为何至今仍未予以任何明确答复？本月五日，清国全权大臣之信函吾等已奉读，无法以其为对我提案之答复。如今休战期限仅余十一日，若是空费时日至干戈再起，恐非彼此所好。故请以明日（九日）为期，对我方提案是否同意加以确答。"李经方当即答复称："如今我父子之位置极为困难，尚乞高察。日本全权大臣提案中过半数为可明确答复者，现已草就带来。然赔款及割地两项，事关重大，在以书面形式加以回答之前，望能先行会见面议，经多番磋商说明之后，再行斟酌。"伊藤全权对此断然表示："关于媾和谈判之程序，当照此前余之同僚陆奥大臣之约定，清国使臣就我提案只能答复是否全部接受，抑或逐条述其意见。今对我之提案中一部分加以确答，对另一部分要求再行面议，此回答我方无法接受。清国使臣固有对我方提案提出任何修改之自由，然至于赔款金额，如清国使臣曾引用者，仅基于报纸上之臆想即望削减费额，又关于割地问题，要求只割取奉天、台湾其中之一，诸如此类之修改，绝非吾等所能应允。为避免他日误解，特于此预先声明。关于赔款，虽能进行小额削减，大额削减绝无可能；关于割地，奉天、台湾均须割让。此外，望清国使臣对现今两国之形势加以深思。日本乃战胜国，清国乃战败国，先有清国乞和，日本同意，方才有今日。若本次谈判不幸破裂，一声令下，我六七十艘运输船将搭载增派之大军，舳舻相继，陆续发往战地，果如此则北京之安危亦有不忍言者。若更进一步言之，谈判破裂后清国全权大臣一旦离开此地，能否再安然出入北京城门恐亦无法保证。此岂吾等悠悠会商迁延时日之秋乎？在清国使臣先行就我方提案明确答复大致同意与否之前，相信即便面议数次也无任何益处。"经过此次严峻谈判，李经方当已明了，他所希望的就赔偿与割地二事进行面议以拖延明确答复时间是行不通了。然而他当然没有独断专对之权，因此答复称："回去与父亲进行商议之后再行提出答案，但若该答案万一无法令日本全权大臣满意，因此而招致日本全权大臣之激愤导致谈判破裂，则如九仞之功，亏于一篑，是以万望诸事海涵。"留下此语之后李经方即行离开。

李经方临离开伊藤全权大臣旅馆之际恳请的一席话，显示其已察觉，近日笼络日本全权大臣以使其对日方提案多少加以轻减，避免首先发表自己意见的苦计难以实现，于是为避免目前之谈判破裂，他决意提出一份答复。不过这份答复绝不会令我方满足，这一点他自最初就已非常清楚。而李鸿章为何如此不愿亲自提出其答复呢？他不过是为了极力逃避责任而已。他于数日之前已与北京政府有过电信往复，希望预先得到政府的训令以逃避自身的专对之责。不过北京政府依然故我，其训令中对诸事态度暧昧，不得要领，使得李鸿章如今对内对外皆处于左右为难的境地。他与北京政府相互推诿责任之时，又遭遇到我方多次催促，且他已察觉到若继续拖延下去，谈判终将破裂，于是作为一时弥缝之法，于同月九日提出一份针对我方提案之修正案。

清国全权大臣提出针对我媾和条约方案之修正案

现举其修正案的重点于下：

一、朝鲜国之独立应由日清两国共同承认。

二、割地仅限于奉天省内安东县、宽甸县、凤凰厅、岫岩州，南方仅限于澎湖列岛。

三、赔款为一亿两但不计利息。

四、订立日清通商条约应以清国与欧洲各国签订之条约为基础，且媾和条约批准交换之日起至新通商航海条约缔结之日为止，日本政府及其全体臣民在清国享有最惠国待遇，同样清国政府及其臣民在日本亦享有最惠国待遇。

五、作为清国认真施行媾和条约之保证，日本军队暂时对威海卫加以占领。

六、为避免将来日清两国之间的纠纷或战争，应于条约中新加入一条：在关于媾和条约及其他通商航海条约的解释以及实施的问题上，两国之间出现异议时，应请第三方友邦选定仲裁者加以裁断。

他自己当也并未认为上述修正之要点能获得我方承认，不过他担心若不先行提出一份答复则谈判无法继续，是以不再等候北京的训令而独断提交该答复。因此，他在向我方提出修正案的同时，亦将该案大意告知总理衙门，其电文中有"鸿章再三思之，时机切迫，姑据自己意见"之语，且其文末表示"若日本对此尚不满足，坚持前议，得否再加让步，预乞内训。若不可再让，则只有停止谈判归国之一途"。他一面搪塞我方催促，一面向北京政府具陈当前形势切迫之状，告以一时不得已方才采取独断之权宜措施，并请将来之训示，以促北京政府之决意。

对清国使臣的修正案，我方当然不会应允。不过我方当初的提案原本就是作为会议的基础而提出的，因此也不是没有对其加以修改的余地。而且，即便我方具有战胜者的优势，不允许对我方提出的方案进行任何更改也显得太过严苛，此类做法在这种会谈中也是极为少见的。

下关谈判第五次会谈 我全权大臣提出对清国全权大臣修正案之再修正案

因此在四月十日会谈之时（当日余因病未能出席），对对方的答复进行了反驳，同时将我方之再修正案交付清国使臣。

其概要如下：

第一，关于朝鲜之独立，我方原案第一条之字句不得更改。

第二，关于割让土地，台湾及澎湖列岛依照原案文句，奉天省南部地区则减为自鸭绿江口溯江而至安平河口，自该河口起至凤凰城、海城及营口之折线以南地区。但包含上述各城市在内。位于辽东湾东岸及黄海北岸之属于奉天省之各岛屿。

第三，赔款削减至二亿两。

第四，割地居民之事，我方原案不容变更。

第五，关于通商条约，我方原案不容变更。不过，（一）新开通商口岸数目减至沙市、重庆、苏州、杭州等四处；（二）日本国汽船之航路修改为：（甲）自扬子江上游湖北省宜昌起至四川省重庆；（乙）自上海入吴淞及运河而至苏州、杭州。

第六，关于将来日清两国间就条约上的问题由仲裁者裁断之新条款，无添加之必要。

这就是我方再修正案中的要点。伊藤全权大臣在提出该再修正案的同时对清国使臣表示："本次提案实是我方之最后让步，望清国使臣对是否同意该方案进行最终答复。"李鸿章问："在最终答复是否同意之前为何不许彼此辩论？"伊藤全权大臣答称："此乃我方之最终提案，即便对此再行辩论，亦不会改变吾等定见，辩论岂非无益？"彼此以这样的口吻再三问答之后，李鸿章将其论点分为三段称："第一，赔款金额仍过于巨大，非清国财力所能支撑，望再行削减；第二，望从奉天省割地区域当中去掉营口一处，因营口乃清国财源之一，今日本强求巨额赔款之同时又夺我财源，岂非养儿而夺其乳？第三，台湾乃未经日军侵略之所，日本仍欲割取此地，颇为非理，故台湾不应割让。"伊藤全权对此逐一加以辩驳称："关于赔款金额，我方已减至无可再减之程度，是以不可再减毫厘。况且若谈判破裂，再行交战，其结果将是我方不得不提出更为巨额之赔款要求。关于营口存留之议，我等深察清国内情，于奉天省割地一事上与我方最初原案相比已大幅缩减，故此无法更行退让。"对于以该地作为清国财源之一而进行的养儿哺乳之比喻，则以"清国固非孩儿可比"之冷语加以驳斥。关于台湾问题，伊藤全权大臣表示："割地之索求并非仅限于攻取之地，只看战胜者的利益如何而决定。例如我方虽已略取山东省，但此次割地并未包括这块土地。且清国先年将吉林、黑龙江地区割让与俄国，此岂俄国攻取之地？如此又为何以我之割取台湾全岛之要求为怪？"其后断然表示："休战之期仅余十日，此非拖延谈判之时，望于三日内对是否同意我方提案给出明确答复。"李鸿章说："苟若彼此意见并未一致，即须再行会商，望能达成妥当之局。且如此重大之问题，未经向北京电禀请旨，无法决行，望能姑且不限时日。"伊藤全权大臣答称："如此，则望待北京答复之后即作决定性回答。不过，等待北京之回电，亦不得不以四日为限。"当日会谈就此结束，不过，担心对方仍有可能未能充分领会我方的决心。因此，次日（十一日），伊藤全权大臣将一封半正式的信函发与李鸿章，重申了昨日所提出的再修正媾和条件的要领，并表示该提案充分考虑了清国使臣以前缕陈之意见，在割地、赔款及其他条件上我方已削减至无法让步的程度，这都是因为我方切望谈判顺利进行之故。在信函末尾，又附言称："战争之事，其战斗上之措施以及战争所生之结果，均有进而无止，是以万勿认为今日侥幸而获日本国承认之媾和条件日后亦能获承认。"以此使其醒悟，认识到今日若不做决断日后必将后悔。然而李鸿章对此仍来书论驳我方要求过于苛刻不当。其概要为："媾和条件至今未被允许加以充分之口头辩论，只有最后之提议，故不得机会开示清国政府之所见。望能将赔款金额再行削减。割地区域虽稍有削减，其界仍几包括日军现所占领之全部。且对日军从未踏足之土地（台湾）亦提出割让要求，此实难理解为降低谈判难度之诚意。"此外又论及通商条件等，李一面缕陈苦情，一面又缺乏于会谈中就彼此意见进行交锋的勇气，是以在文末做出如下表示称："以上所陈述者，并非本大臣要求再行商议。唯因会商媾和条件之时，本大臣唯——次会谈之际，即示以最终提案，故对本大臣之意见加以重申，于此开陈所不同意之点，以求阁下对此加以熟虑，并请于下次会谈时开示阁下之意见。本大臣得我皇帝陛下之敕许后即对最终提案予以明确答复。"他并没有新的意见、方案，只能重复十日会谈时絮絮叨叨的话，以期能进一步降低我方要求。对此，一味会谈、辩论也无法达成任何妥善解决的结果，因此，伊藤全权再次发出一份半正式信函，断然驳斥了他的谬见。其概要如下："来函中一面陈述了无意再行商议之想法，一面又对我方最终要求之条件及至今之谈判程序加以批评，并希望日本政府再行加以考虑。由此看来，恐清国全权大臣完全误解了日本政府之意向。因此，对来函之唯一答复，即本月十日会谈时所提出的日本政府所要求之条件为最终条件，无可再行商议。"李鸿章自十日会谈之时起应当也预见到了我方的最后答复会是如此。他于四月十一日向总理衙门发电报称："昨日与伊藤面谈，其语意已决，似无可动摇。今日又送来书简，似示最终决心。又当如何让步，请速训示。"总理衙门回电称："伊藤之口气甚为切迫，若至无法再行商议之际，应由贵官一面电商，一面缔结条约。贵官奉此命令后，即可安心进行争论，无须忧惧谈判破裂也。"参照两电来看，李鸿章当初即已察觉日本决心之不可动摇，于是向北京政府请示最后训令，北京政府不得以同意其使用权宜签字的权限。其后随着谈判的进行，他终于明白无法拒绝我方要求，遂于同月十四日向总理衙门发电称："[98] 明日午后四时面谈时议定，若过期则谈判决裂，事体重大。如接受日本之要求，京师尚可得保，若不然则事必出意外，故不得已不待训电即与缔约。"这应当是他下定最后决心的时刻。总理衙门对此电禀回复如下："前所训令（此处指十二日总理衙门发给李鸿章电训中争取对我方要求加以种种削减之各节），乃期争得一分则有一分之益，如已无可商改，当依前训令与之缔约。"如今他已领最后的训令，有了缔结任何条约的全权。

下关谈判第六次会谈

然而他并非愚者，不会将此事向吾等泄露。在十五日的会谈中（当日余仍因患病缺席），他仍然在争取对我方要求加以削减。不过他除了对双方连日来持续的争论再三加以重申之外，再无任何新的论点。故此，虽会谈时间颇长，散会时已到掌灯时分，但结果仍是他完全接受我方的要求。自李鸿章抵达下关之后，从未如当日会谈一般费尽唇舌辛苦辩论的。也许是因为已知我方决意的大体框架无法更改，是以当日谈判时，他只是在枝节问题上斤斤计较不已。例如，他初始要求从赔款的二亿两削减五千万两，明白这一目的无法达到之后，改而要求削减两千万两，甚至最终向伊藤全权哀求，以将这些少许的轻减金额，赠做归国的旅费。此等举动于他的地位而言，虽不免有伤体面之嫌，但均是出于"争得一分则有一分之益"的训令。总之，他以古稀高龄，奉使千里之外的异域，在连日会谈中丝毫未显疲困之态，可谓尚有"据鞍顾盼"之气概。

下关谈判第七次会谈 媾和条约之签订

在十五日会谈中彼我双方商议的结果，是约定就我方媾和条约进行签署。因此十七日的会谈（当日余抱病出席），不过是举行一场签字仪式而已。自李鸿章三月十九日抵达下关之后，数度谈判，彼此均煞费苦心，排除外交上种种困难，终于成功签订媾和条约。

我国得以发扬国威，增进民福，再开东洋天地之泰平盛运，此皆有赖我皇上之威德。以当初我政府提出的媾和条约原案为基础，而后经双方会商，加以斟酌修改的重要事项列举如下：关于奉天省割地问题，原为"从鸭绿江口溯该江而上，至三叉子。从三叉子向北划一直线，至榆树底下。从榆树底下向正西划一直线，至辽河。从该直线与辽河之交会点沿该河顺流而下，至北纬 41 度线。从辽河上北纬 41 度之点起，沿同纬度向东至东经 122 度。从北纬 41 度、东经 122 度交会点沿同经度，至辽东湾北岸"的分界，现减缩其东北部，改为"从鸭绿江口溯该江抵安平河口，又从该河口划至凤凰城、海城至营口而止，画成折线以南地方；所有前开各城市邑，皆包括在所划界线内。该线抵营口之辽河后，即顺流至海口止，彼此以河中心为分界"。关于军费赔款，原为库平银三亿两分五年付清，第一次一亿两，其后四次各付五千万两。现从其总额内减除三分之一，改为库平银两亿两，将分五年付清延长至分七年付清，其支付期限为八次，第一次即本条约批准交换后六个月内，第二次即批准交换后十二个月以内，此两次各支付五千万两，余下金额在之后分六年付清。关于通商权利问题，将原定开放口岸由北京、沙市、湘潭、重庆、梧州、苏州、杭州等七处，减为沙市、重庆、苏州、杭州等四处，汽船航行权也随之相应缩短。帝国臣民向清国运进商货，缴纳原价百分之二的抵代税时，或帝国臣民在清国购买货物出口之际，以及我方船舶于开放口岸之间运送供清国内地消费之清国货物而缴纳沿海贸易税之时，应免除一切税金与杂捐等要求一并撤回，而代之以得享最惠国待遇。向清国政府缴纳各种税赋与规费之际可使用日本银币的条款，以及要求疏浚黄埔江口吴淞浅滩的条款，也一并撤回。此外，作为清国真心实行条约的担保由日本军队暂时占领奉天府与威海卫的条款，也改为仅占领威海卫一处。由清国支付的驻军费也由每年二百万两减少到五十万两等等。要而言之，我方媾和条件基本得到了满足。

清国全权大臣归国

媾和条约签署之后，清国使臣于当天下午从下关出发踏上归国旅程。

我全权大臣抵达广岛后即刻赴行宫面圣并就条约签订结果复命

吾等也于次日（十八日）搭乘军舰"八重山号"抵达广岛，即刻前往行宫面圣，将连日来媾和谈判的详细情况以及媾和条约签订的结果上奏。皇上对此甚为满意，赐敕语如下：

清国此前简派全权大臣向我请和。朕认其切实，乃授卿等以全权，命与清使会商。卿等折冲樽俎，费数日遂得妥善协议。今卿等所奏梗概，颇符朕旨，洵足显扬帝国荣光。卿等之功，朕深为嘉尚。

媾和条约及附约之批准

吾等感泣于天恩优渥，微躯深荷无上之荣光，由御前退出。上述媾和条约及附约于同月二十日经我皇上批准。

内阁书记官长伊东巳代治[*]作为全权大臣被派往芝罘^{**}

接着派内阁书记官长伊东巳代治作为全权办理大臣，携带已经批准的条约，特前往烟台与清国皇帝批准的条约进行交换。伊东于五月二日由京都出发。此时，俄、德、法三国政府对《下关条约》提出异议，因此，该条约批准交换之事也出现遭遇意外障碍的风险。幸我皇上以东洋治平为念，不愿扰乱和平之战祸再发，虽有内外众多之困难，但始终未能动摇宽宏之圣谟。

媾和条约批准交换结束

故此，于既定日期之本年五月八日，条约书之批准交换得以圆满结束。日清两国媾和条约之大局就此完成，对清国之交谊得以恢复，同时与列强之协和也得以保全，拯救危机于千钧一发之际，此全赖皇上之圣德也。

---

* 伊东巳代治（1857—1934）：日本的官僚、政治家。曾历任内阁书记官长、农商务大臣等职。甲午战争期间任第二次伊藤博文内阁的书记官长（1892—1896）。

** 芝罘岛，现属烟台。

第十九章

俄、德、法三国之干涉（上）

政府对此之措施

⁹⁹《下关条约》签订之后，皇上传旨不日移驾京都，在广岛的阁臣中亦有作为先遣赴京都的。余因养病得蒙暂时赐假在播州舞子修养。在此阁臣散居四方之时，驻东京之俄、德、法公使于四月二十三日到访外务省，与外务次官林董[*] 会谈，称各自接到本国政府训令，就日清媾和条约中辽东半岛割地之条款提出异议。

俄国的忠告

俄国公使的口头备忘录称："俄国皇帝陛下之政府查阅日本国向清国所要求之媾和条件，对于辽东半岛由日本所有之一节，认为不仅有使

---

* 林董（1850—1913）：日本外交官、政治家，明治年间的重臣。曾任日本驻清公使、驻俄公使、驻英公使、外务大臣、递信大臣等职。甲午战争期间任第二次伊藤博文内阁外务次官（1892—1895）。

清国首府时常面临危险之忧，同时也使朝鲜国之独立成为有名无实之物，此事对将来远东永久之和平形成障碍。俄国政府为了向日本皇帝陛下之政府再度表示其诚实之友谊，特此劝告日本政府放弃领有辽东半岛。"[德法两国政府的劝告，意思与俄国政府的大同小异，故此处加以省略。关于突然发生的俄、德、法三国联合干涉，后文自当详述。原本三国既已约定共同进行干涉，其各自代表，即驻东京的三国公使的行动亦当共同进行，不过他们当初进退之间颇有龃龉，甚为怪异。四月二十日，德国公使独自一人来到外务省与林次官会面，声称收到本国政府极为重要的训令，明日将与如今无法明言其国名的公使共同前来拜访，望今日能与外务大臣或内阁总理大臣进行面谈。林次官答复称，伊藤、陆奥两位大臣皆不在东京，尤其是外务大臣目前正卧病，虽不知是何等事情，不过自己可代为接洽。该公使听后表示，既如此，明日当与其他公使一同前来。岂知次日（二十一日），该公使表示，因遇到问题要求推迟一天。再次日依旧未与其他公使一同前来。如此反复迁延，及至二十三日，三国公使终于共同来访外务省，据说这是由于俄法两国公使迟迟未收到本国政府训令之故。由此足见三国政府因事出仓促，从而导致在训示其代表的程序上未能保持一致。]林次官即刻将详细内容向余与身在广岛的伊藤总理电禀，请求指示。在此先行记述当时我政府对此事件采取了何种措施。至于探究该事件的由来，了解三国联合的本源，观察其他欧美各国针对此事的态度如何等问题，暂且放在后章加以讨论。在此之前，余根据驻俄国的西公使以及驻德国的青木公使之电报，已察觉欧洲列强之中必[100]会有人对《下关条约》进行某种干涉。因此，余自舞子向伊藤总理发电请示："据青木公使与西公使之电报，恐难避免来自欧洲各大国之强力干涉。这是由于我对清国要求之条件最初并未明确告知欧洲各大国，彼等今日始知此事，故有提出异议之机会。换言之，我政府若当初向欧洲大国示以我要求之条件，当时即会出现问题，如今不外乎当时问题延至今日方才出现而已。然而我政府已成骑虎之势，除显示不论冒何等危险都将维持当今立场寸步不让之决心外别无他策。不知贵大臣如何考虑，望能予以详示。"当日稍后即接到林次官的电信，了解到形势愈发困难。尤其是俄国自去年以来就陆续将其军舰集合于东洋，如今在日本、清国沿海保有强大的海军力量。不仅如此，观近日形势，世间多有各种流言蜚语。譬如，俄国政府已对该国停泊于此方各港的舰队暗下命令，要求做好二十四小时随时皆可出发的准备。此事颇似事实。若果如此，则此际我政府措施如何，实与国家之安危荣辱有着重大关系。暴虎冯河之轻举妄动自当警戒，但去年以来我海陆军经过流血牺牲，积百战百胜之军功，政府亦惨淡经营，极尽苦心，于外交上折冲樽俎，方才得乎内外人民所望，博得赞扬，且条约又经皇上批准，现若做出让步，使其主要部分化为乌有，即便吾等当局者是为了国家长计而忍受胸中无量之苦痛以避将来之难局，然此一变故一旦为外间所知，我陆海军军人将如何激动？我普通国民将如何失望？外来祸机虽可借此得以减少，内部发生的变故又将如何抑制？内外两难之间，究竟孰轻孰重，此事颇令人忧虑。至此，余下定决心，决意暂先拒绝三国之劝告，一面试探其真意，一面体察我军民的趋向，此乃今日之急务。正当此时，伊藤总理发来电报表示："关于三国干涉之事，本日（二十四日）将召开御前会议，愿闻意见。"余即刻回电表示："本大臣之意见大抵如昨日所呈，此时当暂先维持我之立场，一步不让，视彼等将来之举动如何再定计议。但事关重大，当针对俄、法、德三国政府分别拟出回答方案，再仰圣裁。在此之前万望勿确定方针。"然而广岛的御前会议（当时在广岛者，除伊藤总理外，仅山县陆军大臣与西乡陆海军大臣二人）自然无法等待余之下一封电报即开始商议。当日伊藤总理提出三个方案：第一，即便不幸增加新的敌国，此时亦断然拒绝俄、德、法之劝告；第二，邀请列国召开会议，在该会议上处理辽东半岛问题；第三，接受三国劝告，将辽东半岛归还清国以示恩惠。希望大家在三者之中选择其一。经出席的文武大臣反复认真讨论，对于伊藤总理的第一方案，他们认为当时我出征清国之军队悉为全国精锐，尽皆驻屯于辽东半岛，我强大舰队悉数派往澎湖列岛，国内海陆军备空虚。且自去年以来，经过长期持续战斗，我舰队、人员、军需品尽告疲劳、匮乏。今日不用说三国联合海军，单单与俄国舰队对抗都没有把握，因此目前绝不能与第三国失和，增加新的敌国断非上策。而第三方案虽足以显示意气宽大，但未免太过示弱。所以御前会议最终大致选定第二方案，即召开列国会议就本问题进行处理。伊藤总理当晚即离开广岛，于次日（二十五日）拂晓前来舞子，将御前会议的结论告知，[101] 并表示愿闻余之意见。当时正好松方、野村两位大臣也自京都来到舞子，于是大家环坐于余之病床前，再行商讨此事。余首先将前日以来发给伊藤总理的两封电报重述一遍，然后表示："总之，应暂先拒绝俄、德、法三国之劝告，观察其将来会采取何等行动，深究其真正意图，然后再采取外交上转变之策。"伊藤总理反驳道："此时不预先推测其结果如何就仓促拒绝三大强国的劝告，岂非太过莽撞？且俄国自去年以来的举动，无需再探其真意也能明白。若此时我方主动挑衅，正好予其合适的口实，危险甚大。况且面临危机一触即发之际，外交上也难有转圜之余地。"松方、野村两位大臣均对伊藤总理的话表示同意。鉴于大家的意见如此，余旋即收回自己的意见，不过对于伊藤总理所带来的御前会议之结论，即召开列国会议的意见，余难以同意："若如今召开列国会议，除俄、德、法三国之外，至少还需增加两三个大国，而这五六个大国是否会同意参加列国会议？即便全员同意参加，到实际召开会议为止尚需不少时日，而日清媾和条约批准交换之期已迫在眉睫，若长期彷徨于和战未定之间，徒增事局的困难。且举凡此类问题，一旦交付列国会议，列国势必持合于自身利害的主张，如此则会议的问题恐难以局限于辽东半岛一事，甚或其讨论又将节外生枝，各国互提种种要求，最终很可能使《下关条约》整体归于失败。这与我方主动招引欧洲大国的新干涉同样属于失策。"伊藤总理、松方、野村两位大臣对此也表示赞同。然则又该如何处理这一紧急问题呢？广岛御前会议既已决定依照方今形势不宜增加新的敌国，若俄、德、法三国进行严重干涉，则我方自然不得不接受其劝告的全部或一部分。我国今日所处之形势，目前除面临俄、德、法三国干涉这一难题之外，与清国之间尚遗留有和战未定的问题。如果今后与俄、德、法三国之间的交涉旷日持久，清国也可能会乘机放弃批准媾和条约，终将《下关条约》化为一纸空文。因此，我们必须将两个问题截然分开，努力使其彼此不相牵连。要而言之，即便终将不得不对三国做出让步，对清国也应下定决心寸步不让。按此方针进行到底，这才是当前的急务。野村内务大臣当晚即离开舞子前往广岛，将上述决议上达圣听，并获得圣裁。然而这一方案毕竟是今后千方百计尽力周旋之后万不得已之时才会实施的，在此之前自然仍需进行种种谈判与外交工作。且距离五月八日，即媾和条约批准交换日期，尚有十余日，当首先采取措施，一方面对三国的劝告再三晓之以理动之以情，以尽量使其收回该劝告，或者令其更为宽和，并且，在此期间对彼等将来会采用何等举动加以观察；另一方面若我方能于此期间获得其他两三大国的强援，或能牵制三国干涉的势力，使其热度稍有冷却。即便最终不幸陷于干戈相见的境地，也大大胜过我国独力面对这一危难的局面。当然，要想达成这一目标，所余时间太过短促，无法期望必成其功。不过我等议定，[102] 在我未将所有计策先行尝试一遍之前，绝不轻易公开这一决心。因此，首先明确本次干涉的发起者俄国之意向才是最为重要的。

向西公使所发关于三国干涉的第一次电训

余即刻向西公使发出电训，其概要如下："日清媾和条约业经我皇上批准，放弃辽东半岛实难做到。请贵公使向俄国政府提出要求，望其能考虑到伤害日俄两国长年的亲密友好关系并非上策，从而对本次劝告重新加以考虑。并请告之，日本将来即便永久占领辽东半岛亦不会危及俄国利益。此外，关于朝鲜之独立问题，日本政府一定会充分满足俄国政府之要求。"吾等虽已大体料到，俄国政府是下定十分决心，进行了必要的准备之后，才邀请德、法进行干涉的，即便我方要求其重新加以考虑，也难以轻易转变其最初意图。但是，首先，若不这样做也就无法确定俄国政府的真实用意，也就难以确定我未来之策略；其次，在此期间我方若有机会探知作为第三者的英国及其他列强的意向如何，或能获得意外之强援。

关于上述事件向加藤公使所发电训

因此，在向西公使发电之后，余再向加藤公使发电训示，要求他秘密向英国政府原原本本地说明俄、德、法三国干涉的事实，并告知："由于本次俄国的干涉，已足以察知俄国对满洲东北部以及朝鲜北部所包藏的觊觎之心。日本政府认为，关于此事，英国的利益与其他欧洲各国并不相同。当前形势紧迫之际，不知我政府能在何种程度上得到英国帮助？"借此以了解英国政府的意见。

关于上述事件向栗野公使*所发电训

同时，余电令栗野公使秘密告知美国政府："日本政府并非无视友邦之正当的异议，然而辽东半岛之割地乃由清国让与我国，其条约业已

---

* 栗野慎一郎（1851—1937）：日本外交官。曾任日本驻美国兼驻墨西哥公使、驻意大利兼驻西班牙公使、驻法公使、驻俄公使等职。甲午战争期间任驻美国兼驻墨西哥公使（1894—1896）。

经我皇上批准，如今要加以放弃，实太过困难，且日本政府并不认为有放弃之必要。若美国能将至今为止为恢复和平而尽力斡旋之友谊再推进一步，劝告对割占该半岛尤其持有异议的俄国重新进行考虑，或可使该未定问题得以妥善解决。且日本政府担忧俄、德、法三国之行动或会诱使清国拒绝批准条约，从而导致日清两国不得不再度炮火相见。为预防此事之发生，不得不寄望于美国之友谊与合作。"

西公使之回电

同月二十七日，西公使发自俄国首都的回电称："本使遵照四月二十五日电训，于昨日与俄国外交大臣进行了长时间的交涉，尽力让俄国政府做出对我有利的答复。该大臣似稍有所动，答应再去请示俄国皇帝。然而今日该大臣对本使声称，俄国皇帝表示日本之要求并无足以令俄国撤销劝告的充分理由，故此无法同意。风闻目前俄国政府派遣运漕船前往敖德萨*，正在准备运送军队。故应将俄国干涉视为重大事件早做准备方始安全。"余已料到俄国之回答大概会是如此。英国又将如何回复我之请求呢？

加藤公使的第一次回电

恰在西公使回电的同日，加藤公使由伦敦发来的电报也到了。加藤公使接到余之电训后即刻请求与英国外交大臣面谈，详细说明了我政府之希望。金巴利伯爵**虽似对日本颇有好感，但该大臣表示："关于此事

---

* 敖德萨（Odessa），位于乌克兰南部，黑海沿岸最大的港口城市。

** 金巴利伯爵（The Earl of Kimberley）：英国政治家。1894 年 3 月 11 日至 1895 年 6 月 21 日任英国外交大臣。

件,英国政府已决定概不干涉。如今英国若与日本合作,那也是一种干涉。事态已发展到一个新的局面,在未与内阁总理大臣罗斯贝利伯爵商议之前,对任何事情皆难以答复。"并且补充道:"虽不确定俄、德、法三国会坚持其异议到何等程度,但形势颇为不易,故日本对此当做好十二分的准备方为上策。英国希望和平,因此自然不希望日本与欧洲各国开战,同时也不希望日清战争继续。若有机会解决目前纠纷,必会尽力而为。不过,英国虽对日本抱有友情,俄、德、法三国也是英国友邦,英国在此时只能彼此协商,利用威信以自己之决断与责任加以斡旋。"加藤公使此时已根据驻意大利高平公使的电报察觉到意大利政府的意见,因此暗暗向英国外交大臣询问有无解决目前事局的妥善办法,该大臣仅回复称:"没有。"加藤公使在电报中表示:"一俟接到英国政府对我方要求之明确答复,即刻再行电禀。"

加藤公使的第二次回电

二十九日,根据由伦敦发来的该公使电报,英国外交大臣对该公使表示:"英国政府此前既已决定严守局外中立,本次仍维持同一原则。英国虽对日本抱有最为真诚的友谊,但同时也不得不考虑本国的利益,因此无法响应日本的提议对其进行帮助。但俄国似乎真正下定了决心。"并提醒我方加以深切注意。要而言之,英国不过是于半吞半吐之间谢绝了我方请求而已。

栗野公使的回电

同日,栗野公使回电称:"美国国务卿已同意在不与其中立原则相矛盾的限度之内向日本提供帮助。关于批准媾和条约之事,美国会电令其驻北京公使，要求他敦促清国尽快加以实行。"从美国的政策而言，这一答复措辞适当，可见其对我国友情不薄。不过由于是在中立范围之内的帮助，所以无法指望能有极大的援助。但在此期间让吾等稍感意外的，是意大利政府对本次事件的举动。

高平公使的来电

关于此事，后续章节中会有驻意大利高平公使来电的记述。意大利近来对我国颇有好感，其在欧洲大陆各国中率先同意我国关于修改条约之提议，且仅仅会商数次就宣告此一大事业妥善结束，由此即可看出意大利对我之态度。在俄、德、法三国干涉突然发生之际，意大利显示了其不惮于与三国对立之决心，自告奋勇欲与英美两国合纵以对抗上述三大强国之连横。意大利此举除了对我国的特殊好感之外，定是出于该国的某项欧洲政策之需要。但是，无论意大利出于何种考虑，目前该国站在支持我国的立场上，对我而言不得不说是意外之侥幸。总而言之，关于此次事件，意大利政府对我国之态度，毫无疑问自始即较英美两国具有更为积极的倾向。然而，英国既已表示在局外中立的范围之外无法奋起予我援助，那么不管意大利、美国对我表示何种之好感，在此千钧一发之际，我国背后没有强援可以依赖，这是非常明显的。

能获知上述欧美列强的态度，多是我驻外各外交官于短短数日之间穷尽毕生之力百般周旋而得到的结果。然而就目前之状况而言，并不能因此而令俄、德、法三国转变其干涉之方向，也无法减弱其程度。同时，虽博得了其他第三国的一些好意与同情，但并未获得具有实力的强援。也许会有人认为，每次电报所报的吉凶，在当时不过是向我政府提供了可一颦一笑的材料而已。然而，三国干涉原本就发生得极为突然，对其加以应对的计划也不得不在须臾之间做出。对于如此重大的事件，突然向彼此之间并无默契的国家请求支援，当初就无法期待其必成。即便是仅仅得到上述结果，也不得不说是没有办法的事情。不论事情之成败，此时我驻外各外交官的苦心尽力绝非徒劳。吾等因此而得知俄、德、法三国同盟是因何等原因而成立的，并因此而得知其干涉的程度是如何强势。同时确切得知其他第三国对此事件的态度如何，即便无法获得其实力上的强力援助，仍然博得了道义上的支持，得以在隐隐然间对俄、德、法三国有所牵制，这又岂能说是偶然？（这一时期，据说俄国公使希特罗渥曾对林次官私下表示，希望日本政府不要就本问题与过多局外各国进行交涉以增加局势困难。这究竟是否其一己私谈，我等无从得知。当时对我方而言，局势之困难程度已达极限，再无向上增加之余地。当知担心局势困难程度上升的是他们，而非我方。）况且政府当初在舞子就已决定，不到穷尽千方百计、万不得已之际，绝不公布最后之决心。欧美各国的情况如上所述，我已确切了解俄、德、法三国干涉的具体情况；也明确了难以获得第三国在实力上的强力支援，如今除了全盘或部分接受三国的劝告以妥善解决该问题之外别无他策。而此时恰由西公使来电，余得以更进一步地详细得知俄国之内部情况。（西公使之电报于四月二十八日发自俄国首都，其概要如下："相信贵大臣已了解在东洋的俄、德、法同盟舰队的整体实力，若甘冒开启战端之风险而拒绝三国之劝告，此事对我国而言究竟是否上策，本使难以判断。这是因为此事当依据战果才能判断其得失。如果在对比彼此兵力之后，贵大臣认为确实难以抗衡对方，则不妨按照本使曾电禀的那般，放弃与朝鲜接壤之土地以妥善处理目前难题，此或为上策。本使的最终意见乃是，为和平解决此事件，莫若放弃永久性地占有辽东半岛，而仅仅作为赔款的担保对该半岛进行暂时性的占领，同时将赔款金额大幅提高，以使清国长期无法还清，为上策。然而目前俄国似乎尚在担心日本不接受其劝告，同时也似乎在担心法国不能贯彻其企图。因此，到了最后关头，用尽外交手段对其劝告予以拒绝或亦为一策。"然而，在该电报末尾对于俄、法关系又报告称："据德国驻英大使对加藤公使的密谈，法国已与俄国形成不可分离之势。"）

向西公使所发的第二次电训

因此，政府于四月三十日电令西公使，要求向俄国政府提交如下备忘录："日本帝国政府再三考虑了俄国皇帝陛下政府之友谊性劝告，为再度表示重视两国间存在之亲密关系，同意于《下关条约》得以批准交换使日本国之名誉与威严得以保全之后，另行追加定约以对该条约加以如下修正：第一，日本政府放弃对奉天半岛除金州厅以外所有地区之永久占领权。但日本国当在与清国商议之后，对所放弃领土收取相当之款项以作报酬；第二，日本政府在清国全然履行媾和条约之义务前，有占领上述领土以作担保之权利。"（同时电令青木、曾祢*二位公使向德法两国政府提交的备忘录与本文完全一致，故此省略。）

西公使的回电

西公使于五月三日自俄国首都回电如下："本使于本月一日将我政府备忘录提交俄国政府，并极力加以解释，以期贯彻我方提案。本日，俄国外交大臣明确表示，俄国政府对我备忘录无法满意，并说在昨日召开的内阁会议上，俄国认为日本国领有旅顺口极有障碍，故此全体一致决定维持当初劝告之主张不变，且该决议已经俄国皇帝之同意。关于此事，本公使虽投入满腔之精神极力解释，但终未能改变俄国政府最初之

---

* 曾祢荒助（1849—1910）：出生于现山口县，日本政治家、外交官。曾于明治时期出任历代内阁的司法大臣、农商务大臣、大藏大臣、韩国总监。甲午战争期间为日本驻法国全权公使。

方针，因此深感遗憾。"四月二十九日，该公使在自俄国首都来的另一份电报中表示："俄国似暗自怀疑，一旦日本占领辽东半岛上之优良军港，其势力将不再局限于半岛之内，将来终将吞并朝鲜全国及满洲北部丰饶之地区，进而从海上、陆上威胁俄国之领土。"由此观之，俄国政府以猜忌之心视我，臆测虽不免过甚，但内心不愿日本占领清国大陆之寸土尺壤之意，已经一览无余。若无以武力一决曲直之决心，徒于樽俎之间进行折冲已无济于事。且当此之时清国已以三国干涉之事为口实，提议延期进行条约之批准交换。而据颇为可信之消息，清国之所以做出此等提议，完全是出于俄国之教唆。若如此形势一直持续，使外交上两个未定之问题错杂在一起，终有"鸡飞蛋打、两头落空"之虞。余就此断定，目前已到实行当初庙议决定——对俄、德、法三国全面让步，对清国则寸步不让——之时。

京都会议

五月四日，余于京都旅寓之所，与当时在京都的阁僚及大本营重臣进行会晤（当日参会者除伊藤总理之外，尚有松方大藏大臣、西乡海军大臣、野村内务大臣以及桦山海军军令部长）。余表示："如今之计，当全盘接受三国劝告，首先斩断外交上一方之纠葛；另一方面则对条约批准交换之事毫不犹豫地加以执行，此为上策。"出席的文武重臣对余针对目前危机所提议之措施大体上并无异议，但讨论此等重要问题之际的常态是，在对大原则取得一致意见之后，对于其所附带的细枝末节则意见往往不太相符，因此会议开了几乎整整一天。如今试举一例：作为三国干涉的结果，将辽东半岛归还清国实乃不得不为之事，但在归还之时，究竟是要求若干赔款作为附带之条件呢？还是示以恩惠完全无条件地归还？若要求若干赔款，不预先告知俄国以及其他两国以取得其同意与默许，日后恐又将引起同样的麻烦，如此等等。作为对于未来形势加以深谋远虑的议论，此自然不无道理，但余认为，关于本问题，迄今为止对俄国已用尽各种策略与手段，虽再三商谈，无奈对方全然不改变其最初原则，完全不接受我方意见，若今日我方在表示全盘接受他们劝告的同时，再提出某项条件希望得到他们的默许，势必又使得他们对我方用心表示怀疑，绝非上策。且在预先求得他们的默许之际，若其仍态度强硬，[103] 表示在归还辽东半岛一事上不许附带任何条件，在当今局势之下我方亦无法提出抗议。因此，对三国之答复应只干净利索地表示完全接受其忠告即可，不必再言及归还辽东半岛有无附带条件，[104] 以此为他日外交上保留一些主动。余提出上述意见后，因伊藤总理从一开始即持同样主张，其他阁僚也终于对此表示赞同。

帝国政府对俄、德、法三国政府约定放弃奉天半岛

在大家意见终于统一之后，余草拟了答复三国劝告的简单备忘录，内容如下："日本帝国政府基于俄、德、法三国政府之友谊忠告，约定放弃永久占领奉天半岛。"经过内阁会议决定之后，伊藤总理即刻将该答复方案携往宫中以仰圣裁。他再度来到余之旅寓已时至夜晚。余即刻电令驻俄、德、法三国的日本公使，要求其向各自的驻在国提交该备忘录。五月九日，俄国驻东京公使奉其政府训令来到外务省称："俄国皇帝之政府已得到日本国放弃辽东半岛之永久占领权的通告，认为日本皇帝之政府由此再度显示了其高瞻远瞩，兹为宇内之和平，向贵国致以祝贺。"三国干涉的难题就此暂告一段落。（当日，德、法两国公使也各自奉其本国政府之命有所表示。其内容与俄国公使所言大体相同，故此处予以省略。）

本章所记，自本年四月二十三日俄、德、法三国政府对《下关条约》提出异议开始，至五月九日上述三国政府对我政府之回答表示满意之时为止。而此时正好皇上已决定自广岛大本营移驾京都。四月二十七日，皇上自广岛迁往京都。伊藤总理于四月二十四日夜自广岛出发，二十五日拂晓抵达舞子，在此逗留两日后，自兵库侍从凤辇而赴京都。余自将《下关条约》签订之事向皇上复命之后，于四月二十二日得蒙赐假养病，遂前往播州舞子。皇上着辇京都后，余于四月二十九日赴京都。松方、野村两大臣在皇上自广岛出发之前作为先遣抵达京都，四月二十五日伊藤总理到舞子会面之际，上述两位大臣亦由京都同赴舞子。松方大臣即日返回京都，野村大臣为将在舞子所作决议上奏并请圣裁之故，于当晚离开舞子前往广岛，接着又作为先遣返回京都。西乡大臣在此期间一直在广岛，后随侍圣驾前往京都。山县大臣在舞子做出的决议得蒙圣裁之后即刻出发前往旅顺口，向以小松亲王为首的帷幕重臣传达关于舞子决议的敕命，然后即刻返回京都。如上所述，短短十七日间，皇上自广岛移驾前往京都。在此前后，阁臣们分散于各处。因此，本章记事中重要的内阁会议，或召开于广岛，或于舞子，又或者在京都，无法一一详记地点及出席者姓名。故此，望能根据此处所记这段时间阁臣们的往来日期来了解本章中的重要事件乃是于何处、由何许人等做出决定的。

第二十章

俄、德、法三国之干涉（中）

三国干涉之由来

三国干涉前后的俄国形势

[105] 自明治二十七年（1894）六月三十日俄国公使希特罗渥向日本政府提出"日清两国驻朝鲜的军队应同时撤出"的劝告以来，至本次提出劝告为止，俄国没有一天放松过对东洋局势利益之密切关注。不过正如余以前所说，并未看出俄国自开始就敌视我国、同情清国的情形。其对我国舆论之所以比对清国舆论稍严厉，是由于相比清国而言我国总是乘战胜之余威对其更为强硬。俄国原来的欲望虽然远大，但如今尚未做好准备，因此其当下之急务就是姑且让东亚地区保持现状，以期他日实现其远大目标之时，不致留下任何障碍。当初日清两国之间争端刚起之时，俄国也与其他欧美各国一般，认为这一争端不致酿成大事，而且最后的胜利当属于清国，所以东亚当前形势不会发生显著变化。是以他们最初主张朝鲜领土之安固，希望日清两国之间早日恢复和平，除此之外别无

他求。这种态度未见得是他们一时遮掩内心的假面具，其心中当确是如此希望的。是故卡西尼伯爵[*]受李鸿章之托，俄国政府应允其请求，让希特罗渥频频在东京进行周旋之时，俄国仍然希望通过普通的外交途径使日清两国的争端平息。但自平壤、黄海战役之后，他们察觉日清之间的战争将产生他们未曾预期的更为重大的结果，明白单靠外交上的调停已无法奏效，所以自此时开始频频将其舰队势力向东洋转移，并将部分陆军运送到符拉迪沃斯托克^{**}，这也是因为他们感觉在有事之时于口舌之外还需进行实力上的准备。简而言之，俄国对日清事件的举动，在前半期原本打算纯粹依靠普通外交手段以达其目的，而到了后半期则似乎有了即便部分使用武力也在所不惜的决心。其目的原本当然是为了占据能够达成其今后野心的有利位置，不过作为眼前的问题而言，不外乎是希望姑且使东方的当今形势存续下去而已。

若上述推断无误，则日清事件前半期曾呈现出一些现象，让社会上一时产生英俄联盟或将成立的奇怪联想，也就不足为怪了。英俄两国在东方的利益，究其本质而言乃是大相径庭的，此事任何人都不会怀疑。但就目前情况来看，英国基于其所谓的近邻太平无事主义，希望能永久维持东方和平；俄国虽无必要如英国一般维持永久和平，但在今后数年之间尚不希望改变该地区的现状。这就是为什么目前英俄两国仍愿暂时共同维持东洋和平的原因。去年十月八日，英国公使楚恩迟以列强担保朝鲜之独立以及让清国支付赔款这两个条件向我政府进行劝告之时，曾明确表示关于此事俄国公使当也会做出同样的劝告。当时俄国政府似乎对赞同英国提议一事并不积极，但¹⁰⁶显然英国仍然希望俄国能够与其共同对日清事件进行干涉。因此，余当时屡次电令西公使探明俄国的情

---

* 卡西尼（Count A.P. Cassini）：甲午战争期间的俄国驻华公使，任期为1891—1896年。

** 海参崴，清朝时为中国领土，1860年《中俄北京条约》将包括海参崴在内的乌苏里江以东地区割让给俄罗斯，俄罗斯将其命名为符拉迪沃斯托克，意为"镇东府"。

况。该公使乃于十二月一日自俄国首都向余发电曰："十一月二十八日，俄国外务次官私下告知本使，一周前清国驻俄公使曾委托俄国政府对战争进行仲裁，该次官劝告清国公使称，若非列强皆持同一方针，俄国政府无法对此表示同意，而列强的联合行动几乎是不可能的，因此媾和之事莫如直接与日本国进行交涉为佳。但本使于十一月三十日拜访外交大臣时，该大臣表示，俄国政府已约定就此次战争与英国及其他各国采取共同行动。本使询问，目前战争仍在持续，俄国政府打算就何等问题采取联合行动？该大臣答称，俄国政府并非立刻着手行动，而是在必要的时候，于战争临近结束之际与各国相互审视其利益是否遭到损害，为了自卫而进行共同合作，因为日本政府似不仅仅以朝鲜之独立以及赔款之支付为满足。本使更进一步询问，本使虽仍不知我国之要求如何，但日本国定当会要求相当之战胜成果，若其要求虽会影响到其他国家之利益，但却与俄国利益无关，则俄国政府仍会与英国合作对此表示反对否？对此问题，俄国外交大臣稍作犹豫之后表示，此事当看彼时情形而定。此外，据本使最为信赖之消息人士称，俄国先帝驾崩以来停留于此地的英国皇太子，一直积极劝说俄国政府与英国进行合作，俄国政府已最终对此表示同意。此外，据其他传闻，当地两三家报纸近日接到相关密令，要求登载上述情形，于是其笔法骤变，转而提倡起防止战争论来。近来，我曾问起对日本国颇为热心且抱有同情的朋友俄国人某某之意见，其表示，为日本国计，尽量早日结束战争以获取巨额赔款为上策；若要求割地，恐将招致他国干涉，使事态陷于困难境地。本使认为，欲通过本次战争毫无障碍地获取过当的利益，恐非易事。为我国利益计，若与清国议和，尽速制造机会于军事报酬中加入割占台湾之条款方为上策，俄国政府当不会对割占台湾抱有异议。"余见英俄关系逐渐紧密，于是在时局允许范围之内千方百计施展各种计谋加以遮防。虽不清楚计谋是否奏效，或者欧洲列强之其他情况致使英俄之联合无法成功也未可知，不过其后俄国似与英国渐行渐远，仿佛制定了独自的方针政策。余之所谓俄国对日清事件之前半期与后半期的差异，即是在此时出现的。俄国应已认识到，赞同英国的一般外交性提议已无法达成其目的，倒不如下定决心在外交背后准备好部分武力，以便到了万不得已之际采取果断行动（本年五月三日，《莫斯科报》表示："对东亚问题进行联合干涉的提议是由德国提出的。这一事件实际上已使西欧各国之间产生了种种猜疑……俄国绝无向西欧各国提议尝试进行共同运动之理。因为俄国自去年冬天就已预计到，日本之媾和条件必将非比寻常，因此将会对本国之利益产生极大影响，故于去年冬天开始即已采取必要之措施以保护自身利益。因此，俄国没有与列国采取共同行动之必要。"虽说从该报历来抬高自身地位而轻视他国的风格来看，该报道也属自然，不过由所谓"去年冬天开始即已采取必要之措施以保护自身利益"云云来看，此时正是俄国政府将其舰队增调至东洋以便为将来采取单独行动而做准备之时）。[107]

俄国政府建议日俄两国政府相互交换意见

去年十二月二十三日，余拜访俄国公使之际，希特罗渥曾向余密谈道："俄国皇帝听闻日清两国即将开始媾和谈判，甚为欣喜。俄国切望早日一扫日清战争之乌云，尽速恢复和平。而日本向清国要求之媾和条件，若能如日本政府曾明确约定的那样，确然不危及朝鲜之独立，则俄国别无他求。"余对其交心之谈表示感谢，同时追问上述谈话是否确为俄国政府之真实意向。其答复称："确实方才接到了本国外交大臣之电训，刚才所言乃是根据电训的具体意思而加以陈述的。且上述电训中还表示，俄国希望没有局外国家对交战两国之行动进行干涉。相信此时日俄两国政府之间相互交换意见，有利于防止其他国家之干涉。俄国随时会毫不犹豫地为了日本之利益而周旋、努力。此外，可告知日本政府，关于媾和条件，俄国对日本之愿望并未抱有猜疑之念。"他还特别提出个人意见称："俄国对于日本占领台湾应当没有任何意见。"最后，他向余询问："贵大臣是否尚未听闻英国接受清国以某个岛屿（或指舟山岛）作为借贷公债之担保？"余答称："尚未听闻确切消息。若今后听闻关于此事之任何消息，定当告知。"当日谈话就此结束。在余看来，希特罗渥所说"俄国切望早日恢复东方之和平"，"日俄两国相互交换意见有利于防止第三国之干涉"，尤其是怀疑英国将占领舟山岛一事，均显示出俄国似乎想在不与其他欧洲国家发生关系的情况下，仅日俄之间就某事进行密议并保持默契。不过他所说的毕竟仅止于一种议论，并未涉及任何实际问题，因此余认为对于将来发生之问题，由我方主动推进亦非上策，于是大抵仅止于上述问答而已。

俄国公使希特罗渥再度提议日俄两国交换意见

然而，其后到了本年二月十四日，希特罗渥前来外务省拜访，谈话中再度提及日俄两国交换意见对两国颇为有利，余乘此机会将话题稍微引向实际问题，欲试探其如何应对。余称："时至今日，作为战争之结果，我国已不得不要求清国割让土地。为此，日本政府欲提前知晓此事是否与第三国产生利害关系。尤其希望了解何事与俄国之利害相关，愿坦诚相告。"俄国公使表示："如今日本要求清国割地已是当然之事，而俄国希望获得太平洋沿岸之自由通路已非一日。因此，若贵政府能如以前所声明那样，确实不妨碍朝鲜国之独立，则俄国绝无其他意见。"（本文俄国公使所言希望确保朝鲜之独立，且俄国需要太平洋海岸之不冻港，此两项颇为矛盾。他日三国干涉发生之际，西公使向俄国外交大臣询问俄国在朝鲜之利益时，罗巴诺夫公爵[*]曾表示，近来通过使用破冰机械，符拉迪沃斯托克亦可保证冬季交通不断绝，但并不明言希望获取在朝鲜的不冻港，而今希特罗渥自一时之话题中泄露出来，可说是无意中的失言。）其又以私人谈话的形式称："对于割占台湾一事，俄国并无异议。不过，若日本放弃岛国之位置，试图将版图扩张至大陆，则绝非上策。"余表示："今日所商议者，乃是欲听闻俄国之利害何在，至于日本自己之利害得失，我辈自会考量。"于是，他话头一转称："总之，在大陆上割地，欧洲各国中恐会有提出异议者。"余对此表示："若果真如此，则今后或会与有利害关系之国家直接进行商议。不过，目前并无就此进行探讨之必要。总而言之，不论事之大小，只要不关乎朝鲜之独立问题，俄国是否再无其他利害相关之问题？"他答称："目前倒是没有什么可说的，不过今后若日军进攻直隶省地区，也许会大大影响俄清两国之茶业贸易。茶业贸易对于俄国部分民众而言几乎可算是生命攸关之事业，因此，关于此事望能事先予以充分注意。"其后，二月十六日，余通过美国公使通知清国政府："清国再派出之使臣，若非具有如下全权——除赔偿军费、承认朝鲜国独立之外，有割让作为战争结果之土地、为约束未来交流而需明确订立之条约等项目为基础进行谈判之全权——无论再派来何等媾和使节，其出使使命都应当被归为无效"[此电文已见于"下关谈判"（上）]。当时，余特命林董外务次官面会俄国公使，将该电文之意告知，同时将经过电告西公使并令其秘密通报俄国政府。其后，希特罗渥于同月二十四日前来外务省拜访于余，取出一纸，称是俄国外交大臣发来之电训，并进行宣读。电文称："据阁下之电信（此处指希特罗渥于十六日将林次官所说内容汇报于本国政府时所发之电报）及西公使之谈话，日本政府希望清国派来的使节具有可就朝鲜之独立、赔款、土地割让及未来两国关系相关之条约进行缔约之全权。且西公使通告此

---

[*] 罗巴诺夫（A.B. Lobanov Rostovski）：时任俄国外交大臣。

事时要求勿泄露给其他列强。若日本政府名义上及实际上都宣布承认朝鲜之独立，则我政府将劝告清国派出具有上文所要求之全权使节，此外也将劝说其他列强采取与我政府相同之方针。我政府相信，日本在已获得胜利之后仍然无限期继续战争并不符合其利益。因此，望能就此事要求日本政府进行回答并尽速回电。"虽然该声明意思稍显暧昧不清，无法了解俄国之真实意图，不过对方似乎表示，日本若能在名义上及实际上保证朝鲜之独立，则俄国对于其他事情并无异议。总之，在我而言，如此解释颇为方便。为确认其意义，余于同月二十七日特向俄国公使送去如下备忘录："据本月二十四日俄国公使阁下之口头陈述，若日本国对俄国政府所嘱望之朝鲜独立予以承认，则俄国当劝告清国承认帝国政府向西公使所发电信中要求的媾和之基础，并劝说其他列强向清国做同样之劝告。知悉可得到俄国政府之赞助，帝国政府甚为欣悦。因俄国公使阁下有此声明，帝国政府特此声明：日本国对朝鲜国之政略方针再无所更改，帝国政府在名义上与实际上均承认朝鲜国之独立。"

俄国政府甚至两次提议彼此交换意见，毫无疑问，这绝不仅仅是外交上的一个仪式而已。若我方当时更进一步，坦露胸襟，对一切事情毫无保留地进行秘密协商，或将对未来东方局势产生颇为良好的结果；又或者由于彼此之利害冲突，从而导致当时就产生外交上之纠纷，以致后悔不已，也未可知。不过，事到如今再对此进行推测臆断，不过是"葬后之医评"，终究于事无补。当时，余遵照既定之方针，抱持尽力使局势不致脱离日清两国范围的原则，对俄国公使也尽力避免留下日后之口实。然而如二月十四日那般，他在会谈中主动表示希望进行密议，余虽有提醒他的机会，但他仍如以往一般只谈朝鲜国独立云云，除此之外未提出任何新的意见。由此观之，俄国政府此时也尚未做好率先行动之准备。[108] 然而这两次会见，不仅希特罗渥如此，俄国政府应当也对会见结果感到有隔靴搔痒之憾（三国干涉发生之后，据说希特罗渥多次对内外诸人表示，正是由于日本国政府疏远其他列强，诸事隐秘，独断专行，导致彼此情况实不相通，于是产生众多误解，尤其对余之所为非难极多。盖其所说，当是指这两次会见之事。然而如本文所述，二月十四日之会见，余之所谈比他更为开诚布公，而他终未提出任何实际问题。后来俄国与德法结为同盟，其言行骤然发生显著变化，为进行辩解，方才不得不借口误解云云。不过此事也不必深究）。自此以后，俄国之政略似乎是仅将作为其外交之后援的武力集合于中国海、日本海视为当务之急。到了三月二十四日，栗野公使发来急电报告他与美国国务卿密谈之经过，电文称："美国国务卿将驻圣彼得堡美国公使之电报概要密告本使。近来俄国之欲望非常之高涨，俄国打算乘现今之纠纷将其势力加诸清国，希望占领清国北部及满洲，反对日本占领该地及成为朝鲜之保护者。三万俄军已驻屯在清国北部，且其数量仍在逐渐增加。俄国军人频频试图使其政府改变对日友好之态度，因此日俄两国恐终将发生利益冲突。"余接到该电报之前即已发现俄国有诸多令人不安之情形，故屡屡电令西公使秘密探报俄国之意向，但当时该国政府对西公使所说，与希特罗渥以前对余所言几乎一致，是以未能看出任何异状。三月二十日，西公使自俄国首都发来电报称："据俄国外交部亚洲司司长谈话，过往清国向俄国政府提出之要求以及该政府对此之回答，其意思皆迂远而不确实。本使就清国大陆割地一事询问新任俄国外交大臣之意见时，该大臣答称关于此事，俄国政府之意见尚不能告知，不过对于割地恐有其他列强会提出抗议。根据该大臣及亚洲司司长之其他谈话推测，俄国政府之意向并未发现异变。若我之割地要求只限于台湾及金州半岛，相信俄国不会对此提出异议。要而言之，俄国所热望的，乃是通过目前之谈判尽快恢复和平，结束战争。"其后，四月十一日该公使又来电称："由于俄国外交大臣表示：'本次日清谈判一旦订结永久之和平后，希望不要因为无法履行媾和条件而导致和平再度破裂。'本使即询问：'是否认为我国所要求之条件过重？'该大臣答称：'据清国公使称，在大陆上割地乃清国最感困难之处，此外赔款金额亦过大。然而俄国政府仍未知其详情，故无法陈述任何意见。'本月九日，本使与英国驻俄国大使面谈之际，该大使称：'关于目前东洋之事件，俄国外交大臣似乎稍稍有些难以做出决定。日本国之要求适当，英国政府当不会对此提出任何抗议。'此外，据本使近来听到的传言，最近俄国陆海军统帅部曾有人提问道：'在必要之际，俄国陆海军能否阻止日军进入北京？'据闻统帅部最终决议表示，即便陆上无法阻止，若俄法两国舰队联合，则在海上应当能够做到。本使虽然认为俄国应当不会图谋进行武力干涉，不过为了预防这种情况出现，自应竭尽全力，不可懈怠。当然，为防万一，我海军须做好必要之准备。"上述栗野、西二位公使之来电皆在李鸿章奉派来日之事已公之于世之际，欧洲各国，尤其是俄国，正密切关注事态之发展。[109] 俄国看到日本竟没有放弃在清国大陆割地之要求，心中自然感到甚为不安。然而，似乎到此时为止，他们仍未确定该采用何等方策。四月九日西公使与英国驻俄国大使会晤时，该大使告诉西公使："关于目前东洋之事件，俄国外交大臣似乎稍稍有些难以做出决定。"从这一点亦足以一窥当时之情形。

　　[110] 俄国政府在看到东方局势之危机逼近的同时，又不得不顾及与欧洲列强之间的关系。他们彼此之间相互牵制，使得他们不得不继续隐瞒其真实意图。因此，即便对于我国割占辽东半岛表示不同意见之时，希特罗渥也只能对余表示割占该半岛对日本不利，或者说欧洲列强对此应有异议，又或者如罗巴诺夫公爵对西公使表示，欧洲列强中将会有人提出抗议，或者说清国驻俄国公使表示确有困难等等，尽皆将反对的理由推诿于他人身上，努力避免暴露自己的真实想法。待《下关条约》公之于世，与德法两国之同盟形成，他们即猛然撕下伪装，露出其獠牙。其经过在五月八日特命全权公使西德二郎自俄国首都发往余处之密函中看

得非常清楚。故此将该函之长文抄录于下：

西公使的密函

关于此间该国与德法两国共同对我与清国之间的战争结局加以干涉一事，本使在此曾竭尽所能尽力维护我之权利，但终未能如愿，此事如在电报中之汇报，甚为遗憾。但一国之国运兴隆之时，百事进步之际，遇到如此困难，也不足为奇。且我已进至当进之处，止于应止之地，已无余念。如今再说失败之往事，亦属无益。但俄国之所以骤然决定干涉，全由结得德国之同盟而起。在此之前，英国已无干涉之意，法国亦认为事已过迟，于是犹豫不决。俄国政府内部亦有不少人认为"在威海卫陷落之前即应干涉，时至今日，即便与法国共同以海军胁迫日本，没有陆军之支持，也无可奈何"。这些人中也有本使之友人，他们已认为我于大陆割占土地之事几成定局。又外交大臣罗巴诺夫，当时亦抱有同样念头。例如，收到阁下所发的我之要求条件概要的电报，乃是四月四日，余将该电报示于罗巴诺夫并将训令之意转告他时，他也基本上表示同意，并取出地图询问："所谓金州半岛，区域几何？"本使即指有金州厅标记之北方入海之处向东，并示以其南部之一部分，答曰："大约如此大小之地。"罗巴诺夫显得愈发安心，表示："若如此，将会将此意奏明皇上。"并要求本使画出该地区。但本使认为实际上并不止该区域，因此借口此事待稍后接到确定之报后再行画出（后来在争论金州一部时，曾引用该事实，但罗巴诺夫答称并未赞同。又质问他是否确曾默认，但仅止于言辞上之争论，终无结果）。这并非其故意如此，应是当时罗巴诺夫亦对此毫无办法、不得不接受之态度的一种显现。不过，当时之电报中之所以仍然报告称可能会有干涉，是因为听闻海陆军内部依然有主张干涉者，为防万一，方才于电报中加以报告。总之，在收到《下关条约》签署之电报前，并未发现俄国有其他异常。但收到该电报后不久，即听闻德国将与俄法共同对此条约进行抗议之消息。各报得势，异口同声宣传进行干涉之必要，刺激爱国感情，攻击反对主张，本使调和之策亦未见任何效果。但在四月十九日之前，政府似仍在进行三国协商，外交大臣亦仍未做决定，此事一如当日电报所进行之报告。但上述协商似突然取得结果，当日或次日即已向各自驻东京公使发出训令。

关于此次干涉，在本使与俄国外交大臣谈判之中，本使质问："既然俄国已做出不让日本在大陆上取得土地之决定，在到目前为止的多次相关会谈中，为何不预先提出？"罗巴诺夫大臣对此答称："当时并未料到日本确实会占领清国之土地。"亚洲司司长则表示："关于上述问题，曾让希特罗渥公使正式进行过询问，但东京方面仅表示到时自会答复，对此并不欲明言。"其实上述说法均不过是事后借口而已。本使认为，实际上他们并未料到德国会加入到共同干涉当中，于是顾虑事态之后果而无法回答，是以不得不找出上述借口。德国的上述举动连俄国人都深感惊讶。目前听到一种说法，认为德国之所以做此决定，乃是因为德国非常不喜俄法同盟之亲密；且本年夏天，德国在基尔举行庆祝新运河开通仪式，法国虽获邀请却无意派其军舰参加，此事令德国愈发担忧，后经俄国斡旋，德国终于得偿所愿；此时正值日清战争结束之难局出现，德国见英国退缩，俄国陷入困境，认为这是好机会，乃骤然加入，这不过是权衡东西洋利害关系之轻重，为向俄法表示谢意而采取的加入同盟之政策而已。不过，此说真伪难辨。

目前在此地，由于日本政府之英明决断，东方之一大问题已顺利解决，上下均已安心。不过，此间政治家们仍担心日本在放弃辽东半岛之后将提出何等要求？或者会不会仅仅是名义上放弃而实际上策划进行永久占领？同时，针对我国之三国同盟关系不仅仍未结束，前文所述之在基尔举行的各国军舰会同仪式尚为话题之际，德国加入同盟之手段竟能成功，那么，三国会否在东方问题上就此携手，最终竟对朝鲜之独立亦加以干涉？若我有占领辽东半岛之意，且计划于朝鲜半岛巩固我之威势，则有必要进一步加强军备，此自不待言，同时须尽量乘此时机结交英国，以为他日之助力。

本次谈判中，作为本使的最后手段，也提到了俄国在东方的未来利益，试图诱使俄国讲出其他的希望。但罗巴诺夫外交大臣表示："符拉迪沃斯托克近来也装备了破冰装置，冬季海陆交通已不致断绝。"意即目前不希望获得朝鲜之不冻港，并不上钩。其上述言论并不可信，即便其目前没有这一企图，若日本一面在表面上倡导朝鲜之独立，一面实际上在其国内巩固自身势力，俄国也不会乐见这一情况的发生。虽然俄国目前并未有计划，但由本次事件即可明显看出，它企图使自满洲东北部至南部海岸为止之地区服从其威势。若朝鲜独立问题有任何对俄国不利之处，随着其具体情况之显现，俄国必将提出异议。特此说明，谨供参考。敬具。

该函由西公使于[1]去年五月五日发出，此时距我政府将最终答复交予俄、德、法三国政府虽仅过了两三日，但函中所论明晰详密，其推测部分，今日仍能得证所见非虚，由此可见西公使对于外交之练达。

三国干涉前后德国的形势

德国为何采取如此为他人火中取栗的行动，使俄国突然不顾一切地要实现其夙愿呢？其原因正如上述西公使函中所言。如今有必要对时局变化稍做回顾，对此事加以详述。德国政府的态度原本在日清事件之初就颇为暧昧模棱。他们一边屡次对我国表示同情、友好，一边其臣民不断向清国运输战时禁运物品，其退役士官甚至公然参加清国的军事活动，德国政府对此竟然视而不见，仅关注其自身利益。去年十一月，英国政府向欧洲各国提议联合进行干涉之际，虽然德国首先加以拒绝，其后又频繁对我国示好，但英国所提议之联合干涉即便是英国自身的舆论也对此表示反对，[112] 并非能实际达成者。另外在本年三月八日，德国驻东京公使会晤林外务次官（当时余正在旅行中，是以与林次官会晤），宣称接到政府训令并朗读了如下备忘录："德意志帝国政府劝告日本政府以适当条件缔结和约。清国已要求欧洲列强加以干涉。似有两三列强大体对此表示同意并相互做了约定。而此等列强对清国所要求之干涉报酬愈多，则日本所得就愈少。故此，日本在尚未受到上述干涉之前即行缔结适当之条约，当为上策。据德国政府收到之报告，日本似乎要求从清国大陆割地。此必将成为引发干涉之因素。"余即刻电告林次官，令其对德国公使之好意表示感谢。但当时我庙议已确定日清媾和之条件，难以轻易更改；且对于德国政府关于日清事件之言行往往有难以信赖之感受，是以实际上并未对其劝告加以重视。因此他们日后喋喋不休地表示，日本不顾该劝告自顾自地采取行动，才最终招致三国干涉。然而当时向我政府发出类似劝告的，又岂止德国一家？且即使我对德国之劝告表达的谢意或有不足之处，德国也没有理由因此而突然成为干涉的首倡者；而且，联合俄国也就罢了，甚至还与有着深仇旧怨的死对头法国联手来反对日本。因此，余自初时即怀疑德国之豹变，必然是由于其他欧洲政策方面的关系。且这一豹变似乎是在极短的时间内完成的。四月六日，青木公使对余表示："媾和条件已经泄露，德国政府并无重要异议。"同月十二日，该公使又发来电报称："对于媾和条约之条件，欧洲报纸上的评论不错。尤其是关于赔款，即便数目更为巨大亦绝不会有异议。又关于割地之要求，贵大臣应以坚持主张、毫不动摇为宜。"次日（十三日），该公使突然发来急电称："若日本政府向清国要求特殊的经济利益，则即便是德国也会进行反对。对于德国的恳切意见，日本有义务将诸般事宜详尽通告德国政府。故此，为缓和一般民众的激昂情绪，望能将报告发给本使。"仅仅一日之隔，前后电报的意思竟然会如此之矛盾，原因何在？这不是德国政策上出现了转变又是什么？而上述电文中有所谓特殊的经济利益云云，是因为此时巴兰德之辈正为了清国而对德国政府以及社会的某一部分频频进行游说，将其谬说流布于世，德国政府姑且利用其说法作为暂时的假面遮掩其真实目的而已。原本在东亚最为图谋商业垄断者莫若英国。然而即使是英国见到本次媾和条件之后亦对其颇有好感，因此条件自然也不会对德国通商方面产生任何障碍。于是，余于同月十九日向青木公使回电表示："日本自清国处所获得通商方面之利益，根据最惠国条款，各国皆可均沾。因此，听说其他国家皆对此颇有好感。近接贵电称德国反而为此生出疑惧，余甚感讶异。"果不其然，德国对通商方面的不满只是一个口实。

青木公使关于德国态度突变的来电

同月二十日，余接到青木公使发自柏林的来电，称："接贵大臣电信后面见德国外交大臣之际，该大臣之意向骤然转变。该大臣称：'日本占领旅顺口必将遭遇巨大的反对。'本使答称：'占领奉天省南部，是巩固朝鲜国独立所必需，若日本不能占领自己的军人以鲜血所攻取之领土，必将大失所望。希望德国能秉承日清交战期间所一直表现出来的对日友好政策。'该大臣进一步说道：'德国自去年秋天以来已对日本表现出了充分的好意，粉碎了欧洲各国干涉的企图，并以其他各种方法对日本进行了帮助。然而日本对此却并无任何报答，德国之权益也未获增进，日本甚至还不顾德国及其他欧洲各国与清国通商方面的关系，擅自制订和平条件。因此，德国不得不与欧洲各国采取共同行动。……而且日本根据和平条约中通商方面的条件获得了不当利益。'本使答称：'各国均享有最惠国待遇，故此当然也能享有与日本相同的权益。'该大臣表示：'日本不仅有劳动力低廉之利，而且国境又相接近，根据本次条约，日本实际上终将成为欧洲各国与清国通商贸易方面无可比拟的竞争者。且日本违背外交上的惯例，完全出于自私。'对此大加指责之后，该大臣称：'世界绝非日本国之希望与命令所能左右的。'本使以为，由于我政府未对至今为止德国之好意做出报答，才使得如今德国明确表示反对日本并与列强采取共同行动。加之德国此前已通过其驻日公使向贵大臣劝告轻减和平之条件，以保护清国。今日德国之态度甚不易应对，希望能对此采取相应之措施。"上述电文中，诸如日本之劳动力低廉、日清两国国境相接近、欧洲各国终将无法竞争之类的不满，几如儿戏，不值一顾。而以所谓我方对于德国自去年秋天以来对我国之好意并无充分报答，我国不顾德国及欧洲各国与清国通商方面之关系而擅自制订和平条件等为口实，称不得不与欧洲各国采取共同行动云云，其论据自相矛盾，颇为薄弱。且彼等所说反对欧洲各国之联合干涉，令驻东京德国公使劝告日本政府云云，正如前文已论及，亦非值得深为感谢之事。即便我国对此感谢有所不足，亦不足以令德国如此愤怒以致与俄法联合以武力逼迫于我。青木公使竟然会以责怪的语气，认为我政府怠慢了德国，实在令人难以理解。余接到青木公使电报时，正值签订《下关条约》之后回到广岛之际。当时虽未完全掌握欧洲各国之近况，但余仍怀疑德国如此骤然改变态度，除了其表面所说之理由，定有其他不得已之原因。当此之际，既然已无法令德国改变其决定，不如静待其下一步行动。果然余之疑团从平素与德国最为亲密的另一欧洲国家处得到了解答。

高平公使关于德国与俄法结盟一事的来电

四月二十七日驻意大利的高平公使向余所发之电报称："本使就德国反对媾和条件的问题，与意大利外交大臣进行了长时间会晤。其间，该大臣密告本使称：'德国最初曾希望与意大利合作，但意大利对此表示谢绝。[113] 本次令德国态度发生如此之改变的原因，完全在于其希望于战略上在欧洲大陆阻碍法俄同盟，并最终使法俄处于孤立的地位。然而德国若与俄国走得太近，而至于大逞其威力之时，其他国家也不会坐视不理，在某种程度上会对其势力加以限制。在此情况下，日本若得英、意、美三国之联合帮助，则干涉问题终究不会发展为大问题。然而若要办成此事，须由日本首先要求英、意、美三国合作。到那时，意大利会欣然劝说英美两国。此次事件颇像一场骗局，因此丝毫不会与三国同盟（德、奥、意）有所抵触，所以才得以彼此立于相反之立场。'"意大利外交大臣的言辞甚为明了，德国之所以态度骤然改变，是因为担心俄法关系逐渐升温，所以自行加入其间希望使其冷却。此乃事关本国存亡之问题，完全无暇他顾。意大利外交大臣所说"丝毫不会与德、奥、意三国同盟有所抵触，所以才得以彼此立于相反之立场"之语，表面上看甚为奇怪，且似颇为大胆，但在欧洲外交之中，在虚虚实实的形势之下，这种局面倒也并非不可能。

加藤公使关于与德国驻英国大使谈判的来电

德国与俄国结盟的这场类似于骗局的外交，不仅为意大利外交大臣所看破，更由德国皇帝之代表——德国驻英国大使亲口加以承认。加藤公使四月三十日来电称："德国驻英国大使派其书记官前来请求与本使会晤。因此，本使于昨日（二十九日）拜访了德国大使。其间，该大使表示：
'俄国的态度愈发激烈，法国如今已陷入虽欲离开同盟但却难以采取行动
之境地，德国对日本怀有友情，此前如是，如今依旧如是。因此，希望
能圆满结束此事之情甚切'。本使质问：'若德国真对日本存有如此友情，
为何加盟此次干涉？'该大使虽未明言，但暗示真正的原因在于其欧洲政
策使德国不得不加入这一同盟。他同时表示：'德国加入该同盟对日本而
言是有利的。因为德国曾劝说俄法两国大大减少其要求。'该大使又表示，
总之日本应首先满足于暂时占领辽东半岛，暂时的占领可以变成将来永
远的占领，并举出了诸多先例。他还附带表示，只要日本放弃永远占领
该半岛，关于日本所提出的其他任何条件，该大使皆可向本国政府建议，
尽力与本公使进行协商加以圆满解决。"电文中的言语绝非德国大使一己
私言，此事甚为明显。然而德国政府为何不经恰当渠道，而是让其驻英
外交官与驻英日本外交官就辽东半岛问题进行协商，此事颇为可疑。加
之其虽未明言，但暗示欧洲政策乃是使德国不得不加盟此事的真实原因，
并劝告日本暂且满足于对辽东半岛的暂时性占领，甚至还举例说明暂时
性占领可以变为将来永远的占领云云。由此观之，德国与其说是当时俄
国之同盟国，不如说类似于"狮子身上虫"，乃是俄国的心腹之患。

三国干涉前后法国的形势

法国也是出于欧洲政策方面的原因，甚至应该说是国家存亡方面的
原因，一日也无法离开俄国。此事并非始于今日。日清交战初期，法国
对我国之友情并不亚于德国。在余看来，法国之言行甚至令人感觉更为
真挚。法国公使阿尔曼*不仅屡次谈到未来日法同盟之必要，甚至曾对

---

* 阿尔曼（Harmand）：法国驻日公使。

余暗示绝不可忽视俄国军舰陆续通过苏伊士海峡向此方集合的意图。本次的三国干涉当中，法国政府也未如德国一般迎合俄国之意率先采取行动。最初其稍显犹豫的态度从西公使的电函中也能看出。然而当看到德国突然与俄国勾结起来，法国自然无法再冷眼旁观下去。其后阿尔曼对余所说的"希望日本政府对于本次法国的举动能够体察真实意图"，当确为其真实想法。

俄国意外地得到了德国的加盟，然后又得以劝诱历来关系匪浅的法国（根据青木公使与西公使的电报及信函可知，本次联合干涉之商议，实际上始于四月中旬，仅仅五至七日时间便达成了协议）。因此，俄国不仅在东方增加了自己的势力，欧洲关系方面亦再无丝毫后顾之忧。于是，在四月二十三日向我政府提出了异议，其往日之态度瞬时一变，来势凶猛，并开始了旁若无人的强烈示威行动。当时停泊于日本各港的俄国军舰，接到命令要求做好二十四小时内随时出发的准备，各舰均昼夜保持锅炉点火状态，禁止船员上岸，显示出一种随时都会发生战斗的态势。此外，又于符拉迪沃斯托克紧急召集预备役人员，不论是商贾还是农民，均驱其前往军伍服役。东西伯利亚总督将管辖之下的现役军人与预备役人员相加，召集了五万士兵，并且说是做好了准备，可以随时出发。尤其是该港的军事长官向二桥贸易事务官[*]发出通牒称："已接到本国政府命令，将符拉迪沃斯托克视为临战地区，因此要求居住于该地区的日本人集中居住于三俄里^{**}之内，做好可以在再次接到通知时随时撤离的准备。"根据当时德国某报纸所载的传闻，德国皇帝特向俄国皇帝发电表示："俄国海军中将齐尔托夫因海军之技术、经验为朕所夙知，故欲将太平洋之德国舰队委托该中将指挥。"虽不知此事之虚实，但由此可

---

* 二桥谦（1857—1903）：日本外务省官员。曾任符拉迪沃斯托克港贸易事务官。

** 约三千米。

见俄国已成骑虎之势，已下定决心排除一切阻碍直线前进。

三国干涉之由来，如上所述，其肇端当然是始于俄国。而俄国之所以如此突然地逞其猛势，实际上是肇因于德国的态度转变。那么德国为实行这一苦肉计，又是如何向内外施展其各种计划的呢？他们对于素来保持信义的日本，忽然反目，也曾于心不安。当时德国各报频频报道称，德国虽仍保有素来对日本所持的好感，但实际上由于形势不得不与他国共同对日本进行忠告；或者，正是由于德国加入俄法两国同盟，才使得其他国家无法提出比如今更为苛刻的条件云云，并以其他类似口吻希望能暗自抚平我国之不满。此外，德国驻英国大使对加藤公使的密谈；德国外交大臣对青木公使所说的"日本要求赔款以作归还辽东半岛的条件乃当然之事，德国政府当随时就此劝告清国"；德国驻东京公使对林外务次官表示"若日本有意将本问题付诸列国会议，德国政府愿居中斡旋"等等，尽皆俄法两国未必会说之话语。他们对我国尚且如此，对俄国之煞费苦心更可由此推知。当时《莫斯科报》对俾斯麦[*]的举动曾有一段评论，颇为新奇有趣，揭穿了德国的假面具。该报对俾斯麦一直以来的政策加以褒贬评论之后表示："俾斯麦之所以赞成此次之举，绝非为了保护德国在远东的通商贸易利益，而是为了恢复俄德之间的密切关系——这是为德国之真正幸福所必需的——并将其作为今后相互合作的阶梯。故此俾斯麦断言，德国对俄国希望在太平洋方面获得不冻港，并修建一条经过朝鲜的铁路将其与本国连接起来的想法，没有任何理由表示反对；正如德国对于法国在突尼斯、印度、非洲的政策表示同情一般，它也可对俄国的东方政策表示同感；即便是黑海，如今对德国而言都已没有太大的利害关系，更何况朝鲜海域？德国的政策如今须保持坚定不移，须坚持历来的方针，自始至终与俄国保持协同一致的行动。"该报

---

[*] 奥托·爱德华·利奥波德·冯·俾斯麦（Otto Eduard Leopold von Bismarck, 1815—1898）：劳恩堡公爵，普鲁士王国首相（1862—1890），德意志帝国首任宰相，人称"铁血宰相"。

赞赏俾斯麦不愧为老练的外交家，在决定如此重大政策之时，不以自己对俄国的好感和对英国的厌恶为标准，而一心一意以德国利益为标准，并指出："当德国处于危难之际，其存亡全靠俄国之向背而决，德国若欲国家之根基坚实牢固，除俄国外别无他国可以依靠。"在抬高自己地位之后，又对俾斯麦于莱比锡演讲时所谓德意志帝国应该恢复本世纪初期的地位之说加以嘲讽道："俄国如今已不会为了他国利益而让自己民力疲敝，此事希望俾斯麦能加以了解。"最终预先警告称："俄德两国没有理由相互嫉视，然而德国亦不要指望可以基于本国利益对俄国政策指手画脚，或令俄国改变自己的特殊政策、与旧友绝交并再度为了德国的利益而提供帮助。"该报揭露了德国政府以及俾斯麦的隐秘想法，同时也毫无顾虑地展示了自家的真实面目。这种做法会让德国政府与俾斯麦出一身的冷汗。这虽不过只是俄国一家报纸对俾斯麦的评论，自然不能将其视为俄国政府之真实意图，不过俄法同盟之成立久已为世人所怀疑，但两国皆未对此言明。本年六月十日，法国外交大臣阿诺托[*]面对议会的询问时方才公开宣称："关于日清战争，法国之所以与俄国采取同样的方针，乃是两国同盟的结果。"俄法两国政府将两国同盟之事公之于众乃是自此时开始的。德国为了破坏俄法的密切关系而进行的骗局式加盟，岂非反而使俄法同盟更为牢固？而同月十七日俄国皇帝特授予法国总统最为贵重的圣塔列多尔诺勋章，实非《莫斯科报》对俾斯麦加以冷嘲热讽的情形可比；这难道不是对法国外交大臣公开宣称俄法同盟之事表示谢意吗？其后俄法两国就清国外债问题进行合作之时，德国曾喋喋不休地对此表示不满，但此时岂非为时太晚？要而言之，德国政府所采取的骗局式外交，累日之苦肉计究竟能否达其目的，此乃未来之问题，非本篇主题，是以不再深究。

---

[*] 阿诺托（Hanotaux）：法国外交大臣。

第二十一章

俄、德、法三国之干涉（下）

结 论

明治二十八年（1895）四月二十三日，俄、德、法三国突然干涉，次日（二十四日）我政府于广岛行宫召开了御前会议，最终确定不能破坏与第三国之间的和睦关系，多树敌断非上策。当时国内的普遍情况如何呢？社会上仿佛受到政治性恐怖的袭击，极端惊愕从而陷入沉郁，大家忧心忡忡，如同我国要地即刻会遭受三国炮击一般，没有一个人能够高谈阔论说有匡扶目前大难的策略。当时被称为对外强硬派的重要人物，在京都与伊藤总理会谈，谈及三国干涉之事时，伊藤讽刺他们说："如今与其聆听诸君之高见，不如与军舰、大炮进行商议。"面对此等冷语，他们再无平日多言善辩之貌，唯唯诺诺未敢有一言顶撞，亦未能说出胸中有何打算。此辈尚且如此，况一般民众乎。人心惶惶，唯祈祷这一艰难时局尽早结束而已。

辽东半岛归还后国人的不满

如此经过十余日，关于辽东半岛归还问题终于与俄、德、法三国签订盟约，日清两国媾和条约也在芝罘进行了交换。至此，世人始知再无事变猝发之忧，连日来的愁眉也终于得以舒展。同时，郁积于胸中的不满之念也终于爆发。与此前过分骄傲的感觉相反，如今则感觉蒙受了漫天的屈辱，每个人随其各自骄傲遭受挫折的程度不同而感受了不同程度的不快。不满与不快迟早会通过某个地方发泄出来，以便对自己进行安抚，此乃人之常情。然而平素反对政府的党派，见到社会的趋势如此，立即加以利用，将所有的屈辱、所有的错误都视为政府政策错误的结果，大肆指责政府的外交，"战争胜利，外交失败"的喊声四起，其反响至今仍甚嚣尘上。原本余起草此书之目的，仅在于对自去年朝鲜内乱以来，及至征清之役，最终到三国干涉为止这一时期极为纷繁复杂的外交过程加以概述，以免他日遗忘，与世上滔滔之徒就其是非得失进行辩论争议则素非余志。然而政府于非常之时当断行非常之事。当此之际，须对内外形势深加斟酌，考量长远未来之利害，审议精愫。苟若有可供试行之计策，无一不尝试之，终在危机一发之间，自信寻得匡救时艰、能[114]保国泰民安之道，并将其加以断行。上述所有事由，余不忍其付诸湮灭尔。

当时的内外形势

在如今列强割据的形势下，此方所愿即彼方所恶，利益相互冲突。所谓战争，最终亦非单由炮火剑戟而决定。若外交策略不够机敏，交战者往往会面临意外之危险，反之若没有武力的支持，即便外交方面占据正理，其结果也难免失败。试想本次三国干涉突然发生之时，我外交之背后有何强援可依靠？当时下关谈判已进行过半，媾和条约之签署已到垂成之期，[115] 小松亲王率帷幕之谋臣及几乎全国之精锐尽赴旅顺口。军机战略之得失不在本书所论之限，唯当时军人社会之气焰，仿佛有着非亲自横渡黄海之波、非亲自脚踏爱新觉罗氏之地者皆为同列者所不齿之状。这一气焰在当时恐无人能加以压制。陆军既已如此，加之我占优势之舰队几乎放弃沿海之防卫而出征于数百里之外，四月二十四日之御前会议即是在如此形势之下所做的决定，是以今日不能将此归咎于任何人。且自去年秋冬之交始，欧洲列强企图干涉日清战局之事已不止一次，若于平壤、黄海之战后，或是旅顺口、威海卫陷落之前，欧洲列强突然加以干涉，我战局又将发生如何之变化？去年七月牙山、丰岛海陆战之后数月之间，尤其是清国频繁要求欧洲列强居中干涉之际，至敌国低头平身、割地赔款求和之前，我征清军队有幸毫无他顾之忧，一心一意于北方蹂躏奉天、山东之河山，开辟了一条如今可直进直隶地区之通路；在南方则进占澎湖列岛，威胁台湾全岛，使其居民望风而逃。在此期间未曾蒙受欧洲列强的任何阻碍，此岂仅为偶然之好运乎？然而在收拾战局之际，欧洲列强中难免会有一些干涉，此事亦非我等所未料到。本年一月二十七日的御前会议上，伊藤总理在上奏当中就已透露过这一意思，尤其是俄国关于在大陆上割地一事的态度，自去年以来于默默之间即足以推测其意。肯定有人会说，既已推测得知此事，为何仍然要求将来可能不得不放弃之割地呢？关于此点，余不想再做陈疏以阐明"我方没有必要预先窥探外国之鼻息徒自放弃战后权利"的观点。所谓窥人鼻息之语虽有语病，但如今各国为了争夺各自的功名利益，不惜飞耳长目，相互忖度彼此心意，以预先洞悉彼此之关切，避免相互猜忌，以免他日纠纷，此亦为外交上之重要权宜之法。然而，当时我国内大势果能使得吾等毫无顾虑地照此权宜之法以施为乎？正如余于前文（"日清媾和之发端"）中所述，当时普通国民自不待言，[116] 即便政府内部亦皆希望清国的让予越多越好，希望帝国的光辉愈加发扬光大。更有甚者，有人在广岛御前会议上见到余所提出的媾和条约方案后，竟主张除了割占辽东半岛之外尚需加入山东省之大部，可见希望扩大割地范围者大有人在。甚至还有人主张不到大纛进入金州半岛、皇师攻陷北京城绝不允许议和。在胜利的狂热充斥于整个社会，浮望空想几乎达到极端之际，若媾和条约中没有加入军人流血牺牲才夺取的辽东半岛之割让条款，不知会令普通国民如何之失望。岂止是失望而已，在当时氛围之下，此等条约恐亦难以付诸实施。内外形势如此难以相容，要想对此加以调和亦甚为困难，若强行加以调和，当时必然会由内产生剧变，其危害很可能反而比他日可能会由外产生的事变更为严重，此事不可不虑。政府处于此等内外形势困难之局面，会对时局之轻重缓急加以比较，总是为了重要且急迫之事而将较不重要且较不急迫之事放在后面处理；对于内部问题尽量使其融合，对于外部问题则尽量加以限制，若有完全无法加以限制者，则尽力使祸机爆发之时间延迟，可说是外交上能做到的已无不尽力而为。处于内外形势如此困难之境况的，世界各国均不乏先例。

《圣斯特法诺条约》

例如一八七七到一八七八年，俄土战争结束，一八七八年三月三日[117]签订了《圣斯特法诺条约》*。英奥两国在此之前以他日将进行干涉的警示口吻向俄国政府表示："若俄土条约有与巴黎条约及伦敦条约精神相抵触之处，将不会承认此为正当之条约。"俄国当然夙知英奥两国之态度如何，但仍批准了该条约，这是为何？恐怕俄国政府也受制于当时的

---

* 1878 年俄土战争后俄国与土耳其签订的停战条约，根据条约俄国取得比萨拉比亚、巴统等地，并获赔款 14 亿卢布。

内外形势，且对此亦无可奈何。历史学家描写了戈尔恰科夫公爵*当时的苦心："公爵既担心普通国民的激动，更惮于对抗这种激动。"由这句话足以推测出当时的情况（然而戈尔恰科夫在预见到英奥两国必然会有异议的同时，由于一直以来的俄德关系，是以私下自恃会得到俾斯麦的帮助，但他也未料到会有柏林会议那样的结果，更未料到俾斯麦会将其在该条约签署仅仅数日之前的演说一笔勾销。俾斯麦于一八七八年二月十九日，即距《圣斯特法诺条约》签署之日仅仅两周之前，在德国国会所进行的演说中有一节说道："为何某国对俄国有开战的必要？即便开战且该国取得胜利，他们也已无法挽回土耳其的权力。果如此则他们必须以自己的方案替代俄国关于本问题的方案。而他们如今有何等方案呢？即便已有某一方案，又当由何人担当施行之重任呢？……若俄国如今无法得到一八五六年条约签署国的应允，则其当以继续占领目前所占有之土地为满足。"这是俾斯麦见当时英奥两国不惜与俄国开战也要将其异议贯彻到底时，对其所作的冷嘲热讽。同时也暗示，德国对于俄国将目前占领之地作为胜利的结果继续加以占领这件事并无异议。不过，不仅德国后来出现了与预期相反的颇为奇怪的状况，英国亦对于柏林会议的条件提出反对意见并拒绝出席。于是戈尔恰科夫密令俄国驻英大使舒瓦洛夫伯爵**与英国外交大臣索尔兹伯里侯爵***预先进行协商，将《圣斯特法诺条约》中需要修改之各条款记载于秘密备忘录中。因此，据说柏林会议之结果，实际上很多都是英俄之间早就在伦敦秘密约定好的）。本次《下关条约》之改变，虽然在事后的今日看来，政府有对外屈服的

---

* 亚历山大·米哈伊洛维奇·戈尔恰科夫（1796—1883）：俄国政治家，公爵、首相（1866—1882）。在克里米亚战争以后的25年中任俄国外交大臣。

** 彼得·安德烈耶维奇·舒瓦洛夫（1827—1889）：俄国伯爵、外交家和警察首脑。1874—1879年任驻英国大使。

*** 索尔兹伯里侯爵（1830—1903）：英国政治家，保守党领袖，曾三度出任首相。1878年4月—1880年4月期间曾任英国外交大臣。

态度，但从事前的大势来看，实际上，称其为由于对内部的顾虑方才走到如今的地步，方是得了事实之真相。要而言之，本次三国干涉的突然到来，正值日清媾和条约批准交换日期已临近之时。政府为了对三国及清国的问题一并加以处理而使尽千方百计，最终决定采用快刀斩乱麻的方针，令其彼此不再相互影响，对清国将胜利果实全部接收，同时不使俄、德、法三国之干涉再度搅乱东洋治平之大局。毕竟对我而言，已前进至能前进之处，止于所不得不止之地。余相信，当时无论何人当此局面，均再无他策。故此，余曾于《三国干涉概要》中指出："能将本次纷繁错杂的外交问题在仅仅两周之内加以解决，能在千钧一发之际阻止危机的爆发，能在即将失去百战百胜的战果之际将其保全，无不由于庙议及时且应对得宜之故。换言之，不外乎承奉大诏中所谓'今应顾全大局，以宽宏处事，然亦期帝国之光荣与威严无所毁损'之圣意而已。"

[118]余曾计划在本文中将朝鲜内政改革分为三期，依照各自适当的顺序加以记述。然而虽然记述了其第一期及第二期，却终于决定省略第三期。这是因为朝鲜内政之改革其后由于种种外来事情而受到阻碍，至今尚未完成。故此，若要对其加以叙述，可能不得不言及将来之政略，规则未免言之过早，是故加以省略。

明治二十八年（1895）除夕之夜脱稿

伯爵 陆奥宗光 记

校 注

校注凡例

1. 本校注的主要目的在于将《蹇蹇录》成书过程中被删除及修改之处的原文复原，以使读者能知道修改的痕迹。不过展现给读者的也并非是所有的修改之处，而是其中主要的地方。

2. 在复原文章之际所使用的《蹇蹇录》相关史料，乃是收藏于日本国立国会图书馆宪政资料室的《蹇蹇余录草稿缀》（上·下）以及印刷于和纸之上的日本外务省第一次刊本——《蹇蹇录》（鳌头记入原本）。换言之，这是将日本外务省第二次刊本——从未公开出版的流传版本到这一版的岩波文库本为止一直流传于世间的所有《蹇蹇录》的底本（印刷于洋纸上的洋式装订本）——与《蹇蹇余录草稿缀》和外务省第一次刊本之间的差异揭示于人的校注。

3. 校注的记述将《蹇蹇余录草稿缀》修改前的原文简记为〈草〉原文，修改后的文字记为〈草〉，外务省第一次刊本的文字记为〈和〉，外务省第二次刊本的文字记为〈洋〉。此外，校注原则如下：

（1）〈洋〉中无而〈和〉〈草〉皆有记录者，示以〈和〉中的文字；

（2）〈洋〉〈和〉中皆无而〈草〉中有记录者，示以〈草〉中的文字；

（3）〈洋〉〈和〉中皆无,〈草〉中也在修订和推敲的过程中被删除者，示以修订前的〈草〉原文中的文字。不过，对于在〈草〉中的某处被删除而在其他某处出现的文字则未予复原。

此外，关于〈洋〉中对事实的明显错误之处予以了保留，只在校注中指出其错误。

4.在复原文字时，除了将汉字改为日文的常用汉字，并将明显的错字加以修订之外，其余皆沿用原文。

5.各条校注前的数字表示的是正文中标示有 * 号的地方，前一个数字是正文的页码数，后一个数字表示该页码中的行数。正文中的夹注只算作一行。*

---

1. "绪言四"在〈和〉中是这样表述的：

> 毋庸讳言，本书的描述基本都基于外务省公文记录。不过，外交方面的公文皆会在文字之外存有一种含蓄之意，只写皮肉，不露骨骼。一读之下往往不禁会有味同嚼蜡之感。本书对所有事实原委加以剖析，对其秘密亦不藏匿。若要打比方，公文记录犹如实测图纸，山川之高低深浅的数据皆有，但却总感觉缺乏精神；而本书则犹如写势绘画，比起山相水姿来更希望能表现出山势水情。故此，阅读本书的读者若不与公文记录彼此对照，则无法同时了解山水的形姿与其情势。

2. "杉村濬在朝鲜前后数年"一句，在〈和〉中被表述为"杉村濬其人稳重细致，且在朝鲜前后多年"，其中包含了对杉村的评价。

3. "六月一日，众议院通过了谴责内阁行为的上奏案"一句，在〈和〉中是这样表述的："六月一日，众议院呈上谴责内阁行为的上奏。"

   作为历史事实而言，〈和〉的记述是正确的，通过上奏案是五月三十一日的事。对〈和〉进行修订时出错，导致〈洋〉的记述的出现。

4. 在〈和〉中，"赴会"与"之初"之间有如下夹注：

> 由于当日内阁会议会讨论解散议会这一重要事件，山县枢密院议长也列席了会议。

5. "我政府虽做出如此决定"一句，在〈和〉中是这样表述的：

> 我政府素来朝政已定，决心首先尽量采用和平手段，但若到万不得已之时，也不会放弃依靠武力。

6. "最为紧要之事"一句，在〈和〉中是这样表述的：

> 最为紧要之事，所以欲知当时清国是如何认定此《天津条约》之精神的。

7. "不打破现今的和平状态"一句以后的部分，在〈和〉中是这样表述的：

现在不会破坏和平，局势仍未至开战，只是一篇行文之中发现彼此不同见解，但已可于此时早早发现甲争乙抗的对峙状态，日后局势明显有发生巨变之忧。在这千钧一发的危急时刻，我国政府仍在专注于尽力不去打破现今的和平，寻求保全国家名誉之道。

8. 在〈和〉中，"又补充了一条"一句之后还有如下文字：

以便让大鸟公使随机应变，为今后能够采取任何行动留下余地。

9. 在〈和〉中，"日清两国军队"一句之后是这样表述的：

日清两国军队睥睨相对，相互之间抱有相当之猜疑与相当之希望。故此，势必无法寄望于樽俎之间彼此释然，并各将本国派遣军队自朝鲜国撤回。如此一来，现如今若无紧急原因或看上去极为正当之借口，我们就不得不待经过几度波折之后，尽力依靠实施一种外交政策来使局势为之一变。

10. "一天考虑时间……"一句，在〈草〉原文中表述为"请求给予一天的考虑时间，即刻带上上述伊藤总理参与起草之文件返回，一晚"。

11. "驻东京清国特命全权公使……提出了……三条理由"一句，在〈草〉原文中表述如下：

光绪二十年五月十八日，即我明治二十七年六月二十一日，清国政府命驻东京清国特命全权公使汪凤藻对我方提案予以回复，正如我所预料，其宗旨在于不同意我方提案。汪曰

12. "毫无疑问……训令汪凤藻。第一条"一句，在〈草〉原文中表述如下：

显而易见……训令汪凤藻。总而言之，正如我政府最初所预料，清国拒绝我方提案。第一条

13. "清国政府中李鸿章……还未领悟"一句，在〈草〉原文中表述如下：

清国政府中李鸿章仍未从当初的迷梦中觉醒，彼等难脱胸中历来习惯的自尊倨傲之风格，仍未觉察日本政府已经下定最后决心。

14. "暗藏以朝鲜改革之名……屈服于我权威之心"一句,在〈草〉原文中表述如下:

> 暗藏以朝鲜改革之名进行侵略并扩张我版图,抑或使朝鲜成为如我附庸国一般的存在、屈服于我权威之下

15. 陆奥在书中所写的"其时,听闻在东京的汪公使……使日本没有干预其内政之借口"一段文字,仿佛是从旁人处听说了驻日清国公使发往本国的电报,但实际上在甲午战争的时候,从开战之前开始,日本已经破译了清国政府与驻日清国公使馆以及赴日的清国媾和使节之间的电报,陆奥自然对这些内容的一字一句都非常清楚。关于其始末,在中田敬义(时任陆奥外务大臣的秘书)口述的《日清战争前后》(日清戦争ノ前後,1938 年 10 月,口述,打字机打印版,藏于日本国会图书馆宪政资料室,《宪政史编纂会收集文书目录》550)中有如下记述:

佐藤电信课长的功绩

开战之后,虽然在明面上没有记载,实际上立下大功之人中有一个就是此前当上外务大臣的佐藤尚武君的父亲——爱麿君。当时此君任电信课长,他发现了支那的电报密码。这在战争中为我方带来了巨大的利益。

明治十九年,支那水兵在长崎闹事,当时一个叫吴大五郎的人发现了支那的电报译电本。支那乃是没有字母的国家,所以除了字典内不常使用的汉字之外的常用汉字,在其旁边标注 1、2、3、4 等数字并加以使用。也就是一本小字典,这就是对方的电信密码本,此书就收藏在外务省。明治二十七年六月二十二日,陆奥外相将一封信件发给了驻日公使汪凤藻。此信最初由德尼逊用英文写就,然后在大臣官邸由伊东巳代治译为日文,再由我译为汉文发给汪。第二天,也就是二十三日,汪凤藻向总理衙门发了一封极长的电报。佐藤电信课长认为这一定是昨日的那封信,用了各种方法终于将密码破解。支那方面此后对其密码也未进行任何改变,所以他们的所有电报均为我方破解,带来了极大的便利。我方于 8 月 1 日宣战,对方也是当天宣的战;在谈判时我方也收获了极大的利益。此事可能在私下有所传闻,但并

没有记录留下。虽说这并不是那么太好公开的事，但也算是一件值得记忆的逸事吧。

在对甲午战争论功行赏之时，我奉陆奥之命进行了调查。佐藤荣获特别奖。其他没有人获得年金，唯有佐藤被授予勋三等，获得了年金。

中田所说的陆奥发给汪凤藻的信件、其汉文译文以及驻日清国公使馆、清国媾和使节与清国之间的密码破译的电报，均收录于伊藤博文编《机密日清战争》(原书房刊，1967 年，山边健太郎《资料解说与增补》) 中。另，关于佐藤的授勋，正确的是"勋四等旭日小绶章"。

16. 在〈草〉原文中，"逐一附加了详细注释"后有如下表述：

余在将该训令发往大鸟公使之前自然也将其于内阁会议上提出并征求阁僚的意见。内阁当中当然无人抱有如世间凡众舆论所主张的发起侠义性十字军之类的想法，但在谈到改革条款的细目时，各自意见都多少有些不同。因此，前段中所列举的条款与余最初在内阁会议上提出的草案相比有三四处修改。不过，在将此条款告知朝鲜政府之际当尽量采用最谨慎的方法，以免招致欧美各国的猜忌。此外，上述改革条款若无法全部得以实施，则当尽力确保我国之利益，保证于釜山、京城及仁川之间架设电信和铁路等有实利的实业。对此，各阁僚的意见基本一致。故此，余在对所谓"改善交通"一项的注释中就电信及铁路建设之事进行了详尽说明

17. "余以为此种事态不能够长久……倒不如"一句，在〈草〉原文中表述如下：

余以为此种事态若长久如此不断地持续下去，必将招致别国的干涉，故此觉得倒不如

18. "(1) 应由日本政府自行着手架设京釜间的军用电缆"一句，在〈草〉原文中表述如下：

(1) 虽然当时朝鲜政府内尚有异议，但于京釜间架设军用电缆一事乃我国条约上的权利，应由我国政府自行着手

19. 在"驻龙山"与"的若干士兵"之间，在〈草〉原文中还有"步兵一个联队并炮工兵"字样。

20. "也不知能否建立今日我国可夸耀于世界的丰功伟绩"一句之后，在〈草〉中还续有如下表述：

> 吾等虽稍有类似自卖自夸之嫌，但若据实而言，所谓一言以定天下大事，盖如是时机是也

21. "已到了不能……一拖再拖的地步，……与阁僚协商之后立即"一句，在〈草〉中表述如下：

> 已到了不能……一拖再拖的地步，余相信，趁此机会断绝与清国之关系乃为上策，于是在与伊藤总理协商之后立即

另，〈草〉原文表述如下：

> 已到了不能……一拖再拖的地步，余趁此良机到来之际迅速与伊藤总理协商之后立即

22. "在朝鲜的日清两军何时交战，颇难预料。在此形势之下"一句，在〈草〉原文中表述如下：

> 在驻京城的日本军说不定会攻击驻牙山的清军的形势之下

23. "不如说是印证了日清两国交战不可避免，……七月二十二日"一句，在〈草〉原文中表述如下：

> 不如说是印证了日清两国交战不可避免，对此英国政府也无能为力的观点。余认为，乘此机会同意英国的请求，即成为不与英国正面为敌的理由。因此，在与伊藤首相及其他阁僚协商之后立即同意了英国政府的请求。七月二十二日

24. "只是一个……热心观众而已"与下一段开头处"无论是英国政府还是俄国政府"一句之间，在〈草〉中还有如下一段表述，不过在〈和〉中并无此段文字：

> 英国始终仅仅作为一个观众进行各种点评，并未成为一个角色

登上舞台，要说此事对日本而言究竟是幸还是不幸，须看随着表演的进行各自利害关系的变化，不能一概而论。但若让余评论，则毫不犹豫地认定此事实乃日本的侥幸。日本政府希望尽可能将事态控制在日清两国之间，这是当初就已定下的决策。尤其是日清和平条约批准之后发生著名的三国干涉之际，若不是英国保持独立旁观、不加参与的态度，就更没有任何能令三国稍微有些后顾之忧的势力了。

25. "俄皇已命驻日公使……呈报"这一段电报，在〈草〉〈和〉中表述如下："俄皇已谕驻倭使。函劝倭与华商同时撤去。再妥议善后。望密探所言如何"（〈草〉中使用的是逗号）。以这份电报为开端，此后《蹇蹇录》中所引用的清国政府与驻日清国公使馆以及访日期间的清国媾和使节之间的电报，在〈草〉〈和〉中都像前述电报一样，用汉文写就，附有句号，有时还附有日文特有的返点符号，此事不再一一加以注释。之所以如此，正如第六章的校注15中所说的那样，上述电报全都被日本政府破译了，陆奥拿到这些被破译的电报之后，就将电文直接引用到了〈草〉〈和〉里。而他在电文前后加入"据称"等文字，则是因为不想让日方破译中方电报的事实公开而采取的措施。被引用的汉文电报，在〈洋〉中全都改成了日文，其原因虽无法确定，但笔者推测，这恐怕是由于陆奥认为，日方已经破译了密码电报这件事，以及能够让人明白这种情况的引用方式，即便是内部出版物，也会有不方便的地方，所以才变成这样了。

26. "（这也无疑是俄公使将七月二日……密报了汪凤藻）"这一条夹注当中的"密报了（汪凤藻）"一句，在〈和〉中表述如下：

　　……密报了（汪凤藻）。

电文中"察"字以下文字当为汪凤藻的建议，他得知日本不会轻易同意撤兵，认为仅仅请求俄国一国进行调停并非良策。可能是由于将汉字电报改为日文之后，文中没有了"察"字，所以该部分在〈洋〉中被删除掉了。

27. 在〈和〉中，"伊藤总理"与"总是倾听来者意见"之间还有"因其所处地位，不便与外国使臣直接谈及结论"一句。

28. "存有一线期望"与"尔后"之间，在〈草〉原文中还有如下表述：

要而言之，李鸿章在外交上并无自主独立的政策，只管依赖其他列强的支持，在军事上希望仅靠虚张声势就能收拾局势，除此之外，似并未下定不畏面对铁血悲剧的决心。

29. "当时上海因多有外国人居住"到"二人取得战功的困难程度非李鸿章能比"为止的部分，在〈和〉中是夹注，其前后如下：

……相比大为幸运（当时上海因多有外国人……）在日后平定山东省……

30. "待命军人……不免有杀气腾腾、不可接近之感觉"一句，在〈和〉中表述如下：

毕竟是待命军人，自然杀气腾腾，往往有着令普通人极为头疼的习气。

31. "其时，余常有……的忧虑"一句，在〈草〉原文中表述如下：

余种种苦心所得出的计划，有不少都几乎化为泡影

32. "是在一个什么样的日子呢"一句之后，在〈和〉中还有如下夹注：

余接到电报已是青木发电的第二天，也就是应该签署条约的当天

33. "表示感谢"一句之后，在〈和〉中还有如下夹注：

关于修订日英条约的始末，在外务省编辑的日英条约修订记事中有详细记载

34. 在〈和〉中，"当时的内阁同僚"与"不同意在此时就宗属问题"之间，还有"尤其是伊藤总理"一句。

35. "李鸿章所言"一句之后，在〈和〉中还有如下表述：

在其电文中写着："我保护属邦。旧例前事。历历可证。天下各国皆知。"

36. 该公文的意思如下：

朝鲜虽然是中国的属国，但其内政外交一直都是基于大朝鲜国

主的权限加以运行。如今，大朝鲜国与某国相互缔结盟约之际，两国间外交在所有方面对等。大朝鲜国主必将依据独立国家共通的公例，对条约各条款加以认真处理。大朝鲜国是中国的属邦，作为其从属关系的结果朝鲜对中国当完成的任何事项，皆与如今缔结盟约的某国无关。因此，除派遣官员就条约进行商议外，还应备好相应文书进行照会。特此照会。

37. 在〈草〉中，"再提清、朝宗属问题"与"纯属无用之谈"之间还有一句"正如伊藤总理所言"。

38. "电令……暂缓向清国使臣提出此事。其时"在〈和〉中表述如下：

　　　电令……暂缓向清国使臣提出此事。然而，余最后的电报就好比是电令"不管使用何等口实，都要开始实地的运动"一般

39. "强行取得了朝鲜政府要求我军将清国军队驱逐出境的委托"一句在〈草〉原文中表述为"即便令朝鲜政府要求我军将清国军队驱逐出境"。

40. "虽对在中日间找碴儿以引起纷争的意见无特别异议"一句在〈草〉原文中表述如下：

　　　　虽于在中日间找碴儿以引起纷争的意见上与余一贯之观点毫无不同

41. "首先要将朝鲜国王置于我股掌之中"一句，在〈和〉中表述为"首先要将朝鲜国王擒于我手"。

42. "大鸟公使最终选择……或许他已经有了相当有把握的方针"一句，在〈草〉原文中表述如下：

　　　大鸟公使最终选择何种借口全由自己定夺，此外，不幸的是，此时恰逢朝鲜半岛电线中断无法通讯之际，不管需要如何迅速的电令也没办法［朝鲜半岛的电线无论是京釜线还是义州线都恰巧在大鸟公使率兵进入王城的数日之前中断，直到牙山之战胜利之后才又开通］。因此，无论后方如何讨论，当地都必须要针对今后的实际情况进行随机应变的处理，我反而感觉这段时间是百忙之中稍得一闲

[ ] 内是陆奥所写的夹注。

43. 在〈草〉原文中，"当务之急"之前还有一句"无可回避的"。

44. "已向朝鲜政府提出要求"与"指出以'保护属邦'"之间，在〈草〉中还有如下表述：

> 要求为我驻军建造营所 [这是依据《济物浦条约》]，又

45. "进行大的改革"与"其后"之间，在〈草〉中还有如下表述：

> 七月二十二日禀告称："本使已向朝鲜政府提出，由于清国与朝鲜的各项条约中存在有妨碍朝鲜独立的条款，朝鲜政府一直认定的规章中存在蔑视日朝两国条约上权利的条款，因此要求尽快废除上述条款。"此外

46. "采取了包围王宫的强硬措施。尔后又在当日下午的来电中称"一句，在〈草〉中表述如下：

> 不得不采取包围王宫的强硬措施，因此今日拂晓 [即七月二十三日] 在执行措施之际，朝军向我军开火，遂引发小型冲突。又在当日下午的来电中称

47. "恢复平静"与"本使随即前往王宫"之间，在〈草〉中还有如下表述：

> 外务督办奉王命来到本馆，请求本使尽快进宫

48. "而在其后不几日……牙山以及成欢之战的胜利捷报"一句在〈草〉原文中表述如下：

> 而在其后不几日，大鸟公使向余禀报了七月二十三日事变的始末以及高压外交手段的成功，随后大鸟公使和大岛旅团长分别向余禀报了牙山以及成欢之战的胜利捷报

49. "淹没在……如潮水般的欢呼声之中，大家对此愁眉舒展，笑逐颜开"一句在〈草〉中表述如下：

> 淹没在欢声鼎沸之中，大家对此愁眉舒展，笑逐颜开。而自此

时起，我国与清国之间的关系也由以前的外交先行、军队支持的局面，
一变成为军队唱独角戏的舞台

50. "余回答：在外交顺序上……即余"一句，在〈草〉原文中表述如下：

余回答：虽说在外交顺序上无任何妨碍，但我方应尽可能处于
由对方先行挑起战斗的位置，这才是上策。西乡海军大臣表示对此含
义仔细斟酌之后电令舰队司令长官，即余

51. "七月二十七日"一句在〈草〉〈和〉中均为"七月二十七日"，但实际应为"七
月二十五日"。

52. "自由处置权受到限制"一句之后，在〈草〉中还有如下夹注：

此时船长执行职务的自由已被剥夺，所以虽说该船是英国船只，
但实际上已处于清国军官的支配之下

53. 自"英国外交大臣金巴利伯爵"至夹注"此事见印度……报告"部分，在〈草〉
〈和〉中皆无记载。

54. "险些损害日英两国外交关系的重大事件……实乃值得夸耀之事"一句，在〈草〉
原文中表述如下：

险些损害日英两国外交关系的重大事件，幸而由于我海军官兵
自最初的处置就很恰当，没有任何国际公法上的问题，再加上"高升
号"的船主已预计到这种情况并在与清国政府的合约上约定清国政府
须对可能发生的损失进行赔偿，所以最关键的受害人并不像局外人那
般激动，这使得英国政府当初的激愤情绪也渐渐消退，最终这一重大
外交关系也平安得以解决，实乃幸运之事。

55. "何以必须缔结《日朝攻守同盟条约》……日朝两国的盟约"一段，在〈草〉
原文中表述如下：

何以必须缔结《日朝攻守同盟条约》，盖因此次日清的冲突即肇因
于朝鲜问题。而且尽管现如今日清两军正在其领土上交战，朝鲜政府
却不懂得作为一个独立国家，在平时和战时应当怎样在世界各国间确

立自己的地位，生长于对此一无所知的时代的朝鲜人竟然在看到日清两军于眼前交战之际，不仅犹如楚人视秦人之肥瘠般毫不关心，甚至还往往不分敌我，暗地里与在京城的欧美强国代表密谈，请求为日清两国军队撤出朝鲜斡旋……（中略）……如若任朝鲜处于此种暧昧的位置，将来必将成为产生各种障碍的渊源。因此姑且将其控制于我股掌之中，使其不敢移情别恋。同时，也可在表面上保留其独立国家的地位。此为当下之良策。日朝两国的盟约

56. "此间就连王妃本人也身处险境"一句，在〈草〉原文中表述为"即便王妃本人也险蒙弑逆之祸"。

57. "当时的朝鲜也不例外"一句之后，在〈和〉中还有如下夹注：

> 余尚记得，我国维新之始，朝廷频频起用除所谓佐幕党之外的各藩之有司、民间志士之辈，授予其官职以安抚人心。其结果就是，其后数年间，为处理此辈，政府几度厉行改革，往往引发反抗和骚动

58. "委以其组阁重任。此外，当时的朝鲜还有其他称为改革派、开化派"一句，在〈和〉中表述如下，[]之内为夹注：

> 除组织内阁之外，[不论哪个国家，其政界被称为温和渐进派或不偏中立派的人群，往往都是没有主见、只在优柔不断之时视情势进退、总是不积极主动之徒栖居之处，寄望于此辈能斩断各种盘根错节的关系，无异于缘木求鱼]当时的朝鲜还有改革派、开化派

59. "金玉均、朴泳孝等……日本党的旗号之下"一段，在〈草〉原文中表述如下，[]之内为夹注：

> 金玉均、朴泳孝等残党[此种人物多曾往日本或美国考察或游学，在朝鲜人中算是对近世内外情况以及欧洲文明之思想有几分理解之人。此外，此种人物中的多数自明治十七年以来由于闵党而颇为困窘]长期以来被放逐于朝鲜政界之外，如今他们在自称为日本党的旗号下

60. "然后是奉行温和……金宏集、鱼允中"一句，在〈草〉原文中表述为"然后是温和渐进党、所谓被国民寄予众望而实际却是采取首鼠两端主义的金宏集、鱼允中"。

61. "朝鲜政府……相互倾轧"一句，在〈草〉原文中表述为"当时朝鲜政府以大院君为主裁，以金、鱼议和派组织内阁，以开化派采用合议体的军国机务处为改革立案机构，相互倾轧"。

62. 在〈草〉原文中，"无疑是……原因之一"一句之后，另起一行之后表述如下：

他日井上伯爵赴朝鲜后，不仅尽力在当地实施劝告的预算及其他改革，还向冥顽无知的朝鲜官吏传授政治理想，希望随着这一效果的显现能开启实务进步之开端。无奈他们始终处于盲人摸象的状态，毫无先见之明，只管依赖外力，暗自图谋自家利益，除此之外任何事皆不欲为之，也不能为之。有鉴于此，我政府仅仅只进行劝告，无法于此之上获得任何实际效果，此事但凡稍有常识之人都会很容易就理解。但也有世间蒙昧之徒，罔顾事实，不仅责难朝鲜朝廷之所为，甚至还指责我政府缺乏决断

63. "有人提议……一切费用当由国库支出……动用国库的资金"一段，在〈草〉原文中表述如下：

有人提议，一切费用当由国库支出。尤其是关于该问题，当初政府内部也有颇为热心持这一主张的人。但在实施之际，动用国库的资金

64. "必须对该国相关事务……大鸟公使后任"一句，在〈草〉原文中表述如下：

必须对朝鲜相关事务做出决断，使政府不必他顾，可全力关注军事与外交大事，在选择大鸟公使后任

65. "附录：明治二十七年（1894）八月十七日的内阁决议"在这里虽被置于章末，但在〈草〉原文当中，在正文中的（甲）（乙）（丙）（丁）（请参照158—159页）各项之下分别在[]之内由陆奥加注对问题点进行了记述。这些文字虽与〈和〉〈洋〉有若干差别，但由于没有太大不同，所以此处加以省略。另，〈和〉虽与〈洋〉

一样将这段文字置于章末，但字号大小与正文相同。

66. "明治二十七年（1894）九月中旬左右……稍作探究"一段，在〈草〉原文中表述如下：

> 明治二十七年（1894）九月中旬，几乎同时令世界为之耸动的，是黄海海战及平壤陆战大捷的快讯。这海陆两大战争的胜利乃是决定日清两国最后命运之关键。日后英国的某硕学之士指出，远东大型战争的结果使得一个帝国提升了其名誉，同时也使一个帝国的名誉扫地。其时机其实就孕育于此。欧美各国政府及其国民一直都以为最后将会是清国获胜，而如今再无人会对将来之胜负有任何疑问，只剩下日本军队何时会进入北京城这一时间方面的问题。本书的目的并不在于记述作战之计划、战斗之进退，不过余希望能探究一下此次的两大胜利以及此后于奉天、山东各地我军在海上、在陆上连战连捷的结果是如何影响了我国的内外关系的

67. "此时的俄国则是虎视眈眈，正窥探缝隙中的可乘之机。总之"一句，在〈草〉原文中表述如下：

> 俄国政府此时虎视眈眈，始终唯恐自家利益遭受损失。俄国公使希特罗渥当时或曰自己个人之思考、或日本国政府之密令，屡次对余表示日俄两国政府有必要就此东洋局面之形势相互交换意见，希望听取我政府最终之意见。余虽充分了解俄国政府的想法，但政府当初即决定应尽量避免与欧洲各国有所牵连，因此余虽每次都对俄国公使做出相当之答复，但此种表面仪式性的答复到底无法满足俄国政府的愿望。故此，日后他多次表示，正是由于日本政府万事皆于秘密状态下决定并实施，终致彼此产生误解，并以此作为进行干涉之口实。总之

68. 在〈和〉中并没有"而不得不说的是，清国正是其始作俑者"一句，这是在〈洋〉中第一次出现的。在〈和〉中，此段的末句为"那么此次的战争结果则是其起因"。

69. 在〈草〉〈和〉中皆写作"十月十一日"，但在春亩公追颂会著的《伊藤博文传·下卷》中收录的该书信则显示为"十月八日"。

70. "然后将二人释放"一句之后，在〈草〉原文中还有如下夹注：

> 另给予若干金钱以为归国之旅费

71. 〈草〉〈和〉〈洋〉中，皆为"拆木城"，正确表示应是"析木城"。

72. "十二月十六日"一句在〈草〉〈和〉〈洋〉中皆记为"十二月十六日"，实际应为十一月二十六日。

73. 该照会意思如下：

> 特告知如下事项：依我大清国惯例，与各国之交往，均以和平为重。孰料现在与贵国之间稍有纠纷。平日的友好关系变为战争状态，使人民陷入生灵涂炭之苦。希望现在两国暂令陆海军停战。本大臣（李鸿章）将这一意向上奏皇帝陛下后，得陛下降下圣旨。圣旨说："德璀琳，长年在中国为官，乃忠实可靠之人。因此命李鸿章将应该处理的事情详细告诉德璀琳，让他尽早前往日本，圆满处理此事。同时，命德璀琳随时将交涉的情况用电报秘密且迅速地通过李鸿章进行上奏。令遵守本旨。"谨遵皇帝陛下圣旨，令有着头品顶戴身份的德璀琳立刻前往东京，并携带正式文书。关于通过调停工作恢复两国间和平一事，望贵总理大臣与德璀琳妥善协商，得出良好结果。特送上正式文书，希望能予以研究决定。

74. 该私人信件结尾处的意思如下：

> 一别以来，虽然已经过了很长的时间，但我想伊藤总理大臣一定没有忘记过去的情分。因为当时我们共同一心，最终成功签署（《天津条约》）。特此说明我的心意。

75. "诉之于情。不过，德璀琳其人"一句，在〈草〉原文中表述如下：

> 诉之于情。虽说其私信没有在此加以讨论之价值，其所谓公文者到底也并非当代国际公法上在此场合下可以通用的符合规定之物。首先，"德璀琳"其人

76. "要求……召回"一句之后，在〈草〉原文中有如下夹注：

此乃清国之惯用手段，不重外交上须有之信义。在拜托甲方之时同时又拜托乙方，徒招彼此之不快。正如同早先日清战争之前同时向俄英两国公使请求调停一般。

77. "等待时机"一句之后，在〈草〉原文中有如下夹注：

俄国公使"希特罗渥"，不管从其材（原文如此）能上来说，还是从有名的勃尔俄利亚事件来看，俄国政府对其之信任颇为深厚。然而从异日辽东半岛干涉之事发生时来看，似乎他几乎未能预见到本国政府之深意。相关佐证甚多。当可如此看，及至见到《下关条约》缔结且德国突然对该条约提出异议为止，俄国政府并无对日本加以一击之决心与打算。

78. 〈草〉〈和〉〈洋〉中，皆为"十一月六日"，而美国驻日公使丹恩提议，希望将美国国务卿有关在日清两国间调停的标注为十一月六日的电文极秘密地给陆奥外相传阅是在十一月八日（参照《日本外交文书》第二十七卷，第二册，八十一号文书）。

79. "建议……开始停战之日"一句，在〈草〉中表述如下：

望能决定开始停战之日，并建议以长崎为会同之地

80. "政府当局各部负责人……视为次要之事。例如"一句，在〈和〉中表述如下：

即便是分析政府当局各部负责人各自的期望，也会发现他们或把从敌国获取某种利益视为主要目标，而将获取其他利益视为次要目标，凡此种种，无不在各自心中自有选择。例如

81. "割取台湾全岛更为必要"一句之后，在〈草〉原文中有如下夹注：

西乡海军大臣当初之说即如是

82. "必须归入我版图"一句之后，在〈草〉原文中于 [] 内有如下夹注：

曾闻桦山海军中将持此意见

83. "绝不可不归我领有"一句之后，在〈草〉原文中于 [] 内有如下夹注：

山县陆军大臣当初即如此说

84. "在如此众论嚣嚣之中，倒也有二三有识之士……在当时大势之下也难有所为"
一段夹注，在〈草〉中并未出现，在〈和〉中也仅有这一部分是印在别的纸上
并被贴在书上的。这意味着，该段文字是在〈和〉已付印之后再由陆奥添写上
去的。

85. 〈草〉原文中，在该夹注之后的正文中有如下文字：

然而当时内外形势不容将此骤然公布于世间，故余将其深藏箱
底，待他日时机之到来

86. 在〈草〉〈和〉中并无"对于总理的上述意见"一句。

87. "山县陆军大臣"在〈草〉〈和〉中作"山县陆军大将"。大将是正确的。他兼
任陆军大臣是从一八九五年（明治二十八年）三月七日开始的。

88. "并乞……深加省察"一句之后，在〈草〉原文中于[]内有如下夹注：

列席文武重臣均明言对本条约草案无异议，不过桦山海军中将
曾表达其希望称，和平条约应与战争结果相联系，因此，若是可能，
望能在割地一项中除本条约规定之外列入"得割取山东省之大半"。
不过桦山中将也仅只是表达一个愿望而已。

89. "仍未有厌战情绪……欧洲列强此时"一句，在〈草〉原文中表述如下：

仍未有厌战情绪，此前，隶属各党派之贵族院、众议院两院议员，
作为委员各自代表其党派来广岛，据伊藤总理及余前往旅馆进行游说
的感受，一般人心皆言媾和时机尚早，或即便认为今日乃不得不媾和
之时机，仍怀疑清国之诡诈不测，总之以能使清国蒙受更大之屈辱为
快事。此外，欧洲列强此时

90. "可以想见……胆识与权力。以此言之"一句，在〈草〉原文中表述如下：

可以想见……胆识与权力。余疑彼等之使命仅限于依违两可之
间先行将我国所要求之媾和条件探知清楚并通报本国。简而言之

91. "提出忠告……此外,《泰晤士报》"一句,在〈草〉原文中表述如下:

> 提出忠告。虽说这些忠告均为抽象之话语,并无一件有具体之实际要求,不过其中某某公使曾基本以私语之形式告知,若日本要求于清国大陆割占土地,则欧洲列强势必会有异议。此时恰巧《泰晤士报》

92. 在〈草〉〈和〉中并无"在确认其完备之后"一句。

93. "日本军事费用……休战实施细目"一句,在〈草〉原文中表述如下:

> 若要休战,须附加包括日本军事费用由清国负担等条件,以使双方均分由中止交战所产生之便利。若清国对此无异议,须提交休战实施细目

94. "恐有不测之危害发生……临界点"一句,在〈草〉原文中表述如下:

> 或有不测之灾害发生。余等最为忧虑之事,乃欧洲列强乘此机会以某种口实加以干涉。而李鸿章之生死对此事颇为紧要。据医师诊断,幸而李鸿章之伤避过了致命之处,当不会有性命之危。故此次当忧虑之事,即李鸿章难忍伤势或者托词难忍伤势竟自归国。鉴于内外形势,当下已到不再允许日清战争无限期继续下去的临界点

95. "将至少不难获得欧洲二三强国之同情。而此时"一句,在〈草〉原文中表述如下:

> 毋庸置疑,欧洲二三强国必将干预。而当此之际

96. "我军随意向清国进攻不能不说在道义上有所亏欠。伊藤全权大臣"一句,在〈草〉原文中表述如下:

> 我军随意蹂躏清国并继续进攻不能不说在道义上稍稍有所亏欠,因此,当下在坚决实行休战的同时,打消其归国之念头〔若有的话〕并尽快继续媾和条约之谈判方为上策。伊藤全权大臣亦

97. "视清国使臣之情况……脸部一半缠有绷带"一句,在〈草〉原文中表述如下:

> 余告知,根据清国使臣之情况,随时都可召开,并将该口述之

缘由制成一份备忘录附上。此时余对李鸿章如何回答颇为注意。若他心中正有如我等推测那般中止出使先行归国、更企外国强援之意，又或者如今不再将缔结休战条约视为最紧急要务，则其答辞中自会显出相关语气。他负伤未愈，脸部一半缠着绷带

98. 正如前文校注 25 所说，该电报在〈和〉中也是用汉文所写。不过在〈和〉中，这一句之后还接有如下文字：

> 上电谕想已在途，明日午当到。鸿不至失信，庶无决裂。

（"明日午当到"一句，在伊藤博文编《机密日清战争》中所收的同一电文里记作"明日午前当到"。）

也就是说，从"上电谕……"开始的部分在〈洋〉中并没有翻译出来。该部分的意思如下：

> 电报发出的上谕（皇帝的谕旨）已经在途中，明天上午应该能到。我（李鸿章）的信用还没有失去。愿媾和谈判不致决裂。

99. 在〈草〉的原文中，本章正文的开头加入了以下字句：

> 媾和条约已经签署，战事即将结束，东洋将再现祥和之天地，我国朝野同为国家的荣光喜悦，为永久的和平欢欣鼓舞，在这太平之曲替代嘹亮军歌之际，俄德法三国政府突然对辽东半岛的割让提出异议，这犹如天边轰然响起晴天霹雳，社会陷入沉寂，人人忧虑不安，唯恐灾难降临，引发政界的恐慌。

100. "会有人对《下关条约》进行某种干涉……向伊藤总理发电请示"一句，在〈草〉的原文中有如下记述：

> 因洞察到会对《下关条约》加以干涉的迹象，二月二十三日，余向伊藤总理发电请示。

另外，在"二月二十三日"的右下方，有"此为在接到林次官电告之前所知晓"的红字夹注。

101. "并表示愿闻余之意见……大家环坐于余之病床前"一句，〈草〉中有如下记述：

虽闻此言，但在此之前余已接紧急报告，称伊藤总理今晨会抵达舞子，随即因松方及野村两大臣也要求见面，正好和伊藤总理一同来舞子于病榻上相见。

102. "在我国未将所有计策先行尝试一遍之前……首先明确本次干涉的发起者俄国之意向才是最为重要的"一句，在〈草〉中表述如下：

不过我方业已袒露胸怀，告示时局，尝试谋求其援助亦不失为对策之一，故余首先对此次干涉挑起者俄国的……

103. "表示在归还辽东半岛一事上不许附带任何条件，在当今局势之下我方亦无法提出抗议。因此，对三国之答复"一句，在〈草〉中表述如下：

关于辽东半岛的归还，难以预料不会附加任何条件，如果这般，将来会束缚我国对清国的外交，故时下对三国之回复……

104. "以此为他日外交上保留一些主动。余提出上述意见后，因伊藤总理"一句，在〈草〉中表述如下：

余表示若想为他日外交上保留自由之余地，并长久地维持今日之三国关系，目下当暂避对方势头，依他日事态发展，我当会时来运转，伊藤总理……

105. 本章开头部分在〈草〉中的表述如下：

俄国自朝鲜事件伊始便以怀疑的眼光关注日清两国的举动，并决意大力扫清阻碍实现自己夙愿的障碍，即明治二十七年六月三十日（1894 年 6 月 30 日）……

106. "显然英国仍然希望俄国能够与其共同对日清事件进行干涉。因此，余当时屡次电令西公使……"一句在〈和〉中的表述如下：

虽希望明显，然余一直抱有日清交战结果迟早免不了受到欧洲各国或多或少干涉的观念，当时余屡屡电告西公使，东方局面中，即使英俄联合干涉哪怕一日，也会对战局带来极大的不便，实为东方未来的一大不幸。

107. 接此夹注后面的正文，在〈草〉中的表述如下：

> 此段时间，希特罗渥每次同余会面，皆会间接地对英国的提议冷嘲热讽，此外便是提出各种问题打探我政府的意图，然对日清问题却保持了暂时的沉默。去年十二月二十日……

108. "然而这两次会见，不仅希特罗渥如此，俄国政府应当也对会见结果感到有隔靴搔痒之憾"一句，在〈草〉中的表述如下：

> 毋庸置疑，这对俄国政府来说当有鞭长莫及之感触，他们想不让其他强国染指当前时局，但以日俄两国私下达成默契来了结的愿望亦落空。故余以为俄国在日清战争后半期的所作所为亦无非由此而起。俄国向我发出的二月十四日的宣言也是在彼此双方交流时，彼等对清国的土地割让耿耿于怀，一直要求确认朝鲜名副其实的独立，抑或是暴露了对其不冻港垂涎三尺的真实意图，因此而产生上述两次会晤的结果。

109. "俄国看到日本竟没有放弃在清国大陆割地之要求"一句，在〈和〉中的表述如下：

> 像俄国那样的国家，只要观其军人社团的势力是如何左右政府的，便可看到俄国政府任其军人气焰日益高涨，而日本竟没有……

110. "俄国政府在看到东方局势之危机逼近的同时，又不得不顾及与欧洲列强之间的关系"一句，在〈和〉中的表述如下：

> 俄国政府对内，难以控制其军人的狂热，对外不仅看到东方局面的危机紧迫，而且与欧洲强国的关系相互牵制……

另外，从此部分开始的第三行、希特罗渥对余称，该半岛的割让为止，在〈草〉的原文中有如下表述：

> 俄国政府对于东方时局，最初依赖于普通外交手段，必要时才

会下决心多少使用些强硬手段，但他们还不能够确定以何种方式来使用这种手段，他们对内难以控制其军人的狂热，对外要关注东方局势如何发展，同时还要顾及如何处理与欧洲强国的关系，彼等会在相当一段时间内希望东方的局势维持现状，所以欲使用一切手段尽早平息日清战争，然眼见日本攻取辽东半岛，恰似失眠之人听闻床边的鼾声，嫉妒之心难以忍受，不过因要兼顾内外，彼等迄今为止还是内藏利爪，未能显露出真实的欲望，只是称辽东半岛的割让有困难云云，希特罗渥对该半岛的土地割让……

111. "去年"在〈草〉〈和〉〈洋〉中皆为"去年"，但如果依照陆奥《蹇蹇录》中"明治二十八年（1875）除夕脱稿"的表述，"今年"应为"误记"或者"误排"。当然，日本政府通告俄德法三国归还辽东半岛的时间是一八九五年（明治二十八年）五月五日，另外，其文字，出自驻俄公使西德二郎同年五月八日发出的（见《日本外交文书》第二十八卷，第二册）机密信件。在〈草〉的原文中用红笔书写"这是西公使五月五日"……右边做了"西公使去年五月五日"的修正。如同解说中所述（参照418—419页），陆奥即使是到了一八九六年（明治二十九年），还在继续推敲草稿，其时有可能是陆奥本人或是下属没有注意写成了"去年"，付印之时也未加注意所致。

112. "并非能实际达成者。另外在本年三月八日"一句中间，〈和〉中有如下较长的夹注：

德国此时拒绝了英国的提案，正如他们所言，只是单为日本还是为了将来的一己之利，这不能不令人质疑，近来德国在与东洋通商之时，频与英国竞争，可仍未能达到超越英国的地步，故在任何事情上都欲阻拦英国在东方事务中势力的增长亦在情理之中。然英国如今占据着恰如东方问题盟主的位置，见有欲染指日清战局之事，当然在私底下会起妒忌之念。反之，俄国基于其政治利益向东扩展势力，德国已不能成其为障碍，在俄国看来，忙于东方的事务并不等于不希望在欧洲保持势力平衡，他们反对英国提案也正是达到让其尾随俄国之目的。总之，彼此皆各自心怀私利，但绝非是因对我国抱有恩情所动。

113. "本次令德国态度发生如此之改变的原因，完全在于其希望于战略上在欧洲大陆阻碍法俄同盟，并最终使法俄处于孤立的地位。然而德国若与俄国走得太近，而至于大逞其威力之时"句中的"法俄"，是〈洋〉的误排，在〈和〉〈草〉中皆为"法国"，这是正确的（在《日本外交文书》第二十八卷中也记载的是"法国"）。

114. "保国泰民安之道，并将其加以断行"一句，在〈草〉中有如下表述：

> 余深信保国泰民安之道除此之外别无他法，因而须肩负重责断然行之，其间虽有不足，然时至今日也丝毫不容怀疑，其后褒贬毁誉如何预先无从顾及，故有劳今日泛泛之辈去讨论是非功过。

115. 自"小松亲王率帷幕之谋臣……"到"自去年秋冬之交始"，在〈和〉中有如下文字，其印刷文字如同后述用墨笔（一部分为赤字）做了修正。

> 小松亲王率帷幕之谋臣及几乎全国之精锐尽赴旅顺口，军机战略之得失不在此处议论，唯当吋军人社团，大有非亲自穿越黄海之波涛，踏平爱新觉罗氏之地者几为同列者所不齿之气焰，其势头已恐无人能加以抑制。当时的状况虽然如此，然我具有优势的舰队弃内海的防卫空虚于不顾而出征千里之外，这便是在四月二十四日之御前会议上做出如此决定的缘由之一，亦是今后不会将此归咎于任何人之过失，唯时运不济而已。且自去年秋冬之交始……

上述〈和〉中的墨笔（一部分为红笔）修正后的文字如下：

> 小松亲王率帷幕之谋臣及几乎全国之精锐尽赴旅顺口，军机战略之得失虽不在此论说（红字），然陆军精锐部队悉数远征，加之我优势舰队几乎全部弃内海防卫空虚于不顾，出征数百里之外，这即是（红字）四月二十四日的御前会议在此种形势下做出的决定，在今日看来亦是为了不归咎于个人的过失。而在去年秋冬之交……

但"出征数百里之外，四月二十四日的御前会议"这部分，在〈草〉中却是如下表述，（　）内为被删除文字。

> 出征数百千里之外（伊藤总理在下关停留期间，特别召见川上

中将，商议国内防守之必要性，亦是为了尽早控制住其势头，然小松亲王进军之后，国内仅剩数团后备军留守），在此形势下的四月二十四日的御前会议……

116. 自"即便政府内部"起，到"可见希望扩大割地范围者大有人在"止，在〈草〉的原文中有如下表述：

甚至在政府内部，希望清国的割让越多越好，以此让帝国的光辉越加发扬光大的桦山、川上两中将在御前会议上，见到余所提出的媾和条约方案后，竟提出除了割占辽东半岛之外尚需加入山东省之大部的希望。

117. "签订了《圣斯特法诺条约》。英奥两国……"一句，在〈草〉中有如下表述：

《圣斯特法诺条约》是在依沽纳契夫将军一手拿笔一手提剑的瞬间所缔结，英奥两国……

118. "余曾计划……"以后，直到最后的"未免言之过早"这段话，在〈和〉中，是置于"明治二十八年（1895）除夕脱稿　伯爵　陆奥宗光　记"之后的。

解说

——《蹇蹇录》刊行情况

中塚明

序言

一、《蹇蹇余录草稿缀》

二、《蹇蹇录》——外务省第一次刊本

三、《蹇蹇录》——外务省第二次刊本

四、关于本文库之校注

序言

《蹇蹇录》是甲午战争（1894—1895）期间出任第二次伊藤博文内阁的外务大臣、负责外交工作的陆奥宗光（1844—1897）的著作。用陆奥自己的话来说："自明治二十七年（1894）四、五月之交朝鲜东学党之乱起，征清之举得以奏效，其间虽有俄、德、法干涉之事，但终于次年（1895）五月八日对《日清媾和条约》进行了批准交换。"该书即对上述"期间之外交政策加以概述"（《蹇蹇录》绪言，一，原文第7页）之物。

后文将会提到，《蹇蹇录》最初是由日本外务省印刷、于明治二十九年（1896）刊行的。但由于事关外交机密，是以长期作为秘本未予公开。在经过了三十三年的所谓秘本时代之后，昭和四年（1929）一月岩波书店出版《伯爵陆奥宗光遗稿》之际，将其全文收录于内，这才得以公开出版。当然，据考证，在其秘本时代有部分内容流出至街巷间，也有数种刊本流传于世（稻生典太郎《关于〈蹇蹇录〉之诸版本》，收录于《石田干之助博士颂寿纪念东洋史论丛》，小峰书店，1965年。后又收录于稻生典太郎《条约改正论之历史展开》，小峰书店，1976年。关于各种刊本的其他论考，请参照稻生论文）。

第二次世界大战后，陆奥家于昭和二十七年（1952）将陆奥宗光的相关资料捐献给了日本国立国会图书馆（以下简称为"国会图书馆"）。该图书馆的宪政资料室对上述资料加以整理并对外公开，还公开出版了《陆奥宗光相关文书目录》（1966年刊）。于是，我们终于能够直接看到《蹇蹇录》的草稿《蹇蹇余录草稿缀》以及其他在了解该书创作、出版过程方面极为重要的史料了。

目前收藏于国会图书馆宪政资料室的《陆奥宗光相关文书目录》中，与《蹇蹇录》直接相关的史料如下：

一、《蹇蹇余录草稿缀》（墨书）上、下两册；

二、《蹇蹇录》（活版）鳌头标注原本，一册（此乃日本外务省第一次刊本。下文简称为"第一次刊本"）；

三、《蹇蹇录》（活版），附西园寺公望侯爵跋文，一册（此乃日本外务省第二次刊本。下文简称为"第二次刊本"）。

此外还有《蹇蹇录》的原稿缀、草稿断片、英译草稿笔记等（请参照国会图书馆、宪政资料目录第四、《陆奥宗光相关文书目录》，58页）。

下面就让我为大家说说《蹇蹇余录草稿缀》《蹇蹇录》的第一次刊本和第二次刊本分别是如何诞生的。

一、《蹇蹇余录草稿缀》

众所周知，陆奥宗光在著述《蹇蹇录》之前，曾写过《俄、德、法三国干涉概要》（以下简称《三国干涉概要》）并由日本外务省加以印刷、出版。这一《三国干涉概要》乃是以公文档案为主的文字，于明治二十八年（1895）五月末之前刊行。这一点可由阅读了该书的内阁总理大臣伊藤博文写成于同年六月一日训诫陆奥的如下信件而得知：

"不知其后贵恙如何？最好尽量静养。《三国干涉概要》已拜读一半，发现文字不够稳重之处颇为不少，若尚未送往派出之使臣处，则望能暂缓，待得拜晤后再行认真商议。对言论之事于微妙之间宜慎重处理，此事在保护国家之利益方面尤为必要。匆匆顿首（请参照深谷博治《日清战争与陆奥外交》，日本放送出版协会，1940年，60页）。"

对于伊藤的上述信件，陆奥于次日（六月二日）即回复：

> 贵函拜读。微恙劳阁下相询，深为感谢。状况与此前并无不同，不过昨夜再次大发盗汗，故此今晨稍增疲劳，并未至阁下所担心之程度。阁下关于《三国干涉概要》之意见已收悉，然而该书乃完全记载既往事实之物，并未加入任何评论。文字不够稳重之处再行修改倒也无妨，但已有部分送往海外使臣处，事已至此，无可奈何。不过绝不会泄露而致引发大事。今后定当拜访阁下并聆听高训。（伊藤博文相关资料研究会编《伊藤博文相关文书》7，墙书房，1979年，325—326页。）

从回信看，陆奥不仅未全面遵从伊藤的训诫，甚至还隐约显示出可能会再写一本"加入评论"的著作来。

从信中可以看出，陆奥此时正值由流感引起的肺病再发之际，病情有所加重，正在大矶静养（六月五日，文部大臣西园寺公望临时代理外务大臣之职）。

《蹇蹇录》是从何时开始著述的呢？在大矶一直跟随陆奥的秘书吴启太于明治二十八年（1895）八月六日给外务次官原敬写了一封信，信中提出"请派一名写字生出差前来此地……望能尽快派出……"（《原敬相关文书》第一卷，书简篇一，日本放送协会，1984 年，547 页）。所谓"写字生"，应当就是为撰写《蹇蹇录》而将陆奥的口述全部加以记载的人物。

此后，陆奥于十月一日给秘书中田敬义写了如下信件：

> 著述日渐进步，大慰病苦。存于老兄处之原稿（大鸟公使赴任云云）是否尚未完成誊抄？若无写手誊抄，望将原稿送还，因需用于每日参考，故有此请。（《图录日本外交大观》，朝日新闻社，1936 年，149 页。信函原文中杂有片假名，为便于阅读，尽皆改为平假名并加上了标点。下文同样——中塚）。

所谓"大鸟公使赴任云云"，乃是《蹇蹇录》第三章。由此可以看出，陆奥首先让人记下他的口述，并对其加以修改，然后再让人加以誊抄。

十日后的十月十一日，陆奥再次给中田敬义写信表示：

> 余已忘记自去年以来到今日为止的俄国驻北京公使的姓名唤作什么。望能调查之后将其用片假名表示的姓名以及爵位告知。又，去年日清交涉之初，英国曾尝试联合各国进行干涉，但首先遭到德国，随后又遭到其他各国的拒绝。上述事情发生于何月？望能调查告知。又，其后罗斯贝利伯爵于伦敦市长官邸（？）进行之演说中也曾表示

英国尝试对日清两国进行仲裁云云，虽无必要了解该演说全文，但望能调查一下其大意如何。若上述内容老兄均无记忆，望能询问德尼逊[*]。

　　此事仅对老兄一人言及。近来时事非常，小生已下定决心不再多言，唯专心于著述，以慰病苦。秘秘。（前引《图录日本外交大观》，149 页。）

明治二十八年（1895）十月十一日，正值在朝鲜发生的由日本公使三浦梧楼所策划的闵妃（明成皇后）暗杀事件（八日）之后。此时，事件的快报已经送到了陆奥处。

所谓俄国驻北京公使，乃是指的卡西尼伯爵。他的名字在《蹇蹇录》中最初出现之处，是在第七章"欧美各国的干涉"中的"俄国的劝告"部分。所谓英国内阁总理大臣罗斯贝利伯爵的演说云云，则应当是指第十四章中出现的一八九四年十二月二十四日的演说。若果真如此，则十月中旬时，口述应当已经进行到了第十四章左右。

十一月四日，陆奥给林董（甲午战争期间任日本外务次官，此时已转任日本驻清公使）写了一封信，其中提到：

　　小生近日于卧病期间，对去年以来的日、清、朝相关外交史加以著述。现已大半脱稿，初稿已加以整理并刊行，望能得蒙老兄等相关各位加以评论及修正，以便再行修改。近日即邮寄奉上最初部分。当然，余绝无将此历史公之于众之心，而是决心付印之后，除上呈陛下以及保存于外务省记录课之外者均焚毁之。因此，将事实记载得颇为清楚。伊藤、西园寺等人亦大为赞成，故将之作为目前每日之课业，

---

[*] 亨利·德尼逊（Henry Willard Dension，1846—1914）：美国出生的日本外交官，日本外务省顾问。

使青山速记之，大约年内能全部脱稿。若记忆中有适当之材料，尚望告知。（武内善信《关于〈蹇蹇录〉的执笔时期——陆奥宗光写给林董之书简》，和歌山市立博物馆《研究纪要15》，2001年，34—35页。）

紧接其后的部分对击沉"高升号"时伊藤的应对措施等进行了咨询，由此观之，当时虽尚未达到"大半脱稿"的程度，但应该已经进展到目前流传的《蹇蹇录》的第十章"牙山及丰岛之战"部分了。

【中塚明注】

上述明治二十八年（1895）十一月四日陆奥写给林董的书简，包括这本岩波文库的《新订蹇蹇录》（从1983年第一版开始，到宽版，再到2005年第一版为止）的解说在内，一直以来都视之为"（明治二十八年）八月三十日"书简的追记部分。但武内善信的研究证明这种看法是错误的。

在武内的研究公开发布之前，关于上述书简，一般使用的都是1936年朝日新闻社出版的《图录日本外交大观》中的照片（收录于该书第137页），而非原件。这是因为原件不知所踪。不过和歌山市立博物馆从旧书店购入了原件。写给林董的十六封陆奥宗光书简，乃是横向装订在一起的卷轴式的卷子本。

该博物馆的学艺员武内善信有机会仔细研究原件，发现"八月三十日书简"的正文部分与"追记"部分的笔迹以及墨色的浓淡程度有异，便产生了疑问，于是对原件进行了详细的研究，最终搞清楚了这是"在将原书简装订为卷子本时，误贴于其他书简（'八月三十日书简'）之后"的部分。武内还对收藏于国会图书馆宪政资料室的《陆奥宗光相关文书》当中林董于"（明治二十八年）十一月二十六日"写给陆奥的书简进行了研究。发现该书简开篇写有"昨日拜读写于本月初四之贵函",对陆奥"著述日清战争记事"表示赞意,并对陆奥关于"高升号"事件等询问进行了回答。由此得出结论,上述"追记"原本并非附于"八月三十日书简"之后,而是附于"(明治二十八年)十一月四日"陆奥寄给林董的书简之后的(武内善信,前引论文)。

经过武内的细致调查,现存的关于《蹇蹇录》著述问题的几封陆奥宗光书简的内容终于不再前后矛盾了。谨对武内氏深表谢意。另外,武内并不仅仅是考证了上述书简,还对该卷子本中其他所有书简都在和歌山市立博物馆《研究纪要》16、17当中加以解说介绍。

因此,陆奥于《蹇蹇录·绪言·二》当中所说的"余于本年六月以来为养病故得蒙赐假,居于大矶。十月中旬,因要务一时返京,病势再进,医戒甚严,故又于此地静养。本书即再来此地后于病间所起草……"似乎十月中旬以后方才开始动笔起草本书一般,实际上是与事实不相符的。当时任陆奥宗光秘书的中田敬义回忆,陆奥"于大矶别邸开始动笔写《蹇蹇录》是自舞子返京后的事情"〔中田敬义:《忆陆奥宗光伯爵》(下),《外交》第437期,外交新闻社,1940年4月1日,周刊〕。估计在动笔写《三国干涉概要》的同时,陆奥已经开始着手为撰写《蹇蹇录》而收集资料了。

顺便说一句,在上述十一月四日写给林董的书简中出现的青山,正是此前所说的"写字生",即当时任职于外务省秘书课(兼任于电信课)的青山浅治郎。原明治大学教授青山公亮于生前曾说过,其父浅治郎曾参与过《蹇蹇录》的笔录工作(《职员录》明治二十八年版当中写作"浅次郎",应为"浅治郎"之误)。

在十一月四日给林董写信的次日,陆奥于十一月五日写给中田敬义的书简当中早早地就能看到对于印刷一事的催促:

前略。不知印刷情况进行得如何？若外务省果有急务，余定不会加以阻碍，但望能尽速完成。后续稿件也已基本完成，根据老兄方面之情形，可随时寄出。望老兄勿将此当作义务，而是视为自身之工作尽力推进。若印刷上出现其他预想外之花销（如工时增加之类），请与原次官商议，由机密费支出。大概何时能够完成，望能一报。余可据此情形再送续稿。匆匆顿首。（前引《图录日本外交大观》，149 页）

可见此时外务省已经开始正式印刷第一次刊本。而且还可看出，第一次刊本并非在所有稿件收集完整后一次性付印的，而是逐次将收到的稿件分别印刷出来的。

对此书简，中田应是立即做出了回复。次日，陆奥再度写信给中田："贵函拜读。关于印刷一事，绝非催促。而是希望老兄于百忙之中勿忘此事。对老兄之辛劳深为感谢。续稿将于两三日内发出。"（前引《图录日本外交大观》，140 页。）

陆奥宗光于书稿末尾写下"明治二十八年（1895）除夕之夜脱稿 伯爵 陆奥宗光 记"字样，并于绪言中写道"明治二十八年除夕之夜于大矶别墅 陆奥宗光 追记"。

但校注 111 中也曾指出，所谓"明治二十八年除夕之夜脱稿"，是否如字面意思一般，意味着在这个除夕之夜所有文字推敲工作均已完成，已有立即就可付印的书稿了呢？答案是否定的。《蹇蹇余录草稿缀》的"第十七 下关谈判（上）"的栏外部分用朱笔写有"一月二十四日送"的字样。虽不清楚这是送去誊抄，还是誊抄完成之后送往陆奥或印刷厂处，但也可由此看出，进入"明治二十九年"之后，推敲、誊抄的工作仍在进行。

此外，陆奥宗光将付印的最终稿送往中田敬义处，是明治二十九年（1896）二月十一日之事。在撰写本解说之际，首次发现的写给中田敬义的陆奥宗光书简当中，有写着"纪元节"这一日期的（发现该书简的过程请参照中塚明：《新发现的陆奥宗光信件》，《图书》，岩波书店，1983 年 7 月号；以及中塚明《〈蹇蹇录〉的世界》，みすず书房，2006 年，新装版），其中写道："此为最后一篇。虽知老兄当会尽力，仍望能尽早印刷完成。"（中田敬义孙女平林富子收藏。）

此外，当天傍晚，陆奥再次给中田写信，其全文如下：

另纸奉上绪言及《蹇蹇录》目录付印，当冠于所有草稿。不过，绪言之行文颇不满意，老兄可随意修改之。

纪元节夕   宗光

中田老兄

（平林富子收藏）

于是，如下一节中所言，第一次刊本的试印刷本于三月末完成。

那么《蹇蹇余录草稿缀》就是用于第一次刊本付印的草稿吗？我并不这样认为。

正如陆奥广吉（宗光的长子）所言，《蹇蹇录》的草稿，乃是"因褥里不便操觚，于是对速记者口述，使其记录成稿，再亲自改窜数次方才得以完成"（前引《伯爵陆奥宗光遗稿》序，第 1 页）。正如"改窜数次"所说，我认为在口述之后加以推敲并进行誊抄的过程至少应有过两次，然后草稿才最终得以完成。

现在所知的草稿有如下几种：

1.收藏于金泽文库的断片两页 [前引《伯爵陆奥宗光遗稿》与伯爵陆奥宗光遗著《蹇蹇录》（岩波书店，1941 年）当中，各自刊载了一页的照片。此外，《秘录维新七十年图鉴》（东京日日新闻社，1937 年）一书中对上述两页都有刊载]。

2. 收藏于国会图书馆宪政资料室的《蹇蹇录草稿（断片）》（前引《陆奥宗光相关文书目录》六六-6）。

3. 收藏于上述资料室的《蹇蹇余录草稿缀》（上·下）（同上述目录，六六-2、3）。

4. 收藏于上述资料室的《蹇蹇录原稿（六缀）》（同上述目录，六六-5）。

5. 收藏于中田敬义（陆奥宗光秘书、外务省政务局长）处的《蹇蹇录（稿本）》（前引《秘录维新七十年图鉴》中仅刊载其封面。之所以认为此乃稿本，是因为山本茂在"蹇蹇录考"——《警察研究》第 11 卷 5、6、7 期，1940 年 5、6、7 月——中认为这是稿本，前引稻生典太郎论文也沿用了这一说法。不过，两者均未对该稿本的内容——包括稿本完成于什么阶段等在内——有过任何讨论。根据平林富子所说，位于东京青山的中田家由于受到第二次世界大战战火的影响，其所藏的书籍、史料基本都已化为乌有。因此，如今已无法见到实物，此事甚为遗憾）。

我在此省略了关于上述各种草稿的详细考证，仅对前文之所以认为推敲并誊抄的过程至少经过了两次的理由加以阐述。

如果将前述 1. 收藏于金泽文库的两页修改后的文章与《蹇蹇余录草稿缀》修改前的原文加以比较，会发现两者基本一致。（虽然内容为《蹇蹇录》第九章中书页上方的小标题"攘夷保守论之流行"这部分的一页，与《蹇蹇余录草稿缀》之间有若干不同；但内容为第十七章开头部分"清国头等全权大臣李鸿章之来访"这部分的另一页，却与《蹇蹇余录草稿缀》完全一致。）另外，2.《蹇蹇录草稿（断片）》除了"牙山及丰岛之海陆战""概论日清媾和谈判开始以前之内外形势""广岛谈判"等写了标题的部分之外，其余相当于第二次刊本的五、九、十、十一、十三、十五、十六、十七等各章部分的草稿断片，原本皆放置于写有"蹇蹇录草稿纸"的袋子里，这些修改后的文章与《蹇蹇余录草稿缀》修改之前的原文相一致。

也就是说，收藏于金泽文库的两页断片以及《蹇蹇录草稿（断片）》，都是对口述草稿加以修改后的版本。而对这一修改后的版本进行誊抄所得者，就是《蹇蹇余录草稿缀》修改之前的原文。在此暂将《蹇蹇余录草稿缀》的原文称作"第一次誊抄原稿"。陆奥对第一次誊抄原稿又进行了一次彻底的推敲修改，其产物就是现在所能见到的 3.《蹇蹇余录草稿缀》。这一《蹇蹇余录草稿缀》修改之后的版本与外务省第一次刊本之间，虽有若干的不同，但基本是一致的。此外，从陆奥家一直保存着该稿的情况来看，《蹇蹇余录草稿缀》应该就是第一次刊本的原稿，对陆奥而言也可以说是暂时的定稿，并一直把它作为原稿保留在身边。

不过，这应该还不是被送去付印的原稿。《蹇蹇余录草稿缀》的文字与第一次刊本之间有着不太一致之处（这也许是中田敬义进行的修改），而且该草稿缀的修改，有的地方极为复杂，修改的文字也很小，这样的草稿是不适于立即付诸印刷的。从《蹇蹇录》的著述过程来看，陆奥非常注意细节，有着细致认真的性格。因此，在付印之前，很有可能让人将《蹇蹇余录草稿缀》又重新誊抄了一遍。

上述 4.《蹇蹇录原稿（六缀）》除了绪言与目录外，只有"下关谈判（上·下）"和"俄德法三国干涉（上·中·下）"等五章的原稿。不过除了其中的一部分之外，余者皆是将《蹇蹇余录草稿缀》修改后加以誊抄的产物，且又在其上用红笔进行了若干修改。修改后的这些原稿文章与第一次刊本完全一致。因此暂将该原稿视为第二次誊抄原稿。这第二次誊抄原稿的全稿，目前尚未发现。不过，在《蹇蹇录原稿（六缀）》的袋中，还有一张不知用于什么目的的"目录"文书，其中除了《蹇蹇录原稿（六缀）》的各部标题之外，还写着：

一、《蹇蹇录》印刷原本 一部；

二、《蹇蹇录》印刷本　一部。

这也许是昭和四年（1929）《蹇蹇录》公开刊行之后用于某个活动的展示目录。总之，从中可以看到"印刷原本"的存在。但印刷原本目前尚未发现。印刷是由中田敬义负责的，所以有可能第一次刊本的印刷原本在他的手中。也许上述目录中所谓的印刷原本就是前文所说的 5.中田敬义收藏的《蹇蹇录（稿本）》。

二、《蹇蹇录》——外务省第一次刊本

总而言之，原稿在经过了上述细致推敲之后得以敲定，并由外务省印刷。印制于日本的和纸上的第一次刊本的样书，于明治二十九年（1896）三月底制成。收藏于国会图书馆宪政资料室的《蹇蹇录》（活版）鳌头标注的原本就是第一次刊本中的一本。

陆奥宗光在明治二十九年（1896）四月二日写给中田敬义的书简中这样写道：

> 《蹇蹇录》样书一览之下，发现体裁稍有不足之处，纸面或有过大之嫌。后日返京之后再行商议，目前可暂缓着手。先行回复上述急件。（前引《图录日本外交大观》，154 页）

美浓纸（26.8cm × 19.5cm），连封面一共 560 页——不过没有印制页码。线装版的这一和装本《蹇蹇录》，正如稻生典太郎所指出的那样，与当时外务省印制的《俄德法三国干涉概要》《日清韩交涉事件记事》《日清媾和始末》等采用了同样装帧方式，完全是简装本风格。目录写作"蹇蹇录篇次"，数目与第二次刊本相同，但未写作"第几章"，仅仅冠以

（一）——（二十一）的数字。正文中的小标题甚至没有数字，仅于开始之处注以"○"符号表示。此外，第二次刊本在正文上方的空白处标出了小标题，而第一次刊本则未标出。

陆奥对样书感到不满，希望改为更令人满意的版式。国会图书馆宪政资料室收藏的第一次刊本上，能见到以毛笔写下的、出现于第二次刊本之后各版本中的页面上方的小标题（因此，封面上才会以毛笔写着"鳌头标注原本"几个大字），在正文中也能见到一百多处对文字的修改——包括对错别字的订正。这些都显示出陆奥希望改版的意向。

此外，第一次刊本与第二次刊本之间，在正文方面也有大幅修改，下一节将对这一变化加以说明。

三、《蹇蹇录》——外务省第二次刊本

从秘本时代直到今天这本岩波文库版为止，在世上流传的《蹇蹇录》的底本，全都是外务省的第二次刊本。昭和五十七年（1982），由南加州大学的历史学家戈登·伯格（Gordon M. Berger）教授翻译的《蹇蹇录》全文的第一个英译版，由国际交流基金（The Japan Foundation）出版（同一体裁与内容的书籍由东京大学出版会与普林斯顿大学出版会进行销售）。这是以中央公论社1973年出版的《日本的名著·35·蹇蹇录》（萩原延寿责任编辑）为文本进行的翻译，而上述中央公论社出版的书籍收录的是岩波书店昭和十六年（1941）刊行的《蹇蹇录》，该书的底本也是第二次刊本。

第二次刊本与第一次刊本相比较，其尺寸有所减小（23.7cm×18.2cm），印制于洋纸上，绪言3页，目录7页，正文420页，是洋式简装本。

那么这个第二次刊本又是怎样形成的呢？关于草稿的创作过程以及第一次刊本的印行，有不少陆奥与别人的书简等可供参考。与此相比，

第二次刊本的创作过程，则尚未发现可供推测的史料。

现在，将第一次刊本与第二次刊本两相比较，就能发现除了对目录进行了章节化处理以及在页面上方加入了小标题之外，两者的文字也有相当大的不同。一直以来都没有人对两者进行对照、校订研究，因此有人认为第二次刊本乃是"对早前的第一次刊本的字句进行少量订正，同时使其体裁全面符合书籍要求"的出版物（稻生典太郎，前引论文）。对于这种论调，山边健太郎曾于生前计划公开发表对两者的差异加以关注的、能够系统说明《蹇蹇录》完成之过程的研究成果，但却未能完成，于 1977 年去世了。

数一数第二次刊本对第一次刊本进行了修改的地方，会发现其数量高达三千九百处。这些修改的第一个特征，就是对全卷的文字、用语进行了统一，对修辞也进行了细致的修改。第二个特征是在内容方面也进行了重要的删除与更改。

关于第一点，与其说是陆奥自身进行的修改，倒不如说是请其他文字功力出众者帮忙进行了推敲。据栗原健称，原武藏大学教授岛田俊彦在生前曾数次对他说"我听说我祖父对《蹇蹇录》的文字进行了修改。"岛田俊彦的祖父即明治时期汉学界泰斗岛田重礼（篁村），明治维新后曾在东京师范学校、东京女子师范学校以及东京大学文科大学等校执教，明治二十五年（1892）被选为东京学士会院的会员。不知是陆奥亲自进行的委托，抑或是中田敬义等人在陆奥的指示之下推介的人选，总之，在《蹇蹇录》结束之际若说要委托谁进行最后的文字润色的话，岛田重礼确是合适的人选。而且，如果岛田重礼进行最后润色的话，应当不是在将草稿逐次付印的阶段，而应该是在对第一次刊本进行修改的时候。

关于第二点，因为这与全书内容相关，当然应该是陆奥本人以及接受陆奥的指示行事的某人进行的修改。在内容上究竟有了哪些变化呢？虽然因为太过繁杂，无法将所有的修改之处一一指出，但可以举出下面这个非常具有特点的例子。

山县有朋作为枢密院议长出席了明治二十七年（1894）六月二日的内阁会议之事（参照校注4），伊藤总理尤其反对将清、朝宗属问题作为日清开战的理由之事（参照校注34）等部分，在第一次刊本的记述中被删除了。此外，在论及朝鲜进行内政改革之际成立的军国机务处的人员构成之处，陆奥对明治维新之初日本也曾起用过民间志士以收揽人心之事以及其结果发表了自己的感想（参照校注57），这些也同样被删除了。另一方面，也有第一次刊本当中原本未加叙述，很可能是根据后来的信息而在第二次刊本中重新插入的部分（参照校注53）。此外，驻日清国公使馆以及访日的清国媾和使节与本国之间的机密电报，也许是由于日本政府进行了解读的缘故（参照校注15），第一次刊本当中所有该类电报都写作汉文，到第二次刊本时全部意译为日文（参照校注25），这也是非常有特点的变化之一。

对文字、用语的统一，对修辞、内容的修改，如此大幅的改变，究竟花了多少时间呢？要依照如此之多的修改对开本进行调整、重新进行印刷，到第二次刊本的完成为止，一般而言会花相当多的时日。

山边健太郎曾发表过杂有自己感想的见解，认为"流传本（第二次刊本）似乎是由陆奥以外的人加以修改的，出版也应是他死后之事了"（《山边健太郎·回想与遗文》，みすず书房，1980年，290页）。这应当是在对第一次刊本与第二次刊本进行了对照比较，注意到其巨大变化之后，才得出的需要相当时日的推断。

但实际上，第二次刊本虽然经历了相当大的修改，并进行了全面的改版工作，却令人意外地在第一次刊本出版后不到两个月的时间，于明治二十九年（1896）5月下旬就完成了。

国会图书馆宪政资料室收藏的《陆奥宗光相关文书》当中，有着如下书简的抄件：

致 西、青木、曾祢、高平、加藤

粟野、林 各公使

伯爵 陆奥宗光

拜启　另册《蹇蹇录》乃小生去年于大矶养病期间，为他日备忘之用而执笔之文字，本次付印，特奉上一部。因书中亦记有机密信息，故望仅限阁下内览。且该书尚为未定稿，自然也有误谬之处，若于阅览中有所发现，敬请告知，以资校订。

敬具

五月二十六日

致西公使件（朱笔）

随函奉上另册两部，敬请将其中一部与正文一并亲自交予山县大使。

［前引《陆奥宗光相关文书》六六 –5《蹇蹇录原稿（六缀）》的袋中所收］

陆奥于明治二十九年（1896）四月三日复出，继续担任外务大臣一职（同时解除西园寺公望的临时代理外相职务），但由于病情再度恶化，终于在五月三十日辞去外务大臣职务。上述书简是其辞职之前所写，应当是将《蹇蹇录》寄与驻外公使之际附上的外务大臣的半正式书信的抄件（抑或是原稿）。

从文面来看，很容易将与该书简一同被寄出的《蹇蹇录》当成"第一次刊本"。我在岩波文库《新订蹇蹇录》第一次印刷（1983 年 7 月）的解说当中，也曾说过"应当是第一次刊本"。

但在本文库第一次印刷出版之后，经过酒田正敏的论证，我们终于明白，寄送给各公使的《蹇蹇录》并非第一次刊本，而是第二次刊本（参照酒田正敏《〈蹇蹇录〉考》，《日本历史》1985 年 7 月号）。酒田在该论文中就《蹇蹇录》的执笔意图以及出版时期等问题提出了令人颇感兴趣的观点，同时指出，我将上述"明治二十九年五月二十六日"寄给驻外公使等人的《蹇蹇录》的寄送通知书的抄件推测为与寄送第一次刊本相关之物的意见是错误的。论文通过大量的事实指出，第一次刊本中有着大量针对山县有朋以及山县主导的军部的批判，应当不会被寄送给山县等人，尤其是驻英公使加藤高明是接到陆奥寄送的《蹇蹇录》之后才第一次阅读的，而他所阅读的是第二次刊本。

明治二十九年（1896）十月二日加藤写给陆奥的信函（《陆奥宗光相关文书》十四-2）当中，记述了对寄来的《蹇蹇录》的读后感，其中对于陆奥针对条约修改问题当中大隈重信所做的评价，隐约显示了不同意见。相关部分的加藤书简中写有"或文中有'大隈伯爵虽奋起其权变纵横之才，抵抗当时舆论之逆潮以达其志望，结果仍归于失败'云云……"此处所说的与第二次刊本的相关部分完全一致，因此酒田所说加藤初次阅读的《蹇蹇录》乃是第二次刊本之事，当是事实。

我认为酒田的指教是正确的，所以自本文库第二次印刷以后，到宽版第一次印刷为止，都于解说的末尾加上酒田的意见，向读者进行介绍。

在寄送给驻外公使的同时，陆奥当时似乎也请极为亲近之人阅览过此书。

西园寺公望于同年六月五日写给陆奥的信函也被收录于前引《陆奥宗光相关文书》（二七-22）当中，其中一节写道：

> ……另纸是往日曾说过的小生对大作所写之文字。此非序文，亦非评论，仅为确认大作乃是阁下亲自著述，已写于所持之书上。因是秘本，不宜为人所见，故体裁甚不得体，亦无文采，不值一笑，聊

供消遣，谨呈贵览。望能推察小生看重贵著之精神。

上述书简中的"另纸"，可以确定就是现在收藏于国会图书馆宪政资料室的《蹇蹇录，附，西园寺公望跋文（明治二十九年五月二十九日）》（前引《陆奥宗光相关文书目录》六六 –1）。全文如下：

> 此书乃福堂亲自口述，使速记者记录而成。简洁明白，一字不苟，绝非他人所能代笔。凡具读书之眼者，当一见可知。余恐后世以为此乃幕僚属吏受命而撰，故特记之。
>
> 明治二十九（年）五月二十九日 陶庵手记

该全文照片作为"西园寺公爵字据"刊载于前引《伯爵陆奥宗光遗稿》所收的《蹇蹇录》末尾。

现在，书的最后部分贴有该字据（实物）的、前述国会图书馆宪政资料室的藏本，乃是第二次刊本。西园寺公望是陆奥第二次欧游以来的盟友，据说是陆奥当时最为信赖之人，陆奥甚至曾对家人表示："余死后，汝等勿忘西园寺之厚意。对于不行其实徒负其名之事亦不推辞，此事非知己而不能为。"（渡边几治郎《陆奥宗光》，改造社，1934 年，395 页）

陆奥将西园寺的字据贴在第二次刊本的末尾，并留在了身边。

如上所述，第二次刊本于明治二十九年（1896）五月下旬完成。这一事实也就意味着，前文所说的由第一次刊本发展到第二次刊本所需的众多工作，在短短的五十余天当中就已完成，这也显示出陆奥对于第二次刊本的刊行极为执着。

此外，随第二次刊本一同寄往各公使处的"发送通知书"中的"该书尚为未定稿……"这一说法也有问题。如果按照字面意思理解，第二次刊本仍是"未定稿"，意味着陆奥还打算继续改稿、改版。但到目前为止，在这一时期以后陆奥的生活当中，尚未发现任何相关迹象。如此一来，就意味着陆奥一边说第二次刊本仍是"未定稿"，一边决心将此稿作为"定稿"，虽然写了"若于阅览中有所发现，敬请告知，以资校订"字样，但实际上却完全没有再行修改的打算。

从这里也可看出陆奥在撰写《蹇蹇录》之时不打算接受别人意见的态度。在思考陆奥撰写《蹇蹇录》的原因时，这也是一个应加以考虑的重要问题。

要想弄清楚陆奥著述《蹇蹇录》的原因，还有一个应加以考虑的事情，那就是该书的流传问题。陆奥在前文所述的明治二十八年（1895）十一月四日写给林董的信中曾表示，《蹇蹇录》一旦完成，"决心将付印之后除上呈陛下以及保存于外务省记录课之外者均焚毁之"。但实际上该书完成后，反倒是经陆奥自己之手四处流布。这与上述致林董的信函上所说的大不相同。

陆奥宗光于"明治二十九年十月二日"给儿子陆奥广吉写了如下信件："……需要《蹇蹇录》约十部。此事并不着急，待他日前来此地之时，或随其他机会顺便送来即可。"（《陆奥宗光相关文书》五四 –33）当然，这十部左右的《蹇蹇录》被送往何处我们不得而知，但可确定与其写给林董的信中所说的"决心"不同，陆奥打算将该书送给不止一个人。如此一来，在第二次刊本刊行之后不久，就出现了《蹇蹇录》已在民间大量流传的诸多迹象。

明治三十一年（1898），坂崎斌所著《陆奥宗光》（博文馆）出版，这是关于陆奥的第一本正式传记，很是引人关注。坂崎在书中写道："却说君在大矶，于此年十月中因外交上一大紧急事件而不得已返京，致病势颇增，于是再度来大矶专心疗养，不问他事。君于无聊之余枕藉笔砚，将自前一年朝鲜东学党之乱而至此年五月八日媾和条约批准交换为止之实际经历写出，至除夕之夜终毕其稿，凡 420 页。据称君将此书命名为

《蹇蹇录》并将其付诸外务省之秘版……"这段文字明显是根据《蹇蹇录》的绪言部分而写的。此外，"420页"这一数字也与第二次刊本的页数完全一致。不管坂崎是否曾直接得到陆奥寄去的书，他在写作这本传记之时，肯定已经读过《蹇蹇录》第二次刊本了。

如此一来，《蹇蹇录》的流传也有陆奥宗光的功劳，这已是很明显之事了。

但是陆奥对于《蹇蹇录》作为外务省的秘版而刊行一事尚有一丝不安。政治家在负责某事件之后立即出版其备忘录，这种事情不论是在《蹇蹇录》出版之前还是出版之后，都未在日本形成惯例。因此，所谓"外务大臣陆奥宗光"的著作，说不定会被视为仅仅是他挂名上的而实际上是由外务省官吏执笔的一部"政府出版物"，这令陆奥感觉有些不安。为了预先打消这一不安，明治二十九年（1896）五月下旬的某日，陆奥与自己深为信赖的西园寺公望商议之后，请其写了前引"明治二十九年五月二十九日　陶庵手记"的字据，并将其贴于自己所藏之书（第二次刊本）上，加以保存。写下将日清战争导向胜利的记录并付印之后，非常少见地以第三者的"字据"对此乃"陆奥宗光的著作"一事加以确认，然后将字据贴在自己收藏的《蹇蹇录》中，如此大费周章，也可以说是陆奥的性格使然吧。在考虑陆奥宗光究竟是以何种心态撰写《蹇蹇录》的时候，此事也不能忘记。

四、关于本文库之校注

陆奥宗光在明治三十年（1897）五月的《世界之日本》第十五期上，写了《各元老谈话之习癖》一文，对自己做了如下描写：

陆奥之喜好谈话犹如伊藤、大隈。然而他动辄陷于多辩，又其谈话中虽不无如伊藤般讲评书式的谈话，但更有辩论之癖，往往口角飞沫，与人争论。有好胜之癖，不厌于乘胜追穷寇。故其谈论引证明晰，论旨正确，不予对方以反驳之时间，因此有时不免使人甚感不平不满。然而其虽有上述纵论放谈之习惯，其间却颇为慎重，绝不令他人得窥其胸中之秘，亦尽量避免因其诺言而造成他日之困难。……至于属其胸中之秘的所谓外交之微妙处，无论何等场合均不予泄露。故虽与其长时间对话之后，亦无人能推测其究竟将以何种外交上之秘策解决此重大事件之谈判。……其看似大胆豪放，实乃小心谨慎之人。（《伯爵陆奥宗光遗稿》收录。同书，613—614页）

从《蹇蹇录》草稿到第二次刊本，由口述开始，虽能发现数次推敲的痕迹，但仍能看出陆奥对自己"谈话癖"的评论确实恰当。

渡边修二郎曾对《蹇蹇录》评论道："此书虽首先自朝鲜事件说起，并及于与清国争端之始末并与其他国家之间的关系，但要而言之，全篇之要点在于辩解归还辽东乃迫不得已之事。"（无号外史评《外交始末蹇蹇录》，东阳堂支店，1898年销售，193页。所谓"无号外史"，即渡边修二郎）他认为此书专为解释三国干涉之处理问题而著，这种说法似过于片面。

位于藩阀之外，经历过幕府末期的苦难生活，到了明治时期还曾体味过牢狱之灾的陆奥宗光，登上了"元勋总动员"的第二次伊藤博文内阁的外务大臣这样一个显要职位，"在攀登权力阶梯的比赛当中，……如今已有将明治时期十几年的'落后'态势弥补回来之感"（萩原延寿：《陆奥宗光》，神岛二郎编《现代日本思想大系，第十卷——权力的思想》收录，筑摩书房，1965年，146页）。此时，日本终于寻找到了从不平等条约中解放出来的突破口，并于日清战争中获胜，开拓了一条牺牲朝鲜、中国以与帝国主义列强并肩的重要道路。陆奥作为外务大臣而位于修改条约与领导战争的核心位置，这时的他不管是作为一个公务人员还是作为一个单独的个人，都应当能感受到内心的骄傲与自豪。促使他全身心投入《蹇蹇录》的著述之中的，应当就是这种骄傲与自豪。正因如此，他的"喜好谈话""辩论之癖""乘胜追穷寇"的风格，从《蹇蹇录》的草稿到刊本当中随处可见。这也是为什么大家认为在近代以来日本的政治家、外交官的众多回忆录当中，再也没有如《蹇蹇录》一般直率的——有时也可称为"主观的"，甚至可称为"片面的"——记录的缘故。

与此同时，陆奥的"其间却颇为慎重""亦尽量避免因其诺言而造成他日之困难""看似大胆豪放，实乃小心谨慎之人"等特点，在推敲之后也非常明显。

很多人认为《蹇蹇录》是一部一丝不漏地记载日清战争期间外交方面所有事宜的著作，但如今用以《陆奥宗光相关文书》为首的已公开的外交相关记录加以对照的话，会发现陆奥并没有将所有事情都毫不掩饰地讲述出来。对日本能够造成"不利"的事情，陆奥并未提及。而且，从《蹇蹇余录草稿缀》修改前的原文到第二次刊本，一些人物——尤其是伊藤博文、山县有朋、西乡从道、川上操六、桦山资纪等人，在日清战争中的言行，凡是被认为可能会在后来给他们本人或者是作为记录者的陆奥自己造成牵累的，具体的人名全都予以删除。虽说这样做有可能是受到了中田敬义的暗示，但更多则应该是基于陆奥本人的考量。

当然，正如前文所述，从草稿到第二次刊本之间的修改极多，范围极广，绝不仅仅限于与具体人物的言行相关之处。

因此，本文库的校注主要是将《蹇蹇录》在完成过程中（《蹇蹇余录草稿缀》——第一次刊本——第二次刊本）被删除、被修改之处的原文加以再现。若能有助于读者从陆奥的推敲痕迹中了解其微妙动摇的心情，并进而厘清日清战争期间日本外交的微妙之处，则感幸甚。当然，仅仅靠文库本这样薄薄的小册子，是不可能将所有推敲的痕迹都一一列出的，校注只能限于主要的部分。

因为校注的重点放在了上述问题上，是以对人物、事件、语言的注释一概予以省略。此外，若为了更深入阐明《蹇蹇录》所记述之事，而对所引用的外交文书等加以核对，抑或是补充与其相关的外交文书及相关史料，需要极大的篇幅，因此除了极少数例外，尽皆割爱。

最后，正如前文所述，对草稿以及各种刊本之异同加以调查、校订，以便推进对《蹇蹇录》进行思考的基础性工作，乃是山边健太郎生前所计划的。在这一文库本中，我基于独自的调查与责任阐明出版的情况并加以校注，也是继承山边遗志的工作之一。在此过程中，我再次回顾了自山边健太郎处所受之学恩，特附记于此。此外，在撰写这一解说及校注之际，除了学习诸位先学的研究成果外，还得到了陆奥家当代家主（宗光之孙）陆奥阳之助（2002 年去世）与夫人寿贺子以及有泉贞夫、稻生典太郎、上田早苗、臼井胜美、栗原健、桑原伸介、岛田邦彦、西田长寿、萩原延寿、平林富子、福田由实、宫田节子、安冈昭男、由井正臣、芳井先一、吉村道男等各位，以及国会图书馆宪政资料室、外务省外交史料馆、外务省记录课、霞关会、早稻田大学图书馆等机构的关照。谨记于此，深表谢意。

（1983 年 4 月 13 日 记）

宽版第二次印刷之际，基于本文库《新订蹇蹇录》第一次印刷（1983年）以后重新厘清的事实，我又对解说进行了大幅修改。

（2007 年 4 月 10 日 记）